普通高等教育旅游管理类专业系列教材

旅行社经营管理实务

第 2 版

主　编　张　静　何守伦
副主编　杜莉莉　郭艳辉
参　编　李　超　曹秋实　邱裔娟　刘翔鹤
　　　　陈　伟　蔡　展　郑春聪

机械工业出版社

本书紧密结合旅行社经营管理的业务实际，首先对旅行社的概念、旅行社行业的产生与发展、旅行社的设立程序等内容进行介绍，使读者对旅行社行业有一个整体的了解和认知；其次，借助旅行社企业微观的视角，介绍旅行社的产品开发、营销管理、业务管理、质量管理、职能管理、信息化管理等，使读者对旅行社内部经营管理的理论和方法有更加具体的认知；最后，归纳了旅行社的产业融合与新业态发展等内容，使读者从宏观层面把握旅行社的未来发展趋势和战略。本书着重介绍旅行社微观层面实务操作，大量使用数据、图表说明问题，并借助典型案例增加内容的形象性和直观性。

　　本书既可作为普通高等教育旅游管理相关专业的教材，也可作为旅行社行业从业人员的培训参考书。

图书在版编目（CIP）数据

旅行社经营管理实务/张静，何守伦主编. —2版. —北京：机械工业出版社，2021.2（2023.6重印）
普通高等教育旅游管理类专业系列教材
ISBN 978-7-111-67357-6

Ⅰ. ①旅… Ⅱ. ①张… ②何… Ⅲ. ①旅行社-企业经营管理-高等学校-教材 Ⅳ. ①F590.654

中国版本图书馆CIP数据核字（2021）第017666号

机械工业出版社（北京市百万庄大街22号　邮政编码100037）
策划编辑：常爱艳　易　敏　责任编辑：常爱艳　易　敏
责任校对：潘　蕊　　　　　封面设计：鞠　杨
责任印制：李　昂
北京捷迅佳彩印刷有限公司印刷
2023年6月第2版第4次印刷
185mm×260mm·16印张·346千字
标准书号：ISBN 978-7-111-67357-6
定价：48.00元

电话服务　　　　　　　　　网络服务
客服电话：010-88361066　　机　工　官　网：www.cmpbook.com
　　　　　010-88379833　　机　工　官　博：weibo.com/cmp1952
　　　　　010-68326294　　金　书　网：www.golden-book.com
封底无防伪标均为盗版　　　机工教育服务网：www.cmpedu.com

普通高等教育旅游管理类专业系列教材

编 审 委 员 会

主　任：王　琳
副主任（按拼音排序）：
　　丁　林　董林峰　单德朋　辛建荣
　　尹正江　张　侨　赵志忠
委　员（按拼音排序）：
　　窦梓雯　付　迎　高蓓蘅　金海龙　李洁琼　李晓东
　　李雨轩　李　昭　林子昱　刘红霞　罗艳菊　彭　聪
　　任　云　申琳琳　唐少霞　田言付　田　宇　魏亚平
　　吴丽娟　谢明山　余珊珊　袁秀芸　张洪双　张　静
　　张　侨　张　夏　周金泉　朱海冰　朱沁夫

序

旅游业是朝阳产业，发展前景广阔，在国民经济中的地位与作用日益显著。旅游管理类专业是随着我国旅游经济和旅游产业的发展而建立的一个新学科。2012年9月，教育部公布了调整后的专业目录，其中旅游管理类专业从工商管理类专业中独立出来，成为与工商管理类专业平级的一级学科，其下包括旅游管理、酒店管理、会展经济与管理三个专业。旅游管理类专业就业前景较好，学生毕业后可以在旅行社、旅游景区、会展公司、邮轮公司、邮轮接待港、酒店、旅游集散中心等相关旅游企业的服务和管理岗位就业，或者在城市公共交通系统、客运站场、航空、高铁等交通企业的服务和管理岗位就业，就业范围很广。

近年来，为更好地培养旅游管理高层次应用型人才，旅游管理高等教育不断进行人才培养的改革探索。国内许多高等院校通过校企合作和国际交流，创新旅游管理高等教育的培养模式，在更加明确"理论与实践相结合"的同时，通过"课堂学习+校内实训+社会调查+专业综合实习"的培养方式，越来越突出应用型人才培养的目标。

建设一套满足高等院校旅游管理类专业应用型人才培养目标的课程体系和教材体系，是"旅游管理应用型人才培养"教学改革项目的核心内容之一，并成为旅游管理高等教育向应用型方向改革和发展的重要任务。为此，在机械工业出版社的大力支持下，海南大学、吉林大学珠海学院、云南大学旅游文化学院、海口经济学院、三亚学院、海南热带海洋学院、海南师范大学等具有一定旅游管理高等教育基础和规模的院校联合起来，从我国旅游管理高等教育的实际情况出发，共同编写出版了本系列教材。

本系列教材以"高等院校应用型人才培养目标"为编写依据，以思想性、科学性、时代性为编写原则，以应用性、复合性、拓展性为编写要求，力求建立合理的教材结构，体现"高等教育"和"应用、实用、适用"的教学要求，培养旅游管理高层次应用型人才的创新精神和实践能力，满足社会对旅游管理人才的需要。

本系列教材的特色是特别强调实践性和可操作性，力求做到理论与实践相结合、叙述与评价相结合、论证与个案相结合。具体体现为以下几点：

（1）教材内容"本土化"，有意识地把普遍原理与我国的旅游资源相结合，书中案例多采用国内案例。

（2）增设有特点的栏目，如"案例导入""小资料""阅读材料"等，以方便学生理解理论知识、拓宽学生的视野，做到知识性和趣味性相结合。

（3）加大案例的比例，做到微型案例、中型案例和大型案例三者结合，对案例进行理论分析，有益于教师进行案例教学，方便学生掌握知识并用于指导以后的实际工作。

本系列教材可作为高等院校旅游管理类专业的教材，也可供高等院校相关专业师生和从事相关工作的人员进修或自学使用。

普通高等教育旅游管理类专业系列教材编审委员会

前　言

近些年来，伴随我国经济、社会和科技的不断进步，旅游业也处于不断的革新中，尤其是旅行社行业的商业模式和运行环境变化明显。在未来的一段时间里，中国旅行社行业始终是机遇与挑战并存，面临旅游需求多样化、旅游产品个性化与定制化、旅游出游方式自助化、信息技术普及化等发展态势，未来的旅行社将会在稳步扩张、完善现代企业制度、调整分工体系、创新服务内容、深度市场细分等方面不断完善，逐步形成具有中国特色的旅行社品牌。

本书基于对上述问题的思考与研究，结合旅游学科理论知识，借鉴国内外相关领域的研究成果，依托当前旅游经济发展和参与国际竞争的背景，并结合作者多年旅行社经营管理课程教学实践与对行业的认知，理论联系实际编写而成，能够反映旅行社行业改革中的最新动态，力求探索旅行社经营管理的最新理念与方法。根据高等教育的特点，本书在理论体系构建、案例选择、资料补充等方面均能够较好地满足教学需求。

本书具有以下几个特点：第一，理论结合实际，应用性较强。本书以现代旅行社的经营模式和工作流程为主线，定位于旅行社各岗位的实际工作，较为详细地介绍了旅行社的主要业务、职能部门的工作重点，使读者能够全面直观地了解旅行社部门、岗位及运作流程，增强对旅行社行业的认知，培养其实践能力。第二，根据旅行社行业发展实际及未来发展趋势编排内容章节，系统性较强。本书从微观行业的发展、运作到宏观的新业态发展及未来发展趋势，全面、系统进行介绍，使读者对旅行社经营管理历史、背景、理论和方法具有清晰、完整的认识。第三，体例编排合理，适用性较强。本书注重突出旅行社行业改革中的最新动态，补充了大量资料，同时精心挑选国内外知名旅行社在经营管理中成功和失败的典型案例，分析问题、解决问题。每章内容包括学习目标、主要学习内容、导入案例、案例分析、扩展阅读、复习思考题和课后实训题，内容深入浅出，能够提高学生运用知识的能力，也便于教师灵活开展教学。第四，根据旅行社行业发展实际及未来发展趋势进行阐述，前瞻性较强。本书特别对信息技术对旅行社行业发展的影响与冲击、产业融合与新业态发展等内容进行了归纳总结，编写了旅行社信息化管理、旅行社的产业融合与新业态发展等章节，具有一定的前瞻性，能引导读者把握旅行社未来发展趋势，也有利于培养和提高旅游管理类专业学生的适应能力和综合判断能力。

本书分为十一章，由张静、何守伦担任主编，杜莉莉、郭艳辉担任副主编。本书编写分工如下：张静、何守伦编写第一章、第二章和第三章，并负责教材大纲的制定和全书的统稿；杜莉莉、曹秋实编写第四章和第五章；郭艳辉、郑春聪编写第八章和第十章；李超、蔡展、陈伟编写第六章和第十一章；邱裔娟、刘翔鹤编写第七章和第九章。本书主创人员长期从事高校旅游管理专业的教学与科研工作，参与了多部旅游管理类专业教材的编写工作，部分人员还具有旅行社行业的企业任职经历，实践经验丰富，为本书的编写奠定了基础，做到了理论结合实际，把握知识前沿。

在编写过程中，我们参考了大量国内外专家的相关著述、文献和研究成果，均已在参考文献中注明，在此表示感谢。此外，由于编者水平有限，书中难免存在不当之处，敬请广大读者不吝赐教，批评指正。

编　者

目 录

序
前言

第一章 旅行社概述 ………………………………………………………………… 1
  学习目标 ………………………………………………………………………… 1
  主要学习内容 …………………………………………………………………… 1
  导入案例 ………………………………………………………………………… 1
  第一节 旅行社的产生与发展 ………………………………………………… 2
  第二节 旅行社的性质、职能和基本业务 …………………………………… 8
  第三节 旅行社的设立 ………………………………………………………… 14
  第四节 旅行社经营管理概述 ………………………………………………… 17
  扩展阅读 中国第一家旅行社 ………………………………………………… 22
  复习思考题 ……………………………………………………………………… 23
  课后实训题 ……………………………………………………………………… 23

第二章 旅行社产品开发与管理 ………………………………………………… 24
  学习目标 ………………………………………………………………………… 24
  主要学习内容 …………………………………………………………………… 24
  导入案例 ………………………………………………………………………… 24
  第一节 旅行社产品的特征和分类 …………………………………………… 25
  第二节 旅行社产品的开发和设计 …………………………………………… 31
  第三节 旅游线路设计 ………………………………………………………… 38
  第四节 旅行社品牌的建设与管理 …………………………………………… 43
  扩展阅读 广之旅的品牌化之路 ……………………………………………… 48
  复习思考题 ……………………………………………………………………… 50
  课后实训题 ……………………………………………………………………… 50

第三章 旅行社营销管理 …………………………………………………………… 51
  学习目标 ………………………………………………………………………… 51
  主要学习内容 …………………………………………………………………… 51
  导入案例 ………………………………………………………………………… 51
  第一节 旅行社市场分析与细分 ……………………………………………… 53

第二节　旅行社的营销策略选择 …………………………………… 61
　　第三节　旅行社的销售渠道管理 …………………………………… 66
　　第四节　旅行社产品的促销管理 …………………………………… 70
　　扩展阅读　如何看待"旅游业鼻祖"托马斯·库克集团破产？ …… 75
　　复习思考题 …………………………………………………………… 76
　　课后实训题 …………………………………………………………… 77

第四章　旅行社计调与外联业务管理　78

　　学习目标 ……………………………………………………………… 78
　　主要学习内容 ………………………………………………………… 78
　　导入案例 ……………………………………………………………… 78
　　第一节　旅行社计调业务概述 ……………………………………… 79
　　第二节　旅行社计调业务流程与管理 ……………………………… 81
　　第三节　旅行社外联业务概述 ……………………………………… 88
　　第四节　旅行社外联业务流程与管理 ……………………………… 89
　　扩展阅读　2018年旅游市场基本情况 ……………………………… 95
　　复习思考题 …………………………………………………………… 96
　　课后实训题 …………………………………………………………… 96

第五章　旅行社接待业务管理　97

　　学习目标 ……………………………………………………………… 97
　　主要学习内容 ………………………………………………………… 97
　　导入案例 ……………………………………………………………… 97
　　第一节　旅行社接待业务概述 ……………………………………… 98
　　第二节　团体旅游接待业务 ………………………………………… 99
　　第三节　散客旅游接待业务 ………………………………………… 109
　　第四节　旅行社门市接待业务 ……………………………………… 113
　　扩展阅读　中国名仕旅行网 ………………………………………… 114
　　复习思考题 …………………………………………………………… 115
　　课后实训题 …………………………………………………………… 115

第六章　旅行社质量管理　116

　　学习目标 ……………………………………………………………… 116
　　主要学习内容 ………………………………………………………… 116
　　导入案例 ……………………………………………………………… 116
　　第一节　旅行社质量管理概述 ……………………………………… 116
　　第二节　旅行社接待服务质量管理 ………………………………… 123
　　第三节　旅行社的风险管理 ………………………………………… 127
　　第四节　旅游安全事故处理及旅游保险 …………………………… 131
　　扩展阅读　全国旅游市场秩序综合整治"三项行动" ……………… 138

复习思考题 …… 138
课后实训题 …… 138

第七章　旅行社人力资源管理 …… 139

学习目标 …… 139
主要学习内容 …… 139
导入案例 …… 139
第一节　旅行社人力资源管理概述 …… 140
第二节　旅行社员工的招聘 …… 145
第三节　旅行社人力资源开发与管理 …… 149
第四节　旅行社企业文化建设 …… 158
扩展阅读　语言无人懂：小语种导游人才稀缺 …… 164
复习思考题 …… 165
课后实训题 …… 165

第八章　旅行社财务管理 …… 166

学习目标 …… 166
主要学习内容 …… 166
导入案例 …… 166
第一节　旅行社财务管理概述 …… 167
第二节　旅行社的筹资管理 …… 170
第三节　旅行社资产管理、业务核算和成本管理 …… 174
第四节　旅行社的利润分配管理 …… 180
第五节　旅行社的财务报表与财务分析 …… 181
扩展阅读　某旅游企业财务报表分析 …… 184
复习思考题 …… 185
课后实训题 …… 186

第九章　旅行社信息化管理 …… 187

学习目标 …… 187
主要学习内容 …… 187
导入案例 …… 187
第一节　旅行社信息化管理的概念与功能 …… 188
第二节　旅行社信息化战略分析 …… 191
第三节　旅行社信息化管理体系 …… 194
第四节　信息化对旅行社行业未来发展的影响 …… 200
扩展阅读　携程新功能，你的"旅拍"可以在这里晒 …… 202
复习思考题 …… 203
课后实训题 …… 203

第十章　旅行社战略管理 ······ 204

学习目标 ······ 204
主要学习内容 ······ 204
导入案例 ······ 204
第一节　旅行社战略环境分析 ······ 205
第二节　旅行社战略性计划选择 ······ 210
第三节　旅行社战略计划的组织实施 ······ 215
第四节　旅行社的经营战略管理 ······ 217
扩展阅读　我国中小旅行社企业发展战略 ······ 223
复习思考题 ······ 224
课后实训题 ······ 225

第十一章　旅行社的产业融合与新业态发展 ······ 226

学习目标 ······ 226
主要学习内容 ······ 226
导入案例 ······ 226
第一节　旅行社产业融合发展 ······ 227
第二节　旅游产业与文化产业融合 ······ 230
第三节　国内外旅游产业融合发展案例分析 ······ 235
第四节　旅行社产业新业态发展 ······ 238
扩展阅读　广州亚洲乐园及景点博览会 ······ 241
复习思考题 ······ 241
课后实训题 ······ 241

参考文献 ······ 242

第一章 旅行社概述

【学习目标】

对旅行社有比较综合的认识,了解旅行社产生和发展的历程,熟悉旅行社的概念、性质、职能、业务和分类,了解旅行社的设立程序和日常经营管理,并能够将旅行社经营管理知识运用到具体企业管理实践中。

【主要学习内容】

- 旅行社的产生与发展
- 旅行社的性质、职能和基本业务
- 旅行社的设立
- 旅行社经营管理概述

◆【导入案例】

旅游具有悠久的历史,但是旅游成为社会的一个行业——旅游业,则是在近代。旅行游览活动在历史上一直是以个人为单位的个体消费活动,世界上第一次以一个组织的形式出现,并与运输业直接挂钩而开旅游业先河的人是英国的托马斯·库克。他利用包租火车的方式于1841年7月5日组织570人去参加一次大会。虽然这次的团体旅行是非商业性的"业余活动",但却是面向公众的,增加了库克对组织旅游活动的兴趣和信心,为他在以后创办旅行社奠定了基础并提供了经验。经过多年的准备,他于1845年正式创办了世界上第一个旅行社——托马斯·库克旅行社,成为旅行代理业务的开端。该旅行社成立之后,于1845年8月4日第一次组织消遣性的观光旅游团,即莱斯特至利物浦之行,参加人数为350人。库克本人对这次的团体旅行作了周密的计划,并事先亲自考察旅游线路,确定沿途的游览点,与各地客栈老板商定旅客的吃住等事宜。回来后,他整理出版了《利物浦之行手册》发给旅游者,成为早期的旅游指南。1846年,他又组织350人到苏格兰集体旅游,并配有向导。旅游团所到之处受到热烈欢迎。从此,托马斯·库克旅行社蜚声英伦三岛。1851年,他组织十几万人参观在伦敦水晶宫举行的第一次世界博览会。4年后，世界博览会在法国巴黎举行，他又组织了50余万人前往参观，使旅游业第一次打破了国家界限，走向世界。1865年，他成立了托马斯·库克父子公司，全面开展旅游业，为走向世界作了一系列的准备工作。1872年，库克组织9位不同国籍的旅行者进行了为期222天的第一次环球旅行。这次环球旅行的成功受到世人的称颂。接着，他又在欧洲、美洲、澳大利亚与中东开辟了市场。1880年，他又打开了印度大门，拓展了埃及市场，成为世界上第一个旅游代理商，被誉为世界旅游业的创始人。

（资料来源：根据百度百科相关资料整理）

第一节　旅行社的产生与发展

旅行社是旅游活动的组织者，它与旅游酒店、旅游交通部门并称为旅游业的三大支柱。旅行社是人类经济活动和旅游活动发展到一定阶段的产物，也是人类社会旅游活动发展到一定阶段的必然结果。

一、国外旅行社的产生与发展

18世纪中叶，英国发生了工业革命，这一革命迅速波及法国、德国等欧洲国家和北美地区。19世纪中叶，工业革命在这些国家和地区取得了重大进展，并促使其经济结构和社会结构发生了巨大变化，这也为旅行社行业的出现提供了各种有利条件。

第一，全球范围内生产力水平不断提高和迅速发展，社会财富急剧增加，越来越多的人具备了外出旅游的经济基础，也为旅行社的产生创造了必要的条件。

第二，科学技术的进步，提高了交通运输能力，缩短了运输时间，扩建了运输网络，使大规模的人员流动成为可能。

第三，工业革命加快了城市化的进程，改变了人们原有的工作和生活方式，使旅行成为他们经常性的活动，加之旅馆业和餐饮业等旅游服务行业的发展，也为人们旅行提供了方便。

根据上述分析，旅行社的产生与当时特定的社会背景是密不可分的。工业革命为旅行社的产生奠定了坚实的物质基础，旅游需求普遍化为旅行社的产生提供了现实的可能性，市场经济的发展为旅行社的产生创造了必要的社会条件。这一切汇聚在一起，在19世纪40年代，最终使托马斯·库克作为世界上第一个专职的旅行代理商登上了历史舞台。

正如本章导入案例介绍的那样，托马斯·库克于1845年正式创办了世界上第一家旅行社——托马斯·库克旅行社（即后来的通济隆旅行社），成为旅行代理业务的开端，托马斯·库克也成了世界上第一位专职旅行代理商。

19世纪下半叶，在托马斯·库克本人的倡导和其成功的旅游业务的鼓舞下，旅游业成为世界上一项较为广泛的经济活动，托马斯·库克被世界公认为商业性旅游的鼻祖。

托马斯·库克的成功，引起了世界各国的纷纷效仿，从欧洲大陆到北美大陆，还有世界其他国家也相继组建了类似的旅行社组织。在欧洲，1857—1885年，英国先后成立了专门的登山俱乐部和野营俱乐部；1875—1890年，法国、德国等国家相继成立了以组织高尔夫球、登山、探险和观光旅游活动为主的俱乐部。

在北美，以经营快递业务为主的美国运通公司（American Express Company），于1915年正式成立了旅行部，之后通过大规模的旅游扩张，成为世界上最大的旅游公司之一。

在亚洲，日本于1893年设立了专门接待外国游客的"喜宾会"，从事招徕和接待外国游客和代办各项旅行的业务，后于1926年更名为"日本交通公社"（JTB）。

20世纪初叶，已有50多个国家和地区设立专门的旅游公司经营旅行社业务。旅行社现象在世界范围内普遍渗透，旅行社行业已初具规模。当时的美国运通公司、英国的托马斯·库克父子公司，以及以比利时为主的铁路卧车公司，成为世界旅行社行业的三大巨头。到了20世纪60年代，"大众旅游"得到更为广泛的发展。从总体上看，全世界80%以上的旅行社分布在旅游业最为发达的欧美地区，世界其余地区的旅行社数量不到世界总量的20%。

随着世界旅行社行业规模的进一步扩大，为加强交流和合作，促进行业的协调发展，多个国际性或地区性的旅行社组织相继产生，其中以世界旅行社协会（World Association of Travel Agencies，WATA）和世界旅行社协会联合会（Universal Federation of Travel Agents' Associations，UFTAA）的影响最为广泛。

20世纪80年代末以来，以欧美地区经济发达国家为代表的国外旅行社行业开始从成长阶段向成熟阶段过渡，其显著标志是旅行社产业的集中化趋势不断加强。一些发达国家的旅行社行业从过去以私人企业为主体、以国家为界限的分散的市场，逐步向以少数大企业集团为主体的国际化大市场发展，并通过价值链进行整合。同时，以美国、德国、英国等国家的大型旅行社为主导的企业兼并、收购与战略联盟，使得发达国家旅行社的所有权发生了极大的变化，形成了一批能够对整个市场产生重要影响的旅行社行业巨头。旅游需求的大量产生又反过来拉动了旅行社行业的迅速成长。目前，全世界的各大旅行社为世界各地不同国家和地区的人们外出旅行提供相关服务，一个遍布全球的庞大的国际性旅游服务销售网络已基本形成。同时，旅游需求的日益变化和信息技术在旅行社行业中的普遍应用，都使得旅行社的发展进入了一个高效运转、网络经营、产品个性化的新时代。

二、中国旅行社行业的产生与发展

我国旅行社行业的产生与西方旅行社行业产生的历史背景截然不同，相对于在商品经济充分发展的条件下产生的西方旅行社来说，我国的旅行社则是在半封建半殖民地的历史条件下产生的，更多地受到了外来经济和文化入侵的影响。

(一) 中国旅行社行业的产生

1923年，上海商业储蓄银行总经理陈光甫与同仁商议，决心创办旅行部，办理国人旅游业务。同年8月，他们在该银行下创设了旅行部，经营宗旨为"导客以应办之事，助人以必需之便"，这便是中国旅行社行业的开端。1927年，旅行部从上海商业储蓄银行独立出来，创立了中国旅行社（现为香港中国旅行社股份有限公司），这是我国历史上最早的一家由国人开设的旅行社。第一家旅行社成立后，经过十年的发展，到1937年已发展成为一个具有87个分支机构和招待所，近千名员工，业务范围遍及海内外的综合性连锁旅游企业，并成为世界上知名的大型旅行社之一。之后，我国又相继出现了一些旅行社和相似的旅游组织，包括国际旅游协会、公路旅游服务社、中国汽车旅行社、铁路游历经理处、精武体育会旅行部、现代旅行社等，它们同属于我国旅行社行业萌芽时期的旅行社，承担了当时中国人旅游活动的组织接待工作。但由于当时我国特殊的政治经济环境，初期的旅行社发展步履维艰，行业规模没有形成。

(二) 中华人民共和国成立后中国旅行社行业的发展历程

中华人民共和国成立后，我国的旅行社行业逐步进入了恢复和稳步发展的新时期。1949年11月9日，厦门华侨服务社成立，此即现在的"中国旅行社总社"的前身，这是新中国成立后的第一家旅行社，主要为华侨回国探亲、访友、参观、旅游提供服务。不久之后，福建的泉州、福州等地也相继成立了华侨服务社。为进一步加强与世界各国的交流与合作，做好对外接待工作，经国务院决定又成立了两个旅行社系统：一是1954年成立的中国国际旅行社总社（CITS）及其分社和支社，分别由国务院及地方政府的外事办公室领导，主要负责接待外国来华旅游者；二是1957年由各地华侨服务社组建而成的华侨旅行社总社（1974年更名为中国旅行社，CTS）及其分社和支社，分别由国务院及各地方政府的侨务办公室领导，主要负责接待海外华侨、外籍华人、港澳台同胞。中国国际旅行社（简称国旅）和中国旅行社（简称中旅）作为我国两大旅行社系统，在以后二十多年的时间中，为我国旅行社行业的发展积累了一定的经验，培养了相当数量的旅游业务人才。但由于当时的旅行社是直属政府的行政或事业单位，其业务以政治接待为主，从而导致我国旅行社行业没有得到充分发展，与国外旅行社行业相比，产业规模和经营业务的范围相对狭小，经营效益和管理水平也相对落后。

我国旅行社行业的成长与发展是在经历了近30年的探索之后，于20世纪70年代末至80年代初开始了它的新的发展阶段。随着市场机制的进一步完善和经济全球化浪潮的冲击，我国旅游业完成了由"事业接待"向"企业经营"的转变，并实现了以入境旅游市场带动国内旅游市场和出境旅游市场的发展目标，在国民经济中日渐成为一个规模巨大、令人瞩目的新兴产业。

1. 商业导向初步形成阶段（1978—1989年）

1979年11月16日，全国青年旅游部成立。在此基础上，中国青年旅行社

（CYTS简称青旅）于1980年6月27日成立。根据当时国家旅游局的规定，此时全国只有国旅、中旅和青旅三家总社拥有旅游外联的权力，其中国旅主要接待外国来华的旅游者，中旅主要接待港澳台同胞和来华旅游的海外华侨和华人，青旅则主要接待来华的海外青年旅游者。三家旅行社通过在全国各地建立各自的分（支）社，形成了三个相互独立的旅行社系统，并形成了当时中国旅行社行业的寡头垄断局面。

随着我国改革开放的不断深化，1984年，国务院就我国旅行社行业的体制做了两项重大改革：一是打破垄断局面，将旅游外联权下放，允许更多旅行社经营国际旅游业务；二是规定旅行社的性质由行政或事业单位转变为企业单位。1985年5月，国务院颁布《旅行社管理暂行条例》，将全国的旅行社划分为第一类旅行社（简称一类社）、第二类旅行社（简称二类社）和第三类旅行社（简称三类社）三大类型。其中，一类社经营对外招徕并接待外国人、华侨、港澳同胞、台湾同胞；二类社不对外招徕，只经营接待一类社或其他涉外部门组织的外国人、华侨、港澳同胞、台湾同胞旅游业务；三类社则经营中国公民国内旅游业务。此后，我国旅行社数量迅速扩增，旅行社作为一个独立的行业已浮出水面。到1988年年底，我国旅行社总数已达1573家，旅行社行业由寡头垄断向垄断竞争过渡。

到了20世纪80年代中后期，我国的国内旅行社异军突起。1985年11月，国家旅游局组织召开了全国国内旅游工作会议，提出了"积极、稳妥、发展"的旅游方针。国内旅游市场的激活，使我国旅行社的国内旅游业务迅速增长。而诸多国际旅行社积极介入国内旅游行业，提升了国内旅游经营品质。同时，为满足出境旅游的需求，我国政府在1984年批准了中国公民自费赴港澳地区的探亲旅游，1990年又把范围扩展到新加坡、马来西亚和泰国3个国家，并规定此项业务归中国国际旅行社总社等9家旅行社经营。1992年，中国公民出境总人数为292.87万人次，其中，因私出境人数为119.3万人次，经旅行社组织的出境旅游人数为86万人次。出境旅游的开禁，不仅对改变我国旅行社同境外旅行社业务合作中的地位有重大影响，还使我国旅行社开拓了新的客源市场，我国旅行社行业已全面进入入境、出境、国内三大旅游领域。这一时期，整个产业的需求基础基本建立在入境旅游市场上，产品结构以自然和文化观光型为主，产品运作以"团进团出"的批量方式为主；产业规模的增长主要建立在二类旅行社，即没有外联权但可以接待入境旅游者的旅行社数量的增长上。

2. 产业规模快速增长阶段（1990—1994年）

国际入境旅游的恢复和发展，出境旅游的崛起和国内旅游的持续增长，有力地促进了我国旅行社行业的发展，我国旅行社的产业规模在此期间获得了快速增长。与此同时，国内外政治经济等宏观环境因素的变化依然对旅行社的发展产生着冲击和影响。1989年，我国入境旅游人数比1988年减少了23%，旅游外汇收入减少了17%，出现了自1978年以来的第一次负增长。旅行社的数量依旧持续增长，而旅游者的到访人数则开始下降，由此产生了旅行社接待能力超过旅游市场需求的现象，使整个旅行社行业面临困境，也暴露出了旅行社行业经营的风险性和脆弱性等特点。1992年，国家旅游局和国家民航总局联合举办了"中国友好观光年"活动，吸引了大量的中外旅游者的参与，极大地促进了中国旅游业的发展。国内旅游也保持了较好的发展态势，同时逐渐允许中国公民出国探亲和旅游，意味着出境旅游市场在逐步形成，也极大地促进了旅行社增长的势头。到1994年，全国的旅行社总数从1990年的1603家增加到1994年的4382家。值得注意的一个现象是：在一、三类旅行社迅速扩张的同时，二类旅行社则出现了一定程度的萎缩，从1990年的834家下降到1994年的716家。这反映出这一时期旅行社的行业特征是：

第一，国内旅游市场逐渐发育成熟，成为旅行社产业除入境旅游市场以外的另一个市场支点。

第二，市场集中度逐渐降低。实际上，从20世纪80年代开始，以三大社为代表的中国旅行社产业集中度就在不断下降，这标志着中国旅行社产业的市场结构已经完成了从寡头垄断到垄断竞争的过渡，并开始向完全竞争的态势发展。

第三，一批在市场竞争中成长起来并熟悉市场机制的旅行社群体成为中国旅行社产业的新兴推动力量。

1990—1994年，中国旅行社产业规模变化情况如表1-1所示。

表1-1 中国旅行社产业规模变化（旅行社数量）

年份	类型			总数
	一类社	二类社	三类社	
1990	68	834	701	1603
1991	73	738	750	1561
1992	136	701	1755	2592
1993	164	703	2371	3238
1994	267	716	3399	4382

资料来源：中华人民共和国国家旅游局．中国旅游统计年鉴（1990—1995）[M]．北京：中国旅游出版社，1991—1995．

3. 产业结构调整阶段（1995—2001年）

进入20世纪90年代，我国旅游行业运行环境风云突变，供求关系变化，市场由原有的卖方市场转向买方市场。旅行社数量的持续上升，进一步加剧了高层竞争。旅行社经营中暴露的问题，如非法经营、恶性削价、违规、违约操作等，一度成为旅游行业关注的焦点。与此同时，规范旅行社市场运作的法规条例陆续出台，如1995年国家旅游局发布的《旅行社质量保证金暂行规定》《旅行社质量保证金暂行规定实施细则》《旅行社质量保证金赔偿暂行办法》《旅行社质量保证金赔偿试行标准》，以及1996年10月国务院颁布的《旅行社管理条例》、1997年国家旅游局和公安部联合发布的《中国公民自费出国旅游管理暂行办法》、1999年国务院颁布的《导游人员管理条例》等。这些旅游法规的颁布和实施，既保障了旅游者的合法权益，也为旅行社的经营和行业发展提供了良好的旅游法治环境。

旅游产业调整的效果如表1-2所示。

表1-2 旅游产业调整的效果（旅行社数量）

年份	类型		总数
	国际社	国内社	
1997	991	3995	4986
1998	1312	4910	6222
1999	1256	6070	7326
2000	1268	7725	8993
2001	1319	9397	10716

资料来源：中华人民共和国国家旅游局. 中国旅游统计年鉴（1998—2002）[M]. 北京：中国旅游出版社，1998—2002.

《旅行社管理条例》又一次对中国的旅行社进行了重大的调整，具体如下：

（1）对旅行社的分类进行调整。将中国的旅行社按照经营的业务范围划分为国际旅行社和国内旅行社两种类型。

（2）大幅度提高旅行社注册资本金额。

（3）年接待10万人次以上的旅行社可以设立不具有法人资格的分社。

（4）将旅行社质量保证金合法化。

（5）赋予旅游行政管理部门行政处罚权。

中国旅行社这一时期的主要特征是：

（1）中国旅行社行业的市场运行基础更加完善。

（2）随着国内旅游市场的兴起和产业投资管制的宽松，一些非政府的投资机构开始进入这一领域。

（3）一系列的专项治理使得一部分违规经营的旅行社退出了市场，从而净化了产业运行环境，市场秩序逐渐向好的方面转化。

4. 全面开放的创新发展阶段（2002年至今）

20世纪90年代中后期以来，我国国民经济进入快速发展的阶段，城镇和乡村居民的收入水平明显提高，并产生了强烈的旅游需求。国家实行的双休日制度和较长的节假日，使人们拥有了较多的闲暇时间，能够进行较长距离的外出旅游活动。民航部门增加班机和包机、铁路部门数次提速、全国高速公路网的建设，以及大量新型旅游客车的生产为人们外出旅行提供了更大的便利。这一切都推动了旅游市场的发展和繁荣，为旅行社的经营提供了大量的客源。我国的旅行社行业也就进入了全面开放的创新发展时期。为适应加入WTO（世界贸易组织）对外资企业进入的需要，新修订的《旅行社管理条例》根据中国政府针对旅行社行业的开放承诺，增加了"外商投资旅行社的特别规定"章节，对外商投资旅行社的资格、条件和程序进行了规定，旅行社行业的对外开放以前所未有的力度展开。国务院颁布了新修订的《旅行社条例》（简称《条例》），从2009年5月1日起正式实施。该《条例》对原有的《旅行社管理条例》进行了全面修改，在大大降低了旅游行业准入门槛的同时，更加明确了旅行社应承担的法律责任,加大了对旅行社的管理力度。业内人士认为,修改后的《条例》更趋于市场化,在适应市场经济发展方面有很大进步。在线旅行服务商携程旅行网(www.ctrip.com)、艺龙旅行网(www.elong.com)、旅交汇(www.17u.net,同程旗下网站)、提供旅游搜索引擎的"去哪儿"(www.qunar.com)的出现,借助信息技术为更多的旅游者提供方便,既对传统旅行社发起挑战,又为其带来了更多新的发展机遇,在现实中与传统旅行社相互融合。

2015年3月5日,国务院《政府工作报告》正式提出的"互联网+"计划,使互联网的概念逐步深入人心,旅行社业也进入了借力互联网改写传统旅游格局的新篇章。在线旅游本就属于"互联网+旅游"的现实结合体,必将推动传统产业的转型升级,为旅游业的发展带来新的格局。《中国在线旅游市场趋势预测 2014—2017》数据显示,中国在线旅游市场交易规模将保持稳定增长,2015年就已经达到3523.8亿元人民币,环比增长25.9%。

总体来说,我国旅行社行业还处于单纯的数量型增长阶段,专业化程度正逐步提高,全国旅行社的分布呈现出明显的地区非均衡性。伴随着我国旅行社各级管理机构执法力度的加大和旅游市场结构的不断变化,未来的旅行社行业会继续稳步扩张,逐渐形成现代企业制度,分工体系深刻调整,服务不断创新,形成具有中国特色的旅行社品牌。

第二节 旅行社的性质、职能和基本业务

一、旅行社的定义和性质

(一)旅行社的定义

旅行社是为旅游者提供各种服务的专门机构,在不同的国家和地区有着不同的含义。

1. 国际旅游组织联盟关于旅行社的定义

世界旅游组织(World Tourism Organization,WTO)给出的定义为:旅行社是指"零售代理机构向公众提供关于可能的旅行、居住和相关服务,包括服务酬金和条件的信息;旅行组织者或制作商或批发商在旅游需求提出前,以组织交通运输、预订不同方式的住宿和提出所有其他服务为旅行和旅居做准备。"⊖美洲旅行社协会(American Society of Travel Agents,ASTA)给出的定义为:接受一个或一个以上"法人"委托,从事旅游销售业务或提供有关服务的个人或公司。

2. 不同地区关于旅行社的定义

(1)现代旅行社的发源地是欧洲,其通用的定义为:"旅行社是一个以持久营利为目标,为旅客和游客提供有关旅行及居留服务的企业。这些服务主要是出售或发放

⊖ 朗加尔. 旅游经济[M]. 北京:商务印书馆,1998.

运输票证；租用公共车辆，如出租车、公共汽车；办理行李托运和车辆托运；提供旅馆服务、预订房间，发放旅馆凭证或牌证；组织参观游览，提供导游、翻译和陪同服务以及提供邮递服务。它还提供租用剧场、影剧院服务；出售体育盛会、商业集会、艺术表演等活动的入场券；提供旅客在旅行逗留期间的保险服务；代表其他驻国外旅行社或旅游组织者提供服务。"[一]

按照其分工体系不同给出的定义包括旅游经营商性质的定义和旅行代理商性质的定义。旅游经营商性质的定义是：一种销售企业，它们在消费者提出要求之前事先准备好旅游活动和度假地，组织旅游交流，预订旅游目的地的各类客房，安排多种游览、娱乐活动，提供整套服务（包价旅游），并事先确定价格及出发和回归日期（即准备好旅游产品），由自己下属的销售处，或旅行代理商将产品销售给团体或个体消费者。旅行代理商性质的定义是服务性企业，它的职能是：①向公众提供有关旅行、住宿条件以及时间、费用和服务项目等信息，并出售产品；②受交通运输、酒店、餐馆及供应商的委托，以合同规定的价格向旅游者出售它们的产品；③接受它所代表的供应商的酬劳，代理商按售出旅游产品总金额的一定比例提取佣金。

（2）在日本，旅行社被称为旅行业。日本《旅行业法》第二条给出的定义为：旅行业系指收取报酬经营下列事业之一者（专门提供运输服务，即对旅客提供运输服务而代理签约者除外）：①为旅客提供运输或住宿服务，代理签约、媒介或介绍行为；②代理提供运输或住宿服务业与旅客签约，提供服务或从事媒介的行为；③利用他人经营的运输机构或住宿设备，为旅客提供运输或住宿服务，代理签约、媒介或介绍的行为；④附随于前三款行为，为旅客提供运输及住宿以外的与旅行有关的服务，代理签约、媒介或介绍的行为；⑤附随于第①款至第③款行为，代理提供运输及住宿以外有关服务业为旅客提供服务而代理签约或媒介的行为；⑥附随于第①款至第③款行为，引导旅客，代办申领护照及其他手续，以及其他为旅客提供服务的行为；⑦有关旅行的一切咨询行为；⑧对于第①款至第⑥款所列行为代理签约的行为。

3. 我国关于旅行社的定义

1996年10月国务院颁布的《旅行社管理条例》对我国旅行社的定义做出明确规定：旅行社"是指有营利目的，从事旅游业务的企业"。2009年新出台的《旅行社条例》给出的定义为："从事招徕、组织、接待旅游者等活动，为旅游者提供相关旅游服务，开展国内旅游业务、入境旅游业务或者出境旅游业务的企业法人。"这里的旅游业务具体是指"为旅游者代办出境、入境和签证手续，招徕、接待旅游者旅游，为旅游者安排食宿等有偿服务的经营活动"。

现如今，互联网技术广泛运用，新型旅行代理商不断涌现，它们广泛利用信息技术为旅游者提供更加高效、快捷、优质的个性化旅行服务，使得旅行社的定义涵盖内容更加广泛，构成了"广义的旅行社"，即借助于旅游供应商提供的产品，为旅游者完成空间移动、实现旅游活动提供安全、舒适、便利、个性化服务的企业。

[一] 朗加尔. 旅游经济[M]. 北京：商务印书馆，1998.

【案例 1-1】

途牛旅游网的经营模式

途牛旅游网创立于 2006 年 10 月，2014 年 5 月登陆美国纳斯达克，是美股市场第一支专注于在线休闲旅游的中国股票。截至 2018 年年底，途牛合作旅游服务供应商逾 16500 家，可以为消费者提供的跟团和自助等打包旅游产品超过 220 万种，还有丰富的机票、酒店、签证等单项旅游产品。截至 2019 年 3 月，途牛累计服务超过 1.08 亿人次出游，共获得客户点评 600 多万条，产品综合满意度达到 93%。以下是该公司的主要产品和经营理念：

跟团游：包括周边短线游、国内长线、出境游，行程透明、质量可靠。

自助游：海岛、港澳、三亚、丽江、九寨沟等既有国内外自助游套餐，亦可单订某项产品或任意搭配组合。

旅游定制服务：针对客户需求为客户量身定制个性化的旅游产品。

产品丰富：精选出性价比高的优质线路，组成丰富的产品线，满足客户的国内外出游需求。

性价比高：同类产品选择途牛更实惠，数百位专业的旅游顾问帮助筛选出市场上高性价比的旅游产品。

省心便捷：在线轻松预订，专属客服 24 小时快速反应，服务到家。

量身定制：专业旅游顾问团，丰富的产品线，可以满足客户的个性化需求。

双重保障：售中、售后跟踪服务以及质检，旅途中出现任何质量问题均可维权。

（资料来源：根据途牛旅游官网和相关新闻媒体公开资料整理。）

（二）旅行社的性质

旅行社是一种社会服务性企业，以招徕和接待旅游者并向旅游者提供相关服务作为主要经营业务，是我国旅游业的三大支柱产业之一。它具有自身的一些基本性质。

1. 营利性

作为企业，旅行社向旅游者或其他需要旅游产品的企业、单位提供旅游服务产品，并获取利润，还可以通过代售其他旅游企业的产品获得佣金。在日常经营中，旅行社自主经营、自负盈亏、自我约束和自我发展，以谋求企业利润的最大化。

2. 中介性

旅行社是通过提供旅游中介服务获取收益的企业，它是旅游者和旅游服务供应商之间的纽带，为促进产品的销售起到了积极的作用。旅行社通过生产和销售旅游产品，依次连接了旅游酒店、餐饮部门、交通部门、旅游景区、娱乐场所、旅游购物店等服务部门，实现了从资源到效益的转化。

3. 服务性

作为旅游业的重要组成部分，旅行社具有旅游企业的共同属性，即服务性。在其开展业务的过程中，主要是根据旅游者的要求，提供导游讲解和旅途中的生活照料等服务，并向旅游者提供预订游览、住宿、餐饮、交通、购物、娱乐等服务，还可为旅游者代办出境、入境和签证手续。

二、旅行社的作用和职能

（一）旅行社的作用

旅行社在招徕客源、组合产业要素、带动相关产业发展等方面具有不可替代的重要作用，是旅游业发展中最活跃、最核心的组成部分。它在旅游业发展中处于龙头和集聚地位，也是串联旅游业各大要素的桥梁和纽带。其作用具体表现为以下两个方面：

1. 纽带作用

旅行社的存在，使原本相对松散、繁杂的旅游服务供应部门以旅行社为中心变得紧密有序；旅行社同时还是连接旅游服务供应部门和旅游消费者的纽带，是旅游客源的组织者。

2. 促进作用

旅行社是促进旅游向大众化发展的重要因素，旅行社的出现改变了传统的旅行方式，是旅游产业中的中介商，也促进了旅游活动的产业化和市场化发展。

（二）旅行社的职能

作为为旅游者提供旅游服务的专门机构，旅行社的最基本职能是设法满足旅游者在旅行和游览方面的各种需要，同时协助交通、酒店、餐馆、游览景点、娱乐场所和商店等旅游服务供应部门和企业将其旅游服务产品销售给旅游者。旅行社的具体职能为：

1. 生产职能

旅行社的生产职能是指旅行社设计和开发包价旅游及组合旅游产品的功能，这是旅行社的首要职能。旅行社根据其对旅游市场需求的判断或者根据旅游者及其他希望购买旅游产品的企业（如旅游中间商）、单位（如机关团体）的要求，设计和开发各种包价旅游产品和组合旅游产品，并向相关的上游企业或部门购买各种服务，将这些服务按照产品设计要求组合成具有不同特色和功能的旅游产品。作为旅行社生产的产品，无论是有形的实物部分，还是无形的服务部分，都能够满足旅游者的某种需求，因此，旅行社的首要职能就是生产职能。

2. 销售职能

旅行社的第二个基本职能是销售职能。旅行社除了在旅游市场上向旅游者及其他旅行社产品的需求者销售其设计和生产的包价旅游产品和组合旅游产品外，还充当其他旅游企业及其他相关企业与旅游者之间的媒介，向旅游者代售这些企业的相关产品。旅行社在满足旅游者需求，拓展各种旅游产品销售渠道和增加旅行社及其他旅游企业、单位的产品销售量方面都发挥着重要的作用。

3. 组织协调职能

旅行社的第三个职能是组织协调职能。旅游活动的顺利进行，离不开各个部门和其他相关行业的合作与支持，而旅游业各部门之间以及旅游业与其他行业之间也存在一种相互依存、互利互惠的合作关系。旅行社行业的高度依附性和综合性决定了旅行社若要确保游客旅游活动的顺利进行，就必须进行大量的组织协调工作。因此，在许多情况下，旅行社的产品质量和旅游者对旅行社及其产品是否满意，在很大程度上取决于该旅行社的组织协调能力。

4. 分配职能

旅行社的分配职能主要表现在两个方面：一方面是根据旅游者的要求，在不同旅游服务项目之间合理分配旅游者付出的旅游费用，以最大限度地实现旅游者的利益；另一方面，在旅游活动结束后，根据事先同各相关部门或企业签订的协议和各部门或企业提供服务的实际数量、质量合理分配旅游收入。旅行社的选择实际上就是对旅游客源和旅游收入的一种配置，这就是旅行社的分配职能，对于旅行社上游企业的收入有十分重要的影响。总之，旅行社对旅游客源和旅游收入的分配职能是一种兼顾旅游者、旅行社、相关旅游企业和部门及其他企业和部门各方面利益的基本职能，也是在旅游产业运行中的一种整合职能。

5. 信息职能

任何旅游企业都具有向旅游者提供产品信息的职能。旅行社作为旅游产业中的一种特殊企业，其提供信息的职能与其他类型的旅游企业不太相同。一方面，旅行社作为旅游产品重要的销售渠道，始终处于旅游市场的最前沿，熟知旅游者的需求变化和市场动态，这些信息若能及时提供给各相关部门，会对他们的经营管理提供指导，而相关部门经营的改善和服务质量的提高无疑也有利于旅行社自身的发展；另一方面，旅行社作为旅游业重要的销售渠道，应及时、准确、全面地将旅游目的地各相关部门最新的发展和变化情况传递到旅游市场中去，以便于促使旅游者购买。一般来说，旅行社产品"在进入流通领域后，其本身仍固着于原定的地点方位上，旅游者只能到旅游产品的生产地点进行消费。"⊖旅行社提供信息的职能在沟通旅游需求和旅游供给两方面的信息时发挥了重要的作用。

旅行社信息流动图如图1-1所示。

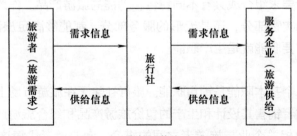

图1-1 旅行社信息流动图

⊖ 李天元. 旅游学概论［M］. 天津：南开大学出版社，2000.

三、旅行社的业务

旅行社是为旅游者提供各类服务、从事旅游业务的企业，它所提供的服务是依据旅游者的旅游需求而展开的，因此，旅游者的购买决策和消费过程决定了旅行社的业务范围。不同类型、不同规模的旅行社经营业务各有差异，但从总体上说，旅行社的基本业务可划分为旅游产品设计与开发业务，旅游产品促销、销售业务，旅游产品采购业务，旅游服务接待业务和其他业务。

旅行社业务流程图如图1-2所示。

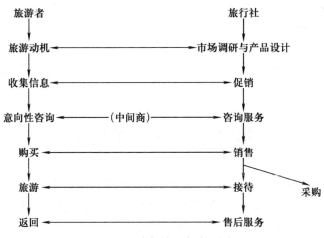

图1-2 旅行社业务流程图

1. 旅游产品设计与开发业务

旅行社的旅游产品设计与开发业务是旅行社经营的基础，体现了旅行社的生产性。而旅行社能否向顾客提供使之满意的产品也是其经营成败的关键。旅游产品是指旅行社出售的，能满足旅游者一次旅游活动所需的各项服务或服务的组合。旅游产品设计与开发业务具体包括产品设计、产品试产与试销、产品投放市场和产品效果检查评估四项内容。旅行社设计的产品是否合理，能否满足旅游者的需求，会直接影响到旅行社在市场上的竞争能力，最终影响到旅行社的生存与发展。

2. 旅游产品促销、销售业务

旅游产品促销、销售业务是旅行社的第二项基本业务，旅游产品只有在销售之后才能实现其价值和使用价值，并给企业带来利润。旅游产品本身的无形性和不可储存的特点，使其促销、销售环节变得尤为重要。促销和销售业务具体包括制定产品销售战略、选择产品销售渠道、制定产品销售价格和开展旅游促销四项内容。

3. 旅游产品采购业务

旅行社的第三项基本业务是旅游产品采购业务。旅游产品采购业务是指旅行社为了生产旅游产品而向有关旅游服务供应部门或企业购买各种旅游服务项目的业务活动。旅游产品采购业务涵盖旅游活动的食、宿、行、游、购、娱六个方面，涉及交通、住宿、餐饮、景点游览、娱乐和保险等部门，加之其中绝大多数服务项目都不是旅行社自身能够提供的，因此旅行社的产品采购业务会直接影响旅游产品的成本与质量。旅游产品采购业务充分体现了旅行社行业的依附性和综合性。

4. 旅游服务接待业务

旅游服务接待业务是指旅行社通过向旅游者提供接待服务，最终实现旅游产品的生产与消费。旅行社的旅游服务接待工作涉及面广、协调工作多、技能要求高、操作难度大，又是直接面对旅游者提供的服务，接待服务质量往往直接影响旅游者对旅游产品甚至旅行社的评价。所以，旅游服务接待业务是旅行社的重要业务，也是旅行社最具有代表性的基本业务，体现了旅行社企业的服务性。旅游服务接待业务具体包括团体旅游接待业务和散客旅游接待业务。

5. 其他业务

这是一类逐步发展起来的业务，包括会议会展服务、活动组织策划、包机业务，等等。

第三节　旅行社的设立

关于旅行社的设立，各个国家由于旅游市场环境、国家有关政策法规和企业自身实力等方面的区别，在具体设立时都会存在差距，同时，也会受到旅游业发展状况、营业场所选择、人员配备等内外部因素的影响。

一、影响旅行社设立的因素

（一）影响旅行社设立的外部因素

1. 旅游市场环境

以前，我国旅行社行业的发展是粗放式的，行业规模的扩大是由于企业数量的增加，而不是由于服务产品在向高档次发展的过程中所带来的，尽管拥有了更大的盈利空间和产业发展空间，但行业主要竞争手段是恶性降价而非差异化发展。现在，随着旅游市场的发展，由于电子商务对旅游业产生的影响、旅游者的不断成熟和分化等因素，我国旅行社正在走向差异化和品牌化。

2. 国家有关政策和法律规定

各国对旅行社的设立都有不同的规定，综合起来，主要包括以下代表性管理要求：申办者的从业经验；法定的注册资本；营业保证金；双重注册制度。

（二）影响旅行社设立的内部因素

我国2017年修订的《旅行社条例》第二章中专门对旅行社的设立做了明确规定，申请经营国内旅行业务和入境旅游业务的，应当取得法人资格，并且注册资本不少于30万元。

二、设立旅行社的基本程序

1. 旅行社的设立、变更或注销

《旅行社条例》规定，申请设立旅行社，经营国内旅游业务和入境旅游业务的，应当向所在地省、自治区、直辖市旅游行政管理部门或者其委托的设区的市级旅游行政管理部门提出申请，并提交符合本条例第六条规定的相关证明文件。受理申请的旅游行政管理部门应当自受理申请之日起20个工作日内做出许可或者不予许可的决定。予以许可的，向申请人颁发旅行社业务经营许可证，申请人持旅行社业务经营许可证向工商行政管理部门办理设立登记；不予许可的，书面通知申请人并说明理由。

旅行社取得经营许可满两年，且未因侵害旅游者合法权益受到行政机关罚款以上处罚的，可以申请经营出境旅游业务。

申请经营出境旅游业务的，应当向国务院旅游行政主管部门或者其委托的省、自治区、直辖市旅游行政管理部门提出申请，受理申请的旅游行政管理部门应当自受理申请之日起20个工作日内做出许可或者不予许可的决定。予以许可的，向申请人换发旅行社业务经营许可证，旅行社应当持换发的旅行社业务经营许可证到工商行政管理部门办理变更登记；不予许可的，书面通知申请人并说明理由。

旅行社应当自取得旅行社业务经营许可证之日起3个工作日内，在国务院旅游行政主管部门指定的银行开设专门的质量保证金账户，存入质量保证金，或者向做出许可的旅游行政管理部门提交依法取得的担保额度不低于相应质量保证金数额的银行担保。经营国内旅游业务和入境旅游业务的旅行社，应当存入质量保证金20万元；经营出境旅游业务的旅行社，应当增存质量保证金120万元。质量保证金的利息属于旅行社所有。

2. 旅行社分支机构和服务网点的设立

旅行社设立分社的，应当持旅行社业务经营许可证副本向其分社所在地的工商行政管理部门办理设立登记，并自设立登记之日起3个工作日内向其分社所在地的旅游行政管理部门备案。旅行社每设立一个经营国内旅游业务和入境旅游业务的分社，应当向其质量保证金账户增存5万元；每设立一个经营出境旅游业务的分社，应当向其质量保证金账户增存30万元。

旅行社分社的设立不受地域限制。分社的经营范围不得超出设立分社的旅行社的经营范围。

旅行社设立专门招徕旅游者、提供旅游咨询的服务网点（以下简称旅行社服务网点）应当依法向工商行政管理部门办理设立登记手续，并向所在地的旅游行政管理部门备案。旅行社服务网点应当接受旅行社的统一管理，不得从事招徕、咨询以外的活动。

3. 外商投资旅行社的设立

《旅行社条例》中所称的外商投资旅行社，包括中外合资经营旅行社、中外合作经营旅行社和外资旅行社。

设立外商投资旅行社，由投资者向国务院旅游行政主管部门提出申请，并提交符合本条例规定条件的相关证明文件。国务院旅游行政主管部门应当自受理申请之日起 30 个工作日内审查完毕。同意设立的，出具外商投资旅行社业务许可审定意见书；不同意设立的，书面通知申请人并说明理由。申请人持外商投资旅行社业务许可审定意见书、章程，合资、合作双方签订的合同向国务院商务主管部门提出设立外商投资企业的申请。国务院商务主管部门应当依照有关法律、法规的规定，作出批准或者不予批准的决定。予以批准的，颁发外商投资企业批准证书，并通知申请人向国务院旅游行政主管部门领取旅行社业务经营许可证，申请人持旅行社业务经营许可证和外商投资企业批准证书向工商行政管理部门办理设立登记；不予批准的，书面通知申请人并说明理由。外商投资旅行社不得经营中国内地居民出国旅游业务以及赴香港特别行政区、澳门特别行政区和台湾地区旅游的业务，但是国务院决定或者我国签署的自由贸易协定和内地与香港、澳门关于建立更紧密经贸关系的安排另有规定的除外。

补充资料 1-1：

申请书样例如下所示。

申 请 书

_____文化和旅游局：

兹有：_____

申请在：_____设立一家旅行社。

旅行社中文名称为：_____

英文名称及缩写为：_____

该旅行社采取_____方式设立，主要投资者及其投资额、出资方式为：

1._____
2._____
3._____

总投资额为_____万元人民币。

特此申请，请按规定审批。

申请人签章：

年　　月　　日

补充资料 1-2：

营业场所情况表如表 1-3 所示。

表1-3 营业场所情况表

营业场所情况					
营业面积		用房来源		租期	
地址				邮编	
提供单位证明			单位签章 年　月　日		

补充资料1-3：

营业设施设备情况表如表1-4所示。

表1-4 营业设施设备情况表

营业设施设备情况				
名称	单位	数量	价值/万元	备注
是否具备与旅游行政管理部门联网的条件			是□　否□	
合计				

第四节　旅行社经营管理概述

旅行社作为旅游业的重要产业部门，是旅游业的销售系统，担负着招徕旅游者和接待旅游者的重要职能。因此，其经营管理水平直接关系到一个国家和地区旅游业的发展。我国加入WTO（世界贸易组织）后，旅行社行业面临着前所未有的机遇和挑战，世界经济一体化的到来，使国内与国际之间的区别日趋淡化。国内竞争国际化，国际竞争国内化，使旅游市场环境更加复杂，竞争也日益激烈，这就要求旅行社企业必须用新知识、新思想、新技术和新方法来进行经营管理，以提高我国旅游业在国际旅游市场上的竞争力，促进我国旅游业持续健康发展。

一、旅行社经营管理概况

旅行社经营管理的重要任务就是运用科学的管理方法，使旅行社员工具有强烈的服务意识，通过向游客提供商品和优质服务，取得良好的经济效益。而旅行社管理本身则是通过各种管理职能来实现的。其管理职能主要有：计划——提出任务；组织——确定手段；指挥——实施计划；协调——落实计划；控制——确保计划。

（一）关于旅行社的经营

1. 旅行社经营的概念

旅行社经营是指旅行社为了自身的生存、发展和实现自己的战略目标所进行的决策，以及为实现这种决策而从各方面所做的努力。在旅行社管理活动中，经营是旅行社为了生存、发展和实现长远目标对旅行社经济活动进行的运筹、谋划的综合性职能。经营是旅行社最基本的活动，是旅行社赖以生存和发展的第一职能。旅行社经营能力的高低以及经营效果的好坏，主要取决于它对市场需求及其变化能否正确认识与把握，企业内部优势能否充分地发挥，以及企业内部条件与市场协调发展的程度。

2. 旅行社经营的特点

旅行社产品的特性和旅行社自身所处的经营环境，决定了我国旅行社与一般企业、甚至一般旅游企业比较，在经营方式上始终存在差别。总体来说，我国旅行社经营的特点包括以下几个方面：

（1）旅行社经营资金投入较少。旅行社是旅游中间商，是通过提供中介服务获取收益的企业。旅行社产品的无形性决定了旅行社的全部生产活动都表现为人的劳务活动，无须借助于投资巨额的机器来完成。与一般企业相比，无论是固定资产还是流动资金，其需要量都是非常有限的，因此从总体上看，旅行社经营所需资金较少，所以旅行社被人们视为较典型的劳动密集型企业。

（2）旅行社经营依附性较强。旅行社经营的依附性主要体现在两方面：一方面是对客源市场的依附，另一方面是对服务市场的依附。旅行社对客源市场和服务市场的严重依赖，决定了其经营活动的重心之一就是要积极主动、千方百计地与相关企业建立长期稳定的协作信任关系。

（3）旅行社经营对无形资产要求较高。这里，无形资产主要是指一个企业所拥有的良好的声誉和信用。旅行社是服务性中介机构，有人说旅行社是出售"承诺"或让旅游者购买"梦想"的企业。旅游者购买旅行社产品，从很大程度上讲是因为对旅行社的信任，对其声誉和信用有一个很好的评价。可见，无形资产对任何一个旅行社的经营都是非常重要的，旅行社的生存和发展都离不开它。

（4）旅行社经营风险较大。旅行社业务的一个显著特点是客源与效益的不稳定，这无疑增加了旅行社经营的难度，而这种经营风险又是由旅游市场特殊的供求关系决定的。供给和需求的不断变化，使得每家旅行社都处于旅游服务供求不平衡的状态之中。

3. 旅行社业务经营原则

（1）自愿原则。自愿原则是指旅行社不得通过欺诈、胁迫等手段强迫旅游者和其他企业在非自愿的情况下与其发生旅游法律关系。

（2）平等原则。平等原则是指旅行社在经营活动中，与旅游者或其他企业法人之间发生业务关系，必须平等协商，不得将自己的意志强加给对方。

（3）公平原则。公平原则是指在设立权利义务、承担民事责任等方面应当公正平等，合情合理。旅行社应本着公平的原则从事经营活动，保证公正交易和公平竞争。

（4）诚实信用原则。诚实信用原则是指要求旅行社对旅游者或其他企业做到诚实信用。旅行社在开展经营活动的过程中，应以友好合作的方式享受权利和履行义务，还应遵守社会公认的商业道德。

（二）关于旅行社的管理

1. 旅行社管理的概念

旅行社管理是对旅行社内部的生产活动进行计划、组织、指挥、控制和协调等一系列活动的总称。旅行社管理的作用主要体现在两个方面：一是可以降低成本，减少消耗，巩固企业发展成果；二是可以树立从严治企、管理科学、机制先进的形象。通过管理，旅行社可以换取自己的发展机会，增强企业自身的经营实力，使企业在市场竞争中居于有利地位。

2. 旅行社管理的特点

（1）分散性、流动性。旅行社工作人员分散性、流动性大，如导游，他们的工作岗位分散在外、流动在外，这给企业管理带来了一定的难度，这是旅行社企业管理上的一个特点。企业管理者往往难以及时发现问题、解决问题，从控制职能来说，是难以及时纠偏、矫正的，这是旅行社企业与其他企业在管理上的一个突出差异。

（2）大生产、大协作。旅游活动的全过程涉及吃、住、行、游、购、娱六大要素，要做好各方面的协调工作难度很大。旅行社的横向协作比一部机器的运作要复杂得多，哪一方面服务欠缺，都会影响旅游者的利益，所以，旅行社必须要以"大生产"的观念来进行操作与管理。

（3）知识要求广博、业务水平要求高。旅行社对员工各方面的素质要求是比较高的。外语导游员需要熟练掌握旅游目的地国家的语言以及相关知识，普通话导游员同样需要具备广博的文化知识和高超的业务技能。旅行社的行业特点要求其从业人员特别是导游人员，要知识广博、业务水平高。

（4）严要求、严自律。旅行社企业对员工的严格要求、严以自律是由其行为特性决定的。由于旅行社直接接触旅游者而且面很广，导游人员与游客相处的时间较长，社会上各种不良现象、不正之风比较容易侵蚀本行业。因此，不严格要求员工，不严格自律，就容易发生各种问题，给企业带来不良影响，还会给旅游者造成损害。

3. 旅行社的管理思想

（1）市场观念。市场观念就是旅行社对市场及顾客的认识和应有的态度。现如今，旅行社已经完成了由卖方市场向买方市场的转变。在目前买方市场条件下，旅行社要树立正确的市场观,以旅游者为中心,以市场需求为出发点来组织旅行社产品的生产。根据旅游者多样化和个性化的需求,设计生产适销对路的产品,并通过促销为旅游者购买提供便利。

（2）竞争观念。竞争观念就是旅行社在特定市场环境下,对竞争对手的性质、手段、方法、结果的思想认识及态度。就旅行社在市场上运作的角度来看,竞争有三个层次：第一层次是价格竞争,这是最低层次、最普遍的竞争方式；第二层次是质量竞争,即通过提高旅行社产品质量、改进产品性能、新产品开发及信息传递手段,全面提高旅行社产品的市场竞争力；第三层次是文化竞争,要求旅行社在产品开发、销售、接待服务过程和细节等各方面注重文化底蕴和文化含量,这也是最高层次的竞争。

（3）质量观念。质量观念对于旅行社行业而言,就是要把旅行社产品的质量放在经营管理的首位,充分认识到质量是企业生存和发展的生命线。就服务行业而言,产品质量与服务人员的素质是紧密相关的。旅行社可以通过教育管理来提高从业人员的素质,还可以努力学习先进,适时引进和运用一些国际惯例,以保持企业发展的后劲。

（4）创新观念。创新观念就是要求旅行社通过创新来发展自己,充分认识发展是创新的目的和基础,创新是发展的手段和动力。旅行社创新具体可包括四个方面：一是技术创新,采用新的科技手段、信息技术来发展企业,如电子技术、电子商务网络；二是观念创新,不断创新思路、改革陈旧理念,这样才能保持生命力；三是制度创新,面对新的市场条件,必须探索制度方面的新发展；四是管理的创新,在管理上不断探索新的方法,改进管理手段,提高管理效果。

二、旅行社经营管理中存在的问题

1. 旅行社产品单一,跟风情况严重

目前大多旅行社在开发产品时不重视市场调查,致使在开发和研究新产品过程中为了减少成本,推出的产品不能适应市场的差异化需求,产品种类单一,大多数观光旅游产品、度假产品与商务产品等没有得到充分开发。许多旅行社采用"跟风"的产品设计方式,多数产品处于"搭便车"的状态,产品开发没有创新,技术含量低,而且和其他旅行社之间雷同情况严重。

在旅行社经营过程中普遍存在这种情况：当一个旅行社苦心做出一条线路时,随时面临被"克隆"的危机,旅行社所做的调查、组织、宣传、促销等努力也都可能付诸东流。特色旅游线路的开发未来有望获得更多的利益和效益时,其他旅行社也闻风而来,这种跟风情况阻碍了旅行社的发展。

2. 旅行社信誉低,可信度差

旅行社的商业信誉是关系到旅行社生死存亡的重要条件。其信誉的形成源于旅游服务质量的好坏,而决定服务质量的优劣的,在人力资源方面,取决于每一个在实际旅游接待活动中提供服务的具体工作人员及管理者。近年来出现在旅游市场上的一系

列投诉事件,涉及的黑社、超范围经营、非法、变相转让许可证、零团费和负团费、虚假旅游业务广告、黑车、野导、私拿私授回扣等现象,使旅行社行业的公众信誉大跌,殃及了一些正规旅行社,就连老牌、名牌旅行社也经常受到牵连。旅行社经营者应重视员工培训,提高整体的职业道德,提高整体旅游服务质量,提高旅行社的可信度,促进整个旅游行业的健康发展。

3. 旅行社内部经营管理能力差

大型旅行社集团普遍已经建立现代企业制度,运用先进科学的管理思想和方法,能合理配置企业资源,内部管理水平较高,经营成本较低,并能充分激励企业各级从业人员,吸引大量优秀而拥有丰富管理经验的管理人才。而大多数中小旅行社是由家族式企业发展而来的,缺乏现代管理知识及财务制度,在经营管理过程中出现较多不规范的短期行为。

三、旅行社经营管理的解决对策

1. 注重产品种类与深度开发

要从深层次挖掘旅行社产品的潜力,推出富有特色的服务,并增大旅行产品的差异性与科技含量;要以产品的新卖点与切入点领先于市场,有针对性地向散客旅游者提供个性化的服务和产品;通过增值服务,打造较高的顾客品牌忠诚度,借助与游客建立契约关系、捆绑式销售、定制化营销等方式提升旅游者满意度,推进旅行社持续发展。

2. 提高旅行社整体素质,强化品牌建设

旅行社整体素质主要表现在服务质量和信誉、综合服务能力和应变能力、导游能力、服务社会能力等方面。旅行社整体素质高低的标准,不仅要看其部门的自身效益好坏,还要看其为社会服务的好坏。

旅游市场开发的好坏,是旅行社素质的寒暑表。为此,既要做员工的思想工作,又要把握住利益分配取向,不断完善服务设施和条件,使全体员工都有竞争、服务、开发深层效益的意识。在竞争中加强管理,使旅行社素质不断提高。旅游业的服务宗旨不仅仅是使游客饱览山水、名胜古迹、人文地理,更重要的是广览博收、洋为中用。通过参观、访问、洽谈、接触来吸引投资,达成合资协议,最终达到在发展旅行社经济的同时发展国家经济的目的。

3. 采用信息技术、实行网络化经营

21世纪信息技术革命无疑为旅行社和整个旅游业的发展提供了最重要的战略武器。网络运作将大大提高旅行社招徕客人、开拓市场的能力,能组合成"网络舰队",以最低的成本、最高的效率、最正确的定位,保证快捷无误地运作。在旅游信息发布、旅游信息化管理、营销预订等方面,电子商务对旅游业的积极作用日益凸显,借助电子商务平台,旅行社行业管理模式、经营模式必将改变,进入崭新辉煌的时代。如携程旅行网等旅游网站甚至改变了旅游市场的格局。因此,传统旅行社应抓住网络带来的机遇,寻找适合自身的发展途径。

4. 完善旅行社经营管理制度，优化管理方法

旅行社行业的产品是服务，而服务的质量很难像有形产品那样获得检验，因此，旅行社管理机构可以通过制定业务技术标准进行事前检验。可以从旅行社的资质、业务人员执业技术规范、操作规范、产品标准等方面制定详细的技术标准，在全行业中推广。在市场经济条件下，旅行社企业的竞争主要是接待服务质量的竞争，要依照服务质量标准建立相应的质量管理、质量评价和质量监控体系。实践证明，越是市场化程度高的行业，通过服务质量标准化渗透行业管理功能、规范市场秩序、促进行业发展的效力也越明显。同时，管理方法也要现代化，继续总结我国旅行社行业原有的好的管理方法，并在此基础上有针对性地学习、推广一些旅游发达国家行之有效的先进管理技术和方法。

【扩展阅读】

中国第一家旅行社

现在，人们对"旅行团"早已司空见惯，但在20世纪初，中国还没有近代化的旅游概念，"父母在，不远游"的传统思想深深地植根于人们的观念之中，自发的旅游大多只是出于修身养性的目的。而且国内也不具备新式旅游的条件：每到一地，无专人导游，无清洁住所，交通更是不便，更没有专门的旅游线路。当时，我国旅游业为少数洋商所垄断，在上海登陆的有英国的通济隆、美国的运通和日本的国际观光局等，但他们服务的对象只限于外国人和白领华人。时任上海银行总经理的陈光甫留美多年，又酷爱旅游，于是决心创办中国第一家旅行社。

1923年4月，上海银行提请代售火车票，办理旅行业务，经过曲折的过程，是年8月1日，上海银行旅行部正式宣告成立。这一天，是中国旅游史上值得大书特书的一天，因为按国际惯例，商业性旅行社的产生是一个国家近代旅游业诞生的标志。旅行部成立一个月后，即在杭州设立分部，以后陆续扩大规模，5年间，共设立分部11处。1927年，经上海银行董事会开会研究，旅行部自立门户，6月1日，正式改名"中国旅行社"，于1928年1月拿到了第一号旅行业执照。

中国旅行社以"顾客至上，服务社会"为宗旨，确立了"发扬国光，服务旅行，阐扬名胜，改进食宿，致力货运，推进文化"的二十四字方针，开始了旅行社的创业之路。刚开始，旅行社的业务比较简单，以客运为主，先是代售国内火车及轮船票，再代售飞机票。早期参加旅行的，大多是有文化、收入比较高的人群，如公司高级职员等，抵达某地后都安排在当地宾馆住宿，虽然吃住开销不小，但都还能应付。到了后来，一般市民、学生热衷出游的人越来越多，但经济实力明显不如前者，对住宿、吃饭的要求只求清洁就行。

陈光甫得知这一情况后，曾派人在各地寻觅适合的宾馆提供给一般游客住宿，但不是太过考究，就是过于简陋，尤其是一些风景区，缺乏合适的住所。陈光甫于是决定建一种叫作"招待所"的住所，满足客人的需求。后来我们一直说的"招待所"，就是陈光甫首创的，其实质就是能"藉安适之卧房，温暖之浴水，消减其劳乏，恢复其精神"就足够了。

组织旅行游览是中国旅行社的主要业务，社内专设游览部，组织过海宁观潮、惠山游湖、超山探梅、富江揽胜及游览各地名胜古迹。1935年8月起，中国旅行社还主办了一种旨在营造集体旅游氛围、领略祖国名胜风光的经常性旅游团体——"中旅社旅游团"，凡参加者可以得到各种优惠，并在总社辟有专室供团员聚会、消闲、联络感情。到1937年春，团员人数已从初创时的150人增加到900人。

中国旅行社有着一套严格的管理制度和独到的宣传教育方法。陈光甫要求，员工对顾客要笑脸相迎，衣着整齐，手面清洁。员工一律招考录用，通过培训、实习，达到一定水平后才安排工作。工作后先在各部门轮流循环工作，多年后便成为一名旅游业的多面手。至于人员的升降，一律以才能学识为标准，学历仅作参考，但对导游则要求基本上是大学文科毕业生，先经培训再上岗。中国旅行社还择才送英、美深造，并经常请外国专家来授课。人们一接触到中国旅行社，处处能感受到它的与众不同：工作人员一律穿着标志性制服，到车船码头的接待人员还头戴专门制服帽，引人注目；工作人员的服务极为周到，不以貌取人。

为广泛宣传旅行对社会人生的意义，中国旅行社于1927年创刊《旅行杂志》，是中国第一本旅行类杂志。文章由名家执笔，特约撰稿，内容丰富，每期印有数十幅精美照片，公开发行，并分送中外交通机构及其高级职员，以求加强社会各界对中国旅行社的印象。为加强对国外宣传，1931年，中国旅行社通过在美国西雅图所设的通讯社，向美国各界发出招待游华专售邀请信5000封，信笺都经过熏香，富丽精美，赏心悦目，不失为一种极好的宣传。

陈光甫首创中国旅行社，以服务社会为理念，悉心经营，开拓发展，使之成为民国史上第一家大型旅游服务企业，并跻身于世界级旅行社之列。作为中国近代第一家正规的旅行社，中旅社自1923年成立直至1953年宣告结束，以其30多年的不凡旅程，为后人留下了服务社会的宝贵理念和丰富经验，值得后人借鉴与仿效。

（资料来源：http：//www.dotour.cn/article/2573.html）

复习思考题

1. 简述我国旅行社的发展历程。
2. 简述我国旅行社的性质、职能和主要业务。
3. 如何正确认识旅行社在现代旅游业发展中的重要作用？
4. 简述旅行社的设立程序。
5. 谈谈旅行社在经营管理中存在的主要问题。

课后实训题

以每组5~6人为单位进行分组练习，走访当地几家旅行社，了解其发展历程、经营模式、主要职能，并模拟成立一家旅行社，合作完成全部申报资料。

第二章 旅行社产品开发与管理

【学习目标】

认识旅行社开发设计产品的重要性,了解旅行社产品的设计与生产过程,掌握旅行社产品的内涵、设计与开发原则、策略,同时明确旅行社品牌管理的重要性,并最终能够根据旅行社企业的实际情况设计旅游线路,达到理论结合实践的学习目的。

【主要学习内容】

- 旅行社产品的特征和分类
- 旅行社产品的开发和设计
- 旅游线路设计
- 旅行社品牌的建设与管理

◆【导入案例】

2018年4月20日,由携程集团主办的中国旅行者大会(China Travelers' Forum,简称CTF)在西安曲江国际会议中心举行。中国旅行者大会是携程旗下品牌线上线下互动的旅游活动,旨在为全球旅行者搭建自由交流的平台,汇聚不同领域的意见领袖和有影响力的旅行达人,分享旅行故事,交流旅行创想,传递旅行精神,营造属于旅行者的精神家园,也是携程"让旅行更幸福"使命在线下的延伸。CTF分为月度城市分享会、季度嘉年华与年度盛典三个类型。迄今为止,大小规模的CTF活动已经陆续走过30多座城市,累计15万名旅游爱好者为大会贡献了自己的思想力量。此次西安CTF是继丽江、成都、上海后,第四届CTF盛典。

作为"世界文化旅游大会"的组成部分,本届CTF嘉宾云集,吸引了近800位全球目的地旅游局代表、业内知名旅行KOL(关键意见领袖)、海内外媒体,以及普通用户等共同参与其中,与携程一起探讨生活旅行价值。

此次 CTF 大会以"生活即旅行"为主题，邀请到了跨界明星旅行家朱丹、苏青、环球旅行家谷岳和"侣行夫妇"，现场分享精彩旅行故事。他们用自己丰富的旅行经历和故事一次次感动着在场的观众。

在 CTF 现场，携程重磅发布新产品——"氢气球"旅游生活内容平台，旨在为每一位旅行内容生产者提供更广阔的内容展示平台；为旅游机构、旅游服务产品供应商、旅游媒体，以及每一位旅行者、每一位用户，搭建起一个鲜活的旅游垂直领域内容生态。携程不仅尊重和珍视社区里每一位内容生产者的付出，还想为每一位旅行者提供更深度的信息内容服务。

同时，广受旅行达人关注，堪称旅行界"奥斯卡"的携程年度旅行家奖项也在 CTF 现场进行了揭晓。在现场，携程为最受欢迎签约旅行家、最具人气专栏作家、最佳风光摄影师等十余个奖项进行了颁奖。

（资料来源：news.hsw.cn/system/2018/0420/980728.shtml.）

第一节 旅行社产品的特征和分类

旅行社产品是连接旅游企业和旅游者的关键因素和媒介，也是旅行社赖以生存和发展的基础。旅行社只有开发适应市场需求而有竞争力的产品才能吸引和招徕旅游者，其经营活动才能持续进行下去，所以说，旅行社必须重视产品的开发，还要对产品进行不断的改进和创新。

一、旅行社产品的内涵和特点

（一）旅行社产品的内涵

旅行社产品是一个完整、科学的组合概念，它是由住宿、餐饮、交通、观光游览、娱乐项目、旅游购物、导游服务、旅游保险等多项要素通过完美组合而构成的。

菲利普·科特勒在 20 世纪 90 年代将产品分为五个层次：核心产品（core benefit），即使用价值或效用；基础产品（basic product），即式样、品牌、名称、包装等；期望产品（expected product），即对产品属性和功能的认知和心理要求；增广产品（augmented product），即超出自身期望的附加服务或利益；潜在产品（potential product），即购销双方未曾发现的效用和使用价值。产品除了包括有形实体外，也包含了与此相关的商业服务、文化内涵和消费者体验等。从核心产品、基础产品、期望产品到增广产品、潜在产品的转化过程中，产品的效用和消费价值始终都在发生着变化。

从旅游经营者的角度来看，旅行社产品就是旅行社考虑到市场需求，为游客提供的各类产品的总称。它以固化形态的产品包形式出现，将旅行社的各项承诺与服务融入其中。在旅行社的各类产品中，旅游线路产品是旅行社的基础产品，因而常常被用来特别指代旅行社的产品。从旅游者的角度来看，旅行社产品是指旅游者支付了一定的金钱、时间和精力后所获得的满足其旅游欲望的一种经历。这种经历包括旅游者从常住地离开开始，到旅游结束归来的整个过程中，对所接触的事物、事件和所接受服务的综合感受。

（二）旅行社产品的特点

旅行社产品作为一种服务产品，既具备了一切服务产品的特征，又具有自身的个性特征，具体表现为以下几个方面：

1. 综合性

由于旅行社产品是由单项产品及其附近产品所构成的组合产品，那么旅行社产品就具有了一定程度的综合性和对其他产品的依赖性。一方面，旅行社出售给旅游者的产品，通常包括吃、住、行、游、购、娱，所以旅行社产品的综合性表现为它是由旅游吸引物、交通设施、娱乐场地等多项服务组成的综合性产品。另一方面，旅行社产品的综合性还表现为生产旅行社产品涉及的部门和行业较多，旅行社产品必须依赖其他的部门和行业才能提供，因此在进行开发时必须全面规划，严格部署，才能生产设计出最优的有形产品和最佳的无形服务，才能树立良好的企业形象和产品形象。

2. 无形性

旅行社提供的产品主要表现为旅游服务，因此，与其他有形的消费品不同，其产品不能"先尝后买"。旅游者只能花费一定的时间、精力和金钱，去换取相应的旅游经历和体验，而这种感受和体验于旅游者而言是无形的。由于旅行社产品的无形性存在，也加大了旅游者的购买风险，从而增加了旅行社与旅游者交易的难度。

3. 生产与消费的同步性

旅行社产品的生产与消费是同步的，这与工业型企业产品产销分离有明显的区别。旅行社产品的生产、交换、消费在空间上同时并存，当旅行社的服务人员提供服务的时候，也正是旅游者消费产品的时候，他们会不断对各种服务项目做出评价，并将经历、感受对亲朋好友传播。因此，旅行社必须千方百计提升产品质量，以此来提高自身的美誉度。

4. 脆弱性

旅行社产品的脆弱性表现为它极易受到各种因素的影响。一方面，旅行社产品的综合性，使得其价值和使用价值的实现受到多种因素的制约；另一方面，在旅游活动中涉及人与自然、人与社会和人与人之间的诸多关系，如政治动乱、经济状况、贸易关系、战争、流行性疾病等因素，任一因素发生变化，都会影响到旅行社产品的生产和消费。

5. 不可转移性

旅游服务所凭借的旅游资源和设施，无法从旅游目的地转移到旅游客源地，并在当地供旅游者消费，能够转移的只有旅游者，因此旅行社产品的交换和消费，并没有发生所有权的转移。旅游者所拥有的只是对旅行社产品暂时的使用权，而不是所有权。

总之，旅行社产品所具有的一般属性和独特属性，使旅行社产品模仿成本极低，也就造成了业界产品同质化现象严重、旅行社产品创新缺乏动力、搭便车心理严重的情况。从总体上看,目前我国旅行社产品比较单一。旅行社应如何以旅游市场需求新趋势为导向,开发顺应时代发展潮流、符合人们个性化发展的旅游新产品,已是迫切需要解决的问题。

二、旅行社产品的生命周期

产品生命周期(product life cycle)是指某种产品从被开发生产开始,经过成长、成熟、到最后被淘汰的整个过程。巴特勒(Butler)根据产品生命周期理论和其他人文地理学家的研究成果,提出 S 形旅游地生命周期演化模型:探索阶段、参与阶段、发展阶段、巩固阶段、停滞阶段、衰落(或复兴)阶段,每一阶段都对销售者提出了不同的挑战,对于旅游产品的营销、生产、人力资源战略等方面都会带来不同的影响。通常情况下,大多数产品的生命周期分为开发期、引入期、成长期、成熟期以及衰退期五个阶段(见图 2-1),各阶段的特征如下:

(1)开发期:产品生命周期始于企业发现新产品的构思,当产品刚开发出来时,销售利润为零,企业投资成本不断增长。

(2)引入期:产品导入市场是销售缓慢增长的时期。在这一阶段,将产品导入市场需要支付巨额费用,所以几乎不存在利润。

(3)成长期:产品被市场迅速接受,利润率不断增加。

(4)成熟期:因为产品已被大多数潜在购买者所接受,所以这是一个销售减慢的时期,在此期间,竞争的日趋激烈导致利润率日趋稳定甚至下降。

(5)衰退期:销售下降的趋势增强,利润率不断下降。

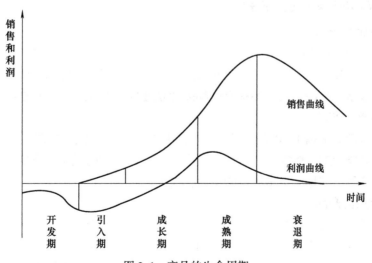

图 2-1　产品的生命周期

旅行社产品的生命周期是指产品从开发出来到最后被淘汰出市场的过程。旅行社产品大体上也经历了类似产品生命周期模式的周期性规律,即从完成设计、投放市场开始到该产品被淘汰、退出市场为止的全过程。一个典型的旅行社产品生命周期曲线会呈 S 形，但不是所有的旅行社产品生命周期都是同一个形状。有的产品进入市场或退出市场都很快，也有的已进入衰退期，但在强大的促销攻势下又会重新进入成长期，这便是旅行社产品生命周期的变异。具体包括三种情况：一为一时风尚型，只有两个阶段：快速增长阶段和显著暴跌阶段；二为无限延长型，投入期和成长期较短，而成熟期较长，几乎看不出衰退期；三为起死回生型，某种产品经过典型的投入期、成长期、成熟期，进入衰退期后，企业通过大力促销，或者开发配套新产品、新功能，使产品又进入新的循环，出现新的生机。

研究产品生命周期理论对旅行社产品开发及管理具有非常重要的意义：可以显示出旅行社各项产品在市场上所处的生命周期阶段，解释旅行社产品发展的规律；能够揭示产品生命周期各阶段不同的特点和变化，提供给旅行社经营管理者以长远的战略思想；使旅行社经营者能够更好地预测其产品在未来市场上的发展方向，并能够及时采取相应的措施保持产品组合的平衡；使旅行社经营者能够把注意力集中在潜在产品市场的发掘上，得以开发出适合未来市场需求的产品。

三、旅行社产品的分类

旅行社产品有多种分类方法：按照旅游者的组织形式可以分为团体旅游产品、散客旅游产品和组合旅游产品；按照产品包含的内容可以分为全包价旅游产品、半包价旅游产品、小包价旅游产品、零包价旅游产品和单项旅游服务；按照旅游者的旅游动机和行为可以分为休闲度假类旅游产品、事务类旅游产品、个人和家庭事务类旅游产品、专项类旅游产品和混合类旅游产品等。

（一）按照旅游者的组织形式

1. **团体旅游产品**

团体旅游产品由 10 人或 10 人以上的旅游者组成"集体综合旅游"，旅行社统一安排行程，包括旅游路线、食宿、交通工具和收费标准等。其优点是由于参团人数较多，日程、线路、所住宾馆、参观节目都按计划进行，收费比单独出游要低一些。

2. **散客旅游产品**

散客旅游产品是指由 10 人以下的旅游者组成的"散客综合旅游"，多为自愿结伴旅行的亲友共同参加。散客旅游是社会的发展、接待环境的成熟的重要体现，所以散客旅游产品要尽可能地满足旅游者的个性化需求。

3. **组合旅游产品**

组合旅游产品是一种产生于 20 世纪 80 年代的旅行社产品，又称为散客拼团，多流行于饭店、交通供应等旅游服务设施相对过剩的地区。组合旅游产品的主要形式是旅游线路，这是一种灵活性较强的旅行社产品。旅行社把来自不同客源地的零星游客汇集起来，组成旅游团，从而避免了一些客源地旅行社因当地旅游人数过少，不能单独成团而造成客源浪费的弊病。另外，组合旅游团成团时间较短，有利于旅行社在较短的时间内招徕大量的客源。

（二）按照产品包含的内容

1. 全包价旅游产品

全包价（或称团体包价）旅游产品是指由10人以上的旅游者组成并共同参与的全包价旅游产品，参团的旅游者采取一次性付费的方式，将包含有旅游目的地内的城际交通、住宿、饮食、游览用车、导游服务、交通集散地接送服务、游览场所门票、文娱活动入场券等费用全部委托一家旅行社办理。对旅行社而言，全包价旅游产品的预订周期较长，易于操作，而且有较大的购买量，可以降低旅行社的经营成本。

2. 半包价旅游产品

与全包价旅游产品相比，它是指在全包价旅游产品的基础上扣除掉中、晚餐费用（即不含中、晚餐项目）的一种包价形式。这种形式的优点是降低了产品的直观价格，提高了产品的竞争力，也更好地满足了旅游者在用餐方面的不同要求。团体旅游者和散客旅游者均可采用这种形式。

3. 小包价旅游产品

小包价旅游产品又称为可选择性旅游或自助游。它由非选择部分和可选择部分构成。前者包含城市间交通（长途交通）和市内交通（短途交通）及住房（含早餐）；后者包括游览参观、文艺节目观赏、正餐、风味餐、购物及导游服务等。小包价旅游产品具有经济实惠、手续简便和机动灵活等特点，深受旅游者的欢迎，是值得旅行社大力推广的产品。

4. 零包价旅游产品

零包价旅游产品是指旅行社组织旅游者前往和离开旅游目的地，在目的地的活动则可由旅游者自行安排。这是一种独特的产品形态，多现于旅游发达国家。在零包价旅游产品中，旅行社只提供客源地和目的地之间的交通服务和代办签证服务，参加该产品的旅游者可以获得团体机票价格的优惠，由旅行社统一代办旅游签证，并可随意安排自己在旅游目的地的旅游活动。

5. 单项旅游服务

单项旅游服务是旅行社根据旅游者的具体要求而提供的各种有偿服务，旅游者可以选择其中的一项或多项。旅行社主要可以提供的单项委托服务有导游、交通集散地接送、代办交通票据和文娱票据、代订饭店客房、代办签证、代客联系参观游览项目、安排专项旅游活动等。该项服务的对象主要是散客，他们可以根据自己的实际需要，灵活选择各种单项委托服务，从而完成更加个性化的旅游，节省旅游费用。

（三）按照旅游者的旅游动机和行为

1. 休闲度假类旅游产品

（1）观光旅游产品。观光旅游产品是旅行社产品最基础的形式，也是最早出现的最为常见的旅行社产品之一。它是指旅行社利用旅游目的地的自然旅游资源和人文旅游资源组织旅游者参观游览及考察。根据其游览内容的差别，又可分为自然观光产品和人文观光产品。自然观光产品的游览内容包括水域风光、地文景观、生物景观、气候天象等自然旅游资源；人文观光产品游览的内容包括文物古迹、文化艺术、城乡风貌、民俗风情等人文旅游资源。观光旅游产品一般具有资源品位高、服务设施完善、环境氛围好、安全保障强、可进入性大的特点，能够满足旅游者最基本的旅游动机。

（2）度假旅游产品。度假旅游产品是指旅行社为了满足旅游者暂时逃避紧张、压抑、枯燥的工作环境和生活节奏，希望到空旷、悠闲、静谧的环境中去充分放松和休息的心理而开发的旅游产品。度假旅游者一般选择有阳光、海水、沙滩的风景优美的度假胜地，在旅游地停留时间较长，消费水平高，重游率也较高。

2. 事务类旅游产品

（1）商务旅游产品。商务旅游产品是指因商务行为而开发的旅游产品，与纯粹的旅游活动不同，它是附属于特定的商务活动而存在的。商务旅游者多为企业的管理人员或销售人员，层次较高，追求精致，其旅游经费多由所在公司承担并享受津贴和补助，旅游目的地多集中于一些作为经济或政治中心的大中型城市，消费水平也比较高。所以，对于旅行社而言，这是一种出售频率高、季节变化小、经济效益明显的产品。

（2）会议旅游产品。

会议旅游产品通常分为两类：一是指对各类会议的全面服务；二是指旅行社在会议前、会议期间或会后组织参加会议者参观游览。会议旅游者通常消费水平较高，而且停留时间也较长，所以能够给开发此类产品的旅行社带来可观的经济效益。

（3）奖励旅游产品。奖励旅游是近些年来发展很快的一种旅游产品。奖励旅游产品并不是一般的员工旅游，而是企业业主提供一定的经费，委托专业的旅行社精心设计的"非比寻常"的旅游活动，用这一形式作为对公司的优秀员工或成绩斐然的销售精英的奖励，从而进一步调动公司员工的积极性，增强企业的凝聚力。在旅游过程中，旅行社往往根据企业的要求，为旅游者安排高档的饭店住宿，提供高标准的饮食和独具特色的内容和游览项目。对于旅行社而言，奖励旅游产品的潜力很大，价格也较高，能够给旅行社带来较大的利润，也是一种经济效益明显的产品。

3. 个人和家庭事务类旅游产品

（1）修学旅游产品。修学旅游产品是以外出学习为主要目的而开发的旅游产品。它的主要参与者是青少年，也包括部分的中老年群体。修学旅游一般时间较长，多为数月或一年，短期的修学旅游也至少是一两周。修学旅游者在旅游目的地学习的同时，可利用寒暑假或周末时间到旅游景点游览观光。目前，我国的一些旅行社利用当地的修学旅游资源大力开发修学旅游产品，也取得了较好的经济效益。修学旅游产品的种类很多，如书法修学旅游产品、绘画修学旅游产品、针灸修学旅游产品等。

（2）宗教旅游产品。宗教旅游产品是指旅行社利用信仰宗教的人士前往宗教圣地进行朝圣活动而开发的旅游产品。旅行社可以为宗教旅游者的朝圣活动提供便利性、针对性服务，还可在旅游过程中向他们提供游览地的沿途景点服务，将两者结合起来，就可以形成宗教旅游产品。宗教旅游活动具有明显的定向性，所以，对于位于宗教旅游目的地的旅行社来说，开发宗教旅游产品可以收获稳定的客源，保证经济效益的实现。

4. 专项类旅游产品

专项旅游产品又被称为特种旅游产品,是一种具有广阔发展前景的旅游产品,具有特色鲜明、主题多样的特点。专项旅游产品可以包括体育旅游产品、探险旅游产品、烹饪旅游产品、医疗保健旅游产品、书法绘画旅游产品等。专项旅游产品适应了旅游者个性化、多样化的需求特点,是今后旅行社产品开发的趋势,也因此备受旅行社的青睐。但是,由于专项旅游产品的开发难度大、操作程序多、涉及单位部门广、投入费用高,所以往往在一定程度上制约了旅行社开发的积极性。作为旅行社来讲,今后应合理利用本地区的优势旅游资源,大力开发适销对路的专项类旅游产品。

5. 混合类旅游产品

在旅行社经营的旅游产品中,还有一类是按照旅游市场需求而开发出来的混合类的旅游产品。由于大部分旅游者在外出旅游时并不是只有一种旅游动机,而经常是两种以上的旅游动机,所以,旅行社在旅游市场上销售的旅游产品就不能只具备一种功能,那样是无法满足旅游者多样化旅游需求的,也会降低旅游者的满意度和对旅游产品购买的积极性。因此,现在不少旅行社开始尝试开发设计混合类旅游产品,包括含有观光旅游项目的修学旅游产品、含有休闲内容的专项类旅游产品等。也只有这样,旅行社才能更好地满足旅游者的各种需求,实现企业的经营目标。

此外,近几年,由于我国旅游业良好的发展态势,也不断涌现出了一些旅游新业态,包括智慧旅游、在线旅游(OTA)、乡村旅游、康养旅游、研学旅游等,极大丰富了旅行社产品的内容和范围。

第二节 旅行社产品的开发和设计

一、旅游新产品的类型

旅游新产品是对旅游者从未被满足的需求而言的。凡是对原有产品整体概念中的任何一部分进行创新和变革,从而满足旅游消费者潜在需求的产品,都可以叫旅游新产品。

旅游新产品可分为以下几种:

1. 全新型产品

全新型产品是指旅行社根据市场的变化和旅游者多样化的旅游需求,生产和销售以前从未开发和设计的新产品,包括开发新景点、开辟新的旅游线路等。这类产品一旦开发出来,可以率先占领市场,取得较高的利润。但是,由于开发的周期较长,开发的投资和风险较大,所以这些全新型产品不可能经常出现。

2. 换代型产品

换代型产品是指旅行社在现有产品的基础上进行较大的变革,生成新产品后再投放市场。比如,为了突出旅游者的全面参与和体验,我国的一些度假旅游胜地增设了高尔夫球场、瑜伽训练馆等,可以吸引旅游者更长时间的停留,这就是换代型产品。

3. 改良型产品

改良型产品是指旅行社对原有产品进行部分调整,而不是进行重大的变革。一般来说,局部的改良可增加产品的吸引力,招揽更多的旅游者。这种产品投入资金较少,改良周期短,可以很快投放市场。

4. 仿制型产品

仿制型产品是指在市场上早已存在,旅行社对其进行模仿后推出的产品。在我国,绝大多数中小型旅行社均采用这种产品生产方式。在旅游市场上出现过的典型的仿制产品有仿各类游乐园、仿世界大型建筑的微缩景观、仿历史古城等。这种产品具有投资少、省时省力、见效快的特点,但是旅行社一般很难依靠这种产品树立自身的市场形象和竞争地位。

二、旅行社产品的开发设计原则

1. 市场导向原则

市场导向原则是指旅行社在开发设计产品的过程中,必须了解旅游者现实和未来的需求,始终坚持以旅游者的需求为出发点,力求使产品能适应国内外旅游业发展的趋势和旅游者的需求。在产品开发设计之前,旅行社要进行充分的市场调查,预测市场和旅游者需求变化的趋势,分析旅游者的旅游动机。只有充分认识到国内外环境的变化趋势,才能够充分利用资源,开发设计新产品,创造性地引导消费。

2. 独特性原则

独特性原则是指旅行社生产的产品应具有鲜明的特色,能够充分展示旅游的主题,以新、奇、特、异来吸引旅游者的注意。比如,黑龙江省哈尔滨市举办的冰灯节、山东省潍坊市举办的国际风筝节都是按照这个原则向市场推出的产品,能够反映产品的主题,对每一个细节上的特色都下了功夫,精心安排。

【案例2-1】

天猫小镇

在国家大力推行特色小镇的风口上,延庆区政府、天猫和大地风景集团正在联合打造主题休闲娱乐小镇。这个被命名为天猫小镇的项目位于北京延庆四季花海景区,占地18万m²,森林绿化率高达74.5%,空气质量良好,交通便利,距离冬奥会的比赛场地只有半小时车程。不过,不要以为天猫小镇是个淘宝购物城,实际上这是一个以猫为主题的特色小镇。

项目设置智能、独特的猫生活空间,提供人猫共同住的居住新体验、猫咪主题休闲体验和流浪动物居住关怀中心三大功能。整个猫公馆,占地面积1100m²。包含朝圣中心、猫主题休闲娱乐中心、沙龙会客厅、猫主题艺术展厅、猫主题咖啡厅,以及天猫衍生品旗舰店。整个猫主题艺术展区通过玻璃空间相隔,室外是一百多个猫小窝可供猫咪跳跃嬉戏，室内是一个开放空间，可供各种主题布展。

据相关媒体报道，天猫小镇的宣传页面已经展示了猫咪相关产品的购买链接，包括远程逗猫器、全自动智能猫厕所、宠物智能食盆等，同时也为"猫奴"们推荐了特色猫包、防抓刮喷雾等。业内人士认为，天猫此举迎合了新消费趋势对休闲娱乐的倾斜，在一定程度上通过社群和内容为相关产品带来了新的购买场景。天猫小镇希望让大家懂得尊重动物，关怀流浪动物。未来，天猫小镇可能成为一个旅游品牌和休闲娱乐旅游特区。

（资料来源：https://www.sohu.com/a/234543724_115048.2018.06.08）

3. 经济原则

经济原则是指在产品设计的过程中强调成本的控制和效益的产生，尽量以同等数量的消耗，获得较高的效益；或者以相对较低的消耗，获得同等的效益。在旅游线路的设计过程中要加强成本控制，降低各种消耗。例如，可以采用集中采购策略降低采购价格，进一步降低成本。

4. 布局合理性原则

布局合理性原则是指旅行社在设计产品时，应对各交通路线和旅游点进行科学、合理的优化组合，既要突出各地的特点，也要照顾到整体线路的布局，避免在同一线路上安排风格相似或相同的旅游景点和旅游项目，以避免重复，影响游览效果。要做到布局合理，应注意以下几个方面：

（1）择点适量。一条旅游线路上不宜选择过多的旅游景点，以免使旅游者过度疲劳而体力透支。景点过多也容易使旅游者走马观花，达不到观景审美的目的。

（2）行快游慢。各游览点之间的距离不宜太远，以免在旅途中耗费太多金钱和时间。一般来说，城市间交通耗费的时间不能超过全部旅程时间的 1/3。

（3）顺序科学。在设计产品时，游览顺序应该是由一般的游览点逐步过渡到吸引力较大的游览点，使旅游者能够渐入佳境。

（4）交错安排。同一线路上的各游览点应各具特色，丰富多彩，主题突出。在编排线路时，尽量选择不同类别的游览点，把相似的游览点隔开，使整条线路错落有致，避免影响产品的质量。

（5）避免重复。在设计产品时，尽量避免重复经过同一游览点，保证旅游者的满足程度。

5. 可进入性原则

可进入性原则是指在产品的设计生产过程中，应充分考虑到产品所涉及的地区和景点是否容易进入和离开。由于交通服务也是旅行社产品的重要组成部分，所以，在产品的设计生产过程中必须重视景点所在地区的基础设施和交通状况，它们同样会直接影响到产品的质量和价格。

6. 时效性原则

时效性原则是指旅行社在设计产品时，必须对该产品在何种阶段投放最合适进行考虑。在很多时候，旅游者选择旅游目的地，希望看到的是旅游目的地最美的季节和最动人的景观。比如,春天樱花盛开的日本,夏季凉爽宜人的北戴河,秋天神秘多彩的九寨沟,冬季白雪皑皑的长白山,等等。对于旅行社而言,政府所举办的一些重大的政治、经济、文化活动往往孕育着极好的商机,也能为旅行社带来很好的经济效益。

7. 可接受性原则

可接受性原则是指旅行社产品必须能够被旅游者接受,同时又能够被当地社会接受。在设计开发产品时,必须要充分考虑旅游客源地和旅游目的地的文化、民族、宗教、历史、环境、风俗习惯、法律法规等方面的因素,不能设计和销售伤害旅游者或旅游目的地居民民族尊严、宗教信仰和风俗习惯的产品。同时,产品也不能违反国家的法律法规,不能危害生态环境和社会环境。

三、旅行社产品的开发过程

(一)旅行社产品开发的约束和对策

1. 旅行社产品开发的约束

(1)大路货风险的约束。所谓大路货风险是指旅行社提供的产品并不具有排他性,无法完全满足细分市场的旅游需求,更无法通过特色有效的方式,实现其提高经济效益和市场份额的风险。目前,在我国旅游市场上,之所以会出现大路货风险,是因为旅行社在产品开发的过程中,受到了资金、技术、人才等内部条件和市场发育程度、宏观各种因素的制约,难以推出独具特色的产品,而被迫向市场提供大路货的产品。大路货风险的存在,要求旅行社在开发产品的过程中,必须提高产品档次,注重产品的深度和广度。

(2)搭便车风险的约束。所谓搭便车,是指市场上某一家旅行社在经过努力,投入了各种资源,成功地推出新产品,开拓了新的市场,并产生了理想收益后,其他旅行社却不经过任何努力,也同样进入这个新的市场,甚至采用仿制的手段,向市场销售同类的产品,而且价格更低,从而给开拓市场的旅行社造成巨大经济损害。在旅行社产品开发的过程中,之所以存在搭便车现象,主要原因是旅行社产品中公共的部分较多,难以通过注册商标、申请专利保护等手段去排斥其他旅行社向同一市场提供同类产品,也无法对搭便车的旅行社进行有威慑力的惩罚。搭便车风险会严重挫伤旅行社开发新产品或开拓新市场的积极性,也会成为旅行社开发新产品或开拓新市场的风险约束。

(3)成本效益比较的约束。成本效益比较的约束是指旅行社在开发产品时,要考虑到两个方面的约束:一方面是在决定开发某一产品时要对生产该产品的全部成本和由此产生的全部效益进行比较,使总体效益超过成本投入;另一方面是开发产品时,必须将旅游者能够为消费该产品所付出的价格、时间和精力等全部成本与其通过消费该产品所得到的全部效用进行比较,使旅游者的效用也超过其成本投入。因此,旅行社在开发产品时,必须考虑以上两个方面所带来的成本效益比较,并以此作为是否开发某个产品的重要依据。

2. 旅行社产品开发的对策

（1）快捷销售。快捷销售是旅行社应对大路货风险和搭便车风险的有效手段。一般来说，在一家旅行社将新产品投入市场的初期，其他的旅行社往往持观望态度，不会盲目跟随，所以在短期内该家旅行社往往享有暂时的独家经营的地位，甚至可能会形成垄断经营，从而为该旅行社创造较大的盈利空间。旅行社应充分利用这一有利时机，采取快捷销售的策略，尽可能多地销售产品，当竞争对手认识到产品的市场前景时，该旅行社已经取得了较为理想的利润。

（2）不断创新。不断创新是旅行社应对大路货风险和搭便车风险的另一个有效手段。旅行社通过不断地创新产品，可以有效地拉大自己和竞争对手之间的距离，减少对方搭便车的机会。同时，旅行社不断推出独具特色的新产品，使新产品在内容和形式上体现新意，就会使旅游者提高对新产品的认知度，使消费该产品的人数随之增加，而旅行社也可以因此提高产品的售价和获得更多的利润。

（3）灵活调整。灵活调整也是旅行社应对大路货风险和搭便车风险的一种策略。当市场上存在大量竞争对手同时销售大量同类产品时，旅行社无法再继续保持独家经营的地位，就要采取灵活的策略进行调整，开发新的产品，改善原有产品部分内容，重新包装原有产品等。这样才能避免其产品沦为大路货，才能在市场上继续领先于竞争对手，占据有利地位。

（二）旅行社产品的开发阶段

旅行社产品的开发大致经历五个阶段，即创意阶段、选择阶段、产品研制阶段、产品试销阶段和产品商业化阶段。在任何一个阶段，如发现产品存在问题，都要进行必要的调整和修改，如果达不到要求，就只能果断地选择放弃。

1. 创意阶段

创意在产品的开发过程中占据着极其重要的地位，要求产品研发人员通过市场调研，征询旅游者、旅行社管理人员、旅行社营销人员的意见，从外界的刊物或研究报告甚至同行竞争者那里获取产品创意。

2. 选择阶段

在搜集到一定数量和质量的产品创意之后，就进入产品创意选择的阶段。此时，旅行社应根据本企业的经营目标和产品创意的可行性着手对创意进行分析和筛选，从中选出符合企业经营目标的、可行度高的产品创意。

3. 产品研制阶段

完成产品创意选择后，产品研发人员就可以尝试将这些创意转化为新产品的制作。不同类型的产品，其研制的方法也不完全相同。对于全新型产品来说，其开发设计要充分利用各种资源，突出产品的特色，保证产品的质量，力争做到人无我有、人有我优、人优我特；对于改良型产品来说，在开发设计中要充分分析原有产品的优点和缺点，以及市场对产品的需求变化趋势，针对旅游者口味和偏好的变化，完成对原有产品的加工改良和升级换代。对于仿制品来说，产品研发人员应认真研究被仿制品的特点，去粗取精，使仿制新产品具有某些本旅行社的特点，而不是全盘照搬。

4. 产品试销阶段

产品的试销就是将新产品及其相关的营销策略首次付诸实施。通过试销，企业可以观察顾客的反应，减少新产品开发的风险。经过一段时间的试销，如果效果较好，可以直接将产品正式投放市场；如果发现有任何问题，要返回上一步骤，做适当的调整和修改。

5. 产品商业化阶段

当产品经历了试销阶段，顾客反应较好、呈现出较好的发展态势时，旅行社要尽快选定目标市场，将产品批量生产投放市场。同时，恰当地运用销售渠道策略、促销策略和价格策略等市场营销手段，尽量扩大产品市场份额，提高产品的销售量和利润率，产品也就进入了商业化阶段。

整个开发过程如图 2-2 所示。

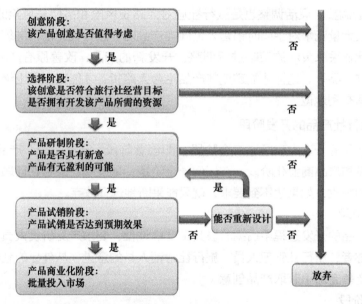

图 2-2　旅行社产品的开发过程

（三）旅行社现有产品的分析

分析现有产品是旅行社产品开发设计中的一项重要的内容，也是开发新产品的基础。旅行社产品设计人员应根据市场调查和市场预测的结果，对现有产品进行分类和评价，从中选出畅销的、经济效益好和具有发展前途的产品，同时可以淘汰滞销的、经济效益差和没有发展前途的产品。四象限评价法是在美国波士顿咨询团设计的"市场导向型产品检测模型"的基础上加以改进后提出的，是旅行社分析和筛选现有产品的一个十分重要的工具。该方法是按照产品在市场上受欢迎程度和产品的经济效益，把旅行社的全部产品分成四种类型，分别是明星类产品、问号类产品、金牛类产品和金钱陷阱类产品（如图 2-3 所示），并对不同类型的产品采取发展、培养、利用或淘汰的策略。这是一种将市场导向和经济利益紧密结合的客观分析方法，值得在旅行社的经营中大力推广。

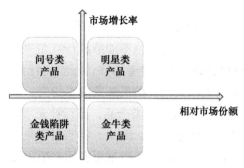

图 2-3　旅行社现有产品分析

1. **明星类产品**

（1）特点。明星类产品是指市场增长率和相对市场份额都较高的旅行社产品。这类产品一投放市场便会吸引较多的旅游者前来购买，从而形成较大的市场需求。旅游者对于产品的售价不甚在意，产品价格的变化对旅游者购买该产品的数量所产生的影响很小。明星类产品是旅行社获取长期利润的重要渠道和扩大市场份额的有力手段，因此，旅行社必须严格保证明星类产品的质量。

（2）策略——发展。在明星类产品投放市场一段时间后，旅行社可适当调整产品的价格，通过提高产品的售价来试探旅游者的反应。如果旅游者对产品价格变化不敏感，旅行社还可继续调整产品价格，直到旅游者对产品价格变得较为敏感。旅行社可大力向市场宣传和推销明星类产品，并将售价保持在一个较高的水平，使旅行社获得最大的经营利润。

2. **问号类产品**

（1）特点。问号类产品是指市场增长率较高但相对市场份额较低的旅行社产品。其发展前景尚不明朗，既可能成为吸引力强、发展前景好的明星类产品，也存在某些不确定因素，可能演变成金钱陷阱类产品。经营问号类产品对旅行社而言要冒一定的风险，但也有可能给旅行社在将来带来丰厚的回报。

（2）策略——培养。旅行社应该对问号类产品进行具体的分析，找出问题的症结，并制定出相应的对策，力争使其转化为明星类产品，给旅行社带来丰厚的回报。

3. **金牛类产品**

（1）特点。金牛类产品是指市场增长率低而相对市场份额较高的旅行社产品。金牛类产品多为投放市场较长、已被公众所熟悉的产品，产品质量较稳定，价格也为旅游者所接受。

（2）策略——利用。金牛类产品对增加旅行社的利润和现金流量都起到了重要的作用，在市场上拥有较高的知名度和相对稳定和较高的市场份额。所以，旅行社在调整金牛类产品价格时必须十分慎重。此外，由于金牛类产品多属市场上较为成熟的产品，极易被仿制，已经处于产品生命周期的成熟期，难以长期吸引旅游者，因此旅行社应大力开发新产品来逐步取代金牛类产品。

4. 金钱陷阱类产品

（1）特点。金钱陷阱类产品是指市场增长率和相对市场份额都较低的旅行社产品。它既不能受到大量旅游者的欢迎，也不能给旅行社带来丰厚的利润。实际上，金钱陷阱类产品在市场上只会被少数旅游者选择，而旅行社为了满足这些旅游者的需要，往往需要耗费大量的财力和人力，结果却是得不偿失。

（2）策略——淘汰。对于金钱陷阱类产品，旅行社无须再继续投入大量的促销经费，应该采取果断的措施，有计划地加以淘汰，将节省下来的资金和人力用于明星类产品和问号类产品的促销，从而为旅行社带来更多的客源和收入。

第三节　旅游线路设计

旅游线路是对旅行和游览的路线、景点及服务项目的总称，包括旅游起始地、距离、交通方式、餐饮住宿等级和参观游览的景点等要素。旅游线路是旅行社产品的主要形式，其销售额是旅行社利润的主要来源，所以，合理设计旅游线路，对于旅行社的生存和发展都具有十分重要的意义。

一、旅游线路设计的含义

根据旅游线路内容及服务对象的不同，旅游线路设计有四种主要的类型，体现出了旅游线路设计的不同含义。

（一）区域旅游规划的旅游线路设计

旅游线路是依赖景点分布的线型产品。这种产品的简单结构是通过道路对景点之间进行有线连接。一个旅游区域内的若干景点分别在不同的空间位置，对这些游览景点的先后顺序进行排列，可有多种不同的方式。这就是区域旅游规划中的旅游线路设计，它是市场营销的着力点。

（二）景区内部的游道设计

旅游景区内部的游道设计是一种微观问题，如果不注意线路的科学组织与合理布局，就会造成旅游空间结构的不完善而影响整体游览效果。游道设计属于景区的建设项目，在很大程度上和旅行社关联不大。这种线路设计更多考虑的是旅游者的游览方便，线路设计水平高低往往可以反映当地旅游管理机构的管理水平。

（三）旅游者自主完成的旅游线路设计

现在，自助游、自驾车旅游日渐成为越来越多的旅游者的爱好和选择，旅游者可以根据自己的喜好自主设计旅游线路。因为旅游者个体差异较大，加之往往根据自己的出游动机、旅游信息、旅游目的、旅游经验来设计线路，所以线路的详略差别也较大。

（四）以旅行社为代表的企业旅游线路设计

以旅行社为代表的企业旅游线路设计指的是旅行社向旅游者或潜在旅游者推出的经营性的旅游线路。它要求旅行社在特定的利润空间和特定区域内，根据时间、交通、景区及旅游六要素情况做出经营性计划，统筹安排，以求得旅游者在旅游过程中所需时间最省、费用最少、旅游体验最优。旅游线路是旅行社最主要的产品形式，线路的内容要丰富，活动形式要多样，日程安排要紧凑，时间安排要合理。旅游线路的设计水平会直接影响到旅行社的销售业绩。

本节所讨论的旅游线路设计，主要是指以旅行社为代表的企业旅游线路设计，也就是指旅行社根据市场消费动向，采购相关旅游产品并将其组合成旅游线路的工作。

二、旅游线路的类型

旅行社的旅游线路更注重可操作性和效益，根据不同的划分标准，旅游线路可以有以下几种主要的类型。

（一）以旅游距离为标准划分

按旅游距离来进行分类，旅游线路可分为短程旅游线路、中程旅游线路和远程旅游线路。短程旅游线路游览距离较短，活动范围较小，一般局限在市内、市郊或相邻区县区域；中程旅游线路的游览距离较远，活动范围一般在一个省级旅游区内；远程旅游线路的游览距离更长，旅游者活动范围广，一般是跨省甚至是跨国旅游，包括国内远距离旅游线路、边境旅游线路和海外旅游线路。

（二）以旅游时间为标准划分

按旅游时间来进行分类，旅游线路可分为一日游旅游线路、两日游旅游线路、三日游旅游线路和多日游旅游线路。一日游、两日游旅游线路一般为短程旅游，而中长距离的旅游多为三日以上。

（三）以旅游者旅游目的为标准划分

按旅游者旅游目的来进行分类，旅游线路可分为观光游览旅游线路、探亲访友旅游线路、休闲度假旅游线路、公务商务旅游线路、修学旅游线路、科考探险旅游线路和其他旅游线路。观光游览旅游线路是最常规也最受普通旅游者欢迎的旅游线路，在我国旅游市场上一直占据重要地位，客源相对稳定；探亲访友旅游线路、休闲度假旅游线路、公务商务旅游线路是近年来兴起的旅游产品，引导着未来旅游业的发展方向；而修学旅游线路、科考探险旅游线路则是专门为具有特定旅游目的的旅游者量身设计的旅游线路，同样具有广阔的市场发展前景。除此之外，还有其他一些旅游线路，因为旅游者的旅游目的多种多样，所以，其他各种旅游线路也是为了能够满足具有各种旅游目的而外出旅游的旅游者的需要。

三、旅游线路设计的原则

旅行社的旅游线路设计实际上是对旅行社创新能力和市场竞争能力的综合检验。

由于旅游产品包含许多不确定因素,如接待标准与等级差异、使用交通工具差异、游览景点和旅行日程差异等,这些都会直接影响到旅游线路报价和旅游者的感受。所以,旅游线路的设计应遵循一定的原则,科学合理地设计,这样才能使旅游线路具有较大的市场竞争力。具体的设计原则有:

(一)市场原则

市场原则就是要求旅行社在设计旅游线路时,要对市场进行充分的调查研究,预测市场需求的趋势和需求的数量,分析旅游者的旅游动机,并针对不同目标市场设计出适销对路的线路产品,最大限度地满足旅游者的需求,提高线路产品的使用价值。旅游线路设计只要是能够符合市场需求的变化,能够具有较高的新奇度和性价比,能够具有较强的创新性地引导旅游消费的能力,线路产品就具备了较强的市场号召力。

(二)针对性原则

针对性原则就是要求旅行社设计的每一条旅游线路都要具有一定的针对性。每一条旅游线路都是针对特定的目标市场推出的,而这个目标市场就是该条旅游线路的购买主力和重点消费群。旅行社必须精确地寻找到线路产品的主要目标客户群,这样才能实现销售业绩的稳定增长。

(三)经济效益原则

经济效益原则就是要求旅行社在设计旅游线路时加强成本的控制,尽可能地发挥协作网络和集中采购的优势,控制线路产品的直观价格,便于产品的销售,从而保证旅行社可以获得最大利润,提高经济效益。

(四)突出特色原则

突出特色原则就是要求旅行社在设计旅游线路时要体现差异,便于目标客户识别,通过差异化的旅游线路强化企业品牌,避免低水平竞争。突出特色原则贯穿于旅游线路设计的全过程,包括旅游线路的名称、广告语、销售场地和氛围等,在这些方面均可以营造出与众不同的特色。

(五)旅游点布局合理、结构得当原则

旅游点布局合理、结构得当原则就是要求旅行社在设计旅游线路时,要慎重选择参观游览点,尽可能做到布局合理、结构得当。要避免重复经过一个游览点;旅游点之间的距离要适中,城市间交通耗费时间尽量不超过全部游程时间的1/3;在时间一定的情况下,择点要适当,不宜过多或过少;同一旅游线路的游览点顺序要科学,应该由一般的游览点逐步过渡到吸引力较高的游览点。

(六)交通安排合理原则

交通安排合理原则就是要求旅行社在选择交通工具方面要与旅游主题结合,做到安全、舒适、迅速、方便,保证好交通工具的顺利衔接。乘坐各种交通工具时间也要合理。比如,选择乘坐汽车,单程时间最好不超过3个小时。如果旅程时间较长,则应选择乘火车或飞机等交通工具。

（七）服务设施保障原则

服务设施保障原则就是要求旅行社在设计线路时，途经旅游点的各种服务设施如交通、住宿、餐饮必须确有保障。这是旅行社向旅游者提供各项旅游服务的基本物质保证，也是旅游活动能够顺利进行的基础。

（八）内容精彩纷呈原则

内容精彩纷呈原则就是要求旅行社在进行旅游线路设计时，应围绕旅游主题安排丰富多彩的旅游项目，让旅游者通过各种活动的体验，从不同侧面了解旅游目的地的文化和生活，领略美好景色，感受缤纷的旅程。在同一旅游活动中，力求达到精彩纷呈，加深旅游者的印象，达到宣传企业、吸引游客的目的。

（九）与时俱进原则

与时俱进原则就是要求旅行社在旅游线路设计的实践中反复总结经验，不断总结和改进。线路中的景点、交通、餐饮、住宿价格随时会发生变化，旅游者需求也会不断发生变化，这就要求旅行社要随时关注市场动态，进行市场调查，倾听旅游者和导游员的建议，及时合理调整行程，不断推陈出新。旅游线路产品只有做到常见常新、与时俱进，才能够对旅游者保持较大的吸引力。

【案例2-2】

西双版纳七日亲子营游学旅行

一、旅游行程安排

D1　全国各地（大交通自理）——昆明接机/接高铁入住酒店——之后自由活动；宿酒店

D2　昆明——墨黑碧溪古镇——咖啡庄园——普洱；早中晚三餐；宿酒店

D3　普洱——野象谷——曼掌村——勐仑；早中晚三餐；宿酒店

D4　植物园；早中晚三餐；宿酒店

D5　勐仑——曼么新寨（原始雨林）——宁洱；早中晚三餐；宿酒店

D6　宁洱——墨江——昆明；早中晚三餐；宿酒店

D7　昆明——全国各地（大交通自理）；早餐

二、预订及产品说明

（一）预订说明

● 请您在预订时务必提供准确、完整的信息（姓名、性别、证件号码、国籍、联系方式、成人或儿童等），以免产生预订错误，影响出行。如因客人提供错误个人信息而造成损失，应由客人自行承担因此产生的全部损失。

● 本产品全程不推荐、不强制任何自费项目（景区景点及邮轮内等非携程商家组织的自费行为不包括在内），若擅自安排另行付费项目，一经查实，我们会承担另行付费项目的费用。

- 如因意外事件及不可抗力，包括但不限于，航空公司运力调配、航权审核、机场临时关闭、天气原因、航空管制等，导致航班取消或延期的，旅行社将尽最大努力协助您办理变更事宜，如产生差价，多退少补。
- 出游过程中，如遇不可抗力因素造成景点未能正常游玩，导游经与客人协商后可根据实际情况取消或更换该景点，或由导游在现场按旅游产品中的门票价退还费用，退费不以景区挂牌价为准，敬请谅解。

(二) 产品说明

- 本产品最少成团人数6人，如未达到最少成团人数，携程商家将在出发前7天通知不成团，未通知的视为成团。如不成团，携程商家会为您推荐其他出发班期或更换其他同类产品（相关损失或差价由携程商家承担），如您不接受上述方案，携程商家将全额退还您支付的费用。
- 每团最多人数为38人。
- 最晚在出行前1天您将收到出团通知书或导游的确认电话，敬请留意，保持电话畅通。集合时间请参考网站披露信息，具体时间请以出团通知书或导游通知为准。
- 我司将最晚在出行前1天向您发送出团通知书或导游的确认电话，如未收到请及时联系携程商家工作人员。

三、产品特色

1. 在亲子游学中，使孩子充分接触大自然，穿越雨林、抓鱼、闻香、砍菠萝等，制陶、造纸、书写贝叶经，尽情领略泼水狂欢，全程感受快乐假期。
2. 认识更多小伙伴，锻炼孩子沟通能力。
3. 综合考虑孩子和家长的出行体验，周到安排活动食宿、内容等。
4. 品尝当地特色美食，绽放味蕾，开心学习。

四、报价说明

1. 住宿：行程所列酒店住宿费用；酒店标准2人间。
2. 餐食：行程内所列餐食（自费除外）。
3. 门票及地面项目：行程中所列景点首道大门票+野象谷+北回归线公园。
4. 地面交通：跟团游期间用车费用一人一正座，根据实际人数安排车型；机场接送机费用。
5. 随团服务人员：当地中文导游服务。
6. 其他费用：学校课程费用；场地费用。
7. 儿童价标准：儿童价包含活动费（门票费）、车位费、导服费、保险费、正餐费，不含床位费，如需占床位，价格和成人价相同，按成人下单即可；1大1小出行的，由于无法拼房操作，儿童需按成人下单。

(资料来源：根据携程旅行官网整理，https://vacations.ctrip.com/tour/detail/p17310341s34.html)

第四节 旅行社品牌的建设与管理

目前,我国旅行社对旅游品牌战略管理的认识还十分贫乏,而未来旅游业的竞争实质就是旅游品牌的竞争。在品牌管理方面,旅行社将面临外部世界的严峻挑战,在这种情况下,旅行社应从品牌这一核心竞争力方面提升整个行业的水平。

一、旅行社的品牌建设

(一)旅行社品牌的内涵与特征

1. **旅行社品牌的内涵**

品牌是指用以区别不同销售者所售产品或服务的名称、词语、图案、标记或其他特征。而旅行社的品牌就是指用以区别不同旅行社所售产品或服务的名称、词语、图案、标记或其他特征。它能够使旅游者迅速地辨认出该旅行社的产品,也能够保证潜在旅游者了解该企业的产品。旅行社品牌的内涵具体包括以下几个方面:

(1)品牌名称。品牌名称是指旅行社品牌中可以用语言表达的部分,包括文字与数字,通常是识别旅行社及其产品的唯一标准,如旅行社的名称、旅游线路的名称等。品牌名称是旅行社品牌的核心,认识一家旅行社及旅行社的产品最直接的途径就是认识该企业的品牌名称。

(2)品牌标记。品牌标记是指旅行社品牌中非文字或数字表述的部分,通常是图案或标记,如旅行社的社徽。

(3)注册商标。注册商标是指旅行社依法向国家商标主管机关提出商标注册并获得核准的文字、图形或其组合标志,如日本交通公社的"Look World"、中国国旅集团的"CITS"等。它能表明该旅行社是这些标记和名称的唯一合法使用者。

(4)品牌内涵。品牌内涵与上述概念有着密切的关系,它是指旅行社为特定品牌创造并用以与目标市场进行沟通的特定含义。

(5)品牌化。品牌化则是指旅行社赋予某种产品特定品牌的活动或过程。

2. **旅行社品牌的特征**

(1)独特性。旅行社的品牌必须具有一定的特色和个性,以便能够使旅游者轻而易举地将其与竞争对手区别开来。所以,旅行社在创建品牌时,应避免以行业内使用频繁的词语或容易与其他旅行社及其产品混淆的标志,以便在旅游市场上凸显出本旅行社及自身产品的独特性。

(2)可记性。旅行社的品牌应该便于记忆和使用,而且不会产生歧义。在创建品牌时,品牌名称、标记等应尽量生动形象,文字应简洁易懂,能够方便旅游者记忆和接受。

(3)恰当性。旅行社的品牌要能够恰当地表达其特点和优点,以帮助旅游者在心目中辨认和确立旅行社及其产品的形象。

(4)灵活性。旅行社在创建品牌时,要注意为日后的发展留有余地,保证在将来业务范围、经营模式发生变动时，能够继续使用品牌的名称、标记和注册商标等，而不必更改。

（二）旅行社品牌化经营的重要意义

1. 赢得竞争优势

旅行社经营的成功与否在很大程度上取决于它能否赢得足够的市场份额，而市场份额的大小又往往取决于旅行社产品差异化的程度。旅行社一旦拥有品牌优势，旅游者对它的认可度就会大大提高，旅行社产品高价销售的可能性就会越来越大，竞争优势和获利能力也会越来越强，从而使旅行社赢得独特的市场竞争优势。

2. 加速产品销售

旅行社的品牌可以产生较大的亲和力，使广大旅游消费者对其产品质量有高度的认可，进而会将旅行社品牌和优质的服务、过硬的产品联系在一起，并对旅行社及其产品产生长期的信任。因此，旅行社实施品牌化经营，能够刺激旅游者的购买兴趣，坚定其购买的决心，降低其购买的风险，从而增加旅行社产品的销售数量和扩大产品的销售范围。

3. 提高经济效益

在旅游市场上享有盛名的优秀品牌有强大的增值功能，可以提高产品的附加值，让旅游者不仅得到旅游消费的利益，还获得了旅游消费的心理满足，所以许多旅游者愿意为了多获得的利益而付出额外的费用，这种额外的费用就是旅行社产品的附加值。旅行社品牌化经营，还可以增强对市场的感召力，获得较高的市场占有率，增加旅行社的无形资产。这些会使旅行社的知名度、美誉度进一步提高，最终都能转化为直观的经济效益，实现旅行社利润的最大化。

4. 促进集团化建设

发展旅行社集团，必须有一些名牌旅行社作为核心企业。旅行社的品牌化经营，可以使其在旅行社集团中拥有较高的知名度，在社会公众心目中拥有较高的认可度，能够为众多成员单位带来客源和经济利益，促进集团化建设。

二、旅行社的品牌管理

在我国旅行社的发展历程中，旅行社行业的改革与开放一直是渐进式的。旅游业迅猛发展，规模不断扩大，使得旅行社作为旅游活动中连接旅游服务供应商与旅游者的桥梁的中介作用日益显现。旅行社未来的竞争就是旅游品牌的竞争，这既是顺应世界旅行社行业经营品牌化潮流的结果，也是中国旅行社行业发展的必然产物。

（一）旅行社品牌管理存在的问题

1. 品牌意识欠缺

随着旅行社经营买方市场的出现，供过于求的市场格局越来越突出，旅行社已经进入微利时代。如火如荼的大众旅游市场方兴未艾，旅游业的"奶酪"越来越诱人。然而行业门槛进入低，作坊式经营的旅行社进入与进出都很快，短期经营目的性强，没有长远的经营策略与品牌意识。加之以价格竞争为主的竞争手段也对市场现状起到了推波助澜的作用，而一些已经具备现代营销理念的大中型旅行社则在残酷的甚至不理性的市场竞争中疲于应付，在眼前利益与长远目标的矛盾中沉浮，同样也没有意识到品牌对于企业经营管理的重要性。

2. 品牌效应模糊

从旅行社市场的激烈竞争出现之后，由于市场的地域性分工，旅游者以居住地旅行社为主要参团社的习惯已经形成，在旅游市场的选择上并不具有多样性。在区域外旅行社的选择上，旅游者往往没有多大的选择余地。在这种情况下，旅行社忙于区域内的竞争而无忧于外部环境，品牌的效应体现甚微，也一定程度上助长了旅行社对品牌的忽视，品牌效应模糊。当然，这种情况在旅游电子商务兴起后有所改变。

3. 品牌管理缺乏科学性与长远性

在旅行社经营管理过程中，经常会出现承包、挂靠等现象，被业内人士公认为有损旅行社品牌形象的塑造。但是在无奈的市场选择与低档次的竞争中，相当一部分旅行社出于盈利考虑，还是选择了这样的经营方式，使得整体旅行社对于品牌规划认识不足，缺乏科学性与长远性，从而导致我国旅行社在品牌管理的道路上举步维艰。

4. 品牌名称混乱

由于历史原因，我国的一些大型旅行社至今仍采用着企业的通用名称，如国旅、中旅。目前除了总社外，各地方都有自己的中旅或国旅，但这些旅行社之间大部分并没有资本上的关系。进入20世纪90年代，一些大型旅行社开始尝试兼并或者连锁的经营管理模式，品牌连锁加盟盛行，市场上又出现很多"×旅系"旅行社"挂靠"的现象。旅行社商号、企业名称混淆，很多地方旅行社采用"地名"加"×旅"的方式取名，对国旅总社或中旅总社这样的大社而言，无形中加大了品牌风险。一旦市场上某家"国旅"或"中旅"经营管理出现问题，就会导致旅游者对整个国旅系统或中旅系统失去信任，产生"多米诺骨牌效应"而"殃及池鱼"。

5. 品牌营销无序

由于旅行社行业的门槛较低，一些中小旅行社短期经营的目的性强，没有长远的经营策略与品牌意识，大打价格战成为营销的一张"王牌"。无休无止的价格战导致旅行社行业利润越来越低，服务质量也大打折扣。在当前旅行社较粗放的管理环境下，旅行社开发的新产品很容易被其他旅行社所效仿，搭便车行为泛滥，导致企业开发新产品的积极性减弱。而已经具备现代营销理念的大中型旅行社疲于应对残酷的竞争，品牌营销的积极性不高。一些旅行社往往通过铺天盖地的媒体轰炸促进产品销售，而对品牌其他要素（品牌的知名度、美誉度、忠诚度、品牌联想等）的建设不足，结果导致"有牌无品"或者"有品无牌"的局面出现。

（二）旅行社品牌管理的策略

1. 尽快完成品牌的整合

旅行社的品牌价值建立在旅游者对品牌的综合体验及感受评价上，品牌不仅仅是一个名称，更是在满足市场需求过程中升华出来的一种无形资产。当前，我国旅行社的品牌管理较为混乱，由于历史的原因，以国资为基础的旅行社几乎都与国旅、中旅、青旅三大系统有着千丝万缕的联系。于是"地名"加"×旅"成了我国旅行社最常见的品牌名称，这种情况如果不改变，会导致某些旅行社继续品牌大锅饭，实际陷入无品牌的境地。因此，旅行社品牌管理首先就是完成品牌的整合。

2. 集中有限资源，培育优势品牌

（1）树立品牌经营意识，整合旅行社资源。我国中小型旅行社企业多，不利于市场集中和品牌知名度的提高，因此，大中型旅行社要集中有限资源，通过股份制、连锁、兼并等形式组建大型企业集团，培育优势品牌，走强强联合、横向兼并之路，实现专业化经营，以此来推动强势品牌的发展。在应对外资旅行社进入方面，更要发挥本土优势，增强自身实力，扬长避短，实施差异化战略，争取更多的市场份额。

（2）细分目标市场，打造特色品牌。市场细分是旅行社品牌特色的基础，也是目标选择和营销定位的前提。旅行社产品的需求具有个性化的特征，在消费趋向多元化的现在，任何一个企业都不可能获得整个市场，也无法以同一种方式吸引住所有的购买者。市场细分就是把市场分割成为具有不同需求、性格或行为的购买群体，并针对每个购买群体采取单独的产品或营销策略。通过产品的差异化，来科学地确定企业的品牌目标和价值，打造特色品牌。例如，深圳国旅推出的"新景界"，将品牌定位为"新时代、人性化的专业旅游"，以新的服务理念、服务模式和崭新的形象展现在社会面前，提供高品质和富有特色的产品和服务。

（3）利用网络与信息技术，培育旅行社企业品牌。互联网为旅行社品牌的迅速发展与传播提供了崭新的平台。目前，我国已经拥有一批具有一定旅游资讯能力的网站，包括传统旅行社建立的网站和专业电子商务网站，如中青旅网、国旅网、携程网、艺龙网、华夏旅行网等。旅行社应充分利用网络在时空上的跨越优势，将传统的旅行社业务与网络经营结合起来，开发具备差异特点的"人性化产品"，培育信息时代的旅行社网络产品，占领网络旅游市场。旅行社也可以通过网络进行品牌形象宣传，利用在线广告延伸传统广告宣传，开展旅游品牌促销活动。

3. 注重旅行社品牌的提升与推广

（1）实施 CIS 战略，塑造品牌形象。CIS（Corporate Identity System）战略即企业形象识别系统战略，是企业为了让消费者形象、具体地了解、认识企业的产品、品牌、商标、信誉、行为、服务等，专门围绕企业理念、企业行为而设计的企业识别系统。CIS 自问世以来风靡世界，成为创立国际名牌的现代经营策略，被称为"赢的策略"和"长期开拓市场的利器"。

旅行社实施 CIS 战略，就是要对旅行社行业特征和本企业特征进行分析，确定具有鲜明时代性、创新性、差异性和自我性的企业整体形象。要不断强调理念的形成，因为经营理念是企业形象提高的基石，良好的企业理念能够带动企业良好的运作。同时做好品牌符号的设计，增强品牌的识别度。旅行社一般可以选择企业名称与产品品牌名称并用，这样不仅能使旅行社品牌更确切地表达产品特征，也有助于旅行社产品差异化的形成，还可以充分利用品牌形象不断积累的好处，增强品牌知名度、品牌联想、质量感知和品牌忠诚。例如较早导入 CIS 的广州旅游公司，早在 1994 年就推出了将企业名称与品牌名称融为一体的"广之旅"品牌，取得了经营活动的巨大成功。

(2) 实施 CS 战略，提升品牌形象。旅行社经营的成功与否在很大程度上取决于它能否在市场竞争中赢得足够的市场份额，保住并扩大这一市场份额。CS（Customer Satisfaction）战略即"顾客满意"战略，是企业根据调查分析的结果，综合、客观地测定目标、客户满意程度，并以此为依据合理配置各种资源，不断改善其产品（或服务）的质量，以提高客户满意度，并因此提升企业效益的经营战略。旅游经济为体验经济，旅游者在消费了旅行社产品之后，会将消费经验向他人传播，从而影响潜在购买者，旅行社也将从"好"的口碑中获益，或是在"坏"的口碑中受损。成功的顾客满意战略不但有助于发展旅行社与顾客的牢固关系，还可以获得良好的口碑宣传效果。

旅行社实施顾客满意战略，应为旅游者提供其希望得到的体验，整个营销活动要以旅游者满意度为指针，从旅游者的角度、观点而非自身的利益和观点来分析考虑其需要，尽可能全面地尊重和维护旅游者的利益。通过提供旅游前、中、后期整个过程的信用和服务，来提高旅游者满意度，从而提升品牌形象。

(3) 实施品牌营销战略，推广品牌形象。在旅游业发展的新时代，电子化、信息化、网络化、全球化昭示着新的旅游营销时代业已到来。为了适应不断变化的、多样化的旅游需求，适应全球化、白热化、日益细分化的旅游市场竞争需求，多样化全方位的旅游立体营销是推广旅行社品牌的必然选择。所以，旅行社除了要加强在广播、电视、电影、报纸、杂志、旅游交易会等传统营销渠道中的营销的力度外，还要大力加强连锁营销、网络营销、观念营销、绿色营销、服务营销、形象营销等新型营销，使之成为品牌营销工作的重中之重，这样才能推广品牌形象。比如，全国知名的上海春秋旅游联合体就是依托"春秋"品牌，在全国设立多家分支机构，进行联网售票，分散揽客，联合组团，既方便了散客出游，又扩大了市场份额，企业参与市场竞争的能力也得到了提高。深圳国旅实施的"新景界"品牌战略，全方位推出新旅游概念、新形象推广、新产品包装、新服务体系、新促销举措，所有媒体宣传、公关活动都围绕"新"字展开，一改旅行社在人们心中无新意、无特色、无差异、无保障的陈旧印象，塑造了自己"新景界"的崭新品牌形象，也成为旅行社业一道亮丽的风景线。

(4) 实施品牌管理战略，保障品牌形象。品牌管理是品牌建设的基础。品牌的成功离不开全方位的、科学的、规范的、动态的管理，要利用管理来解决和处理品牌发展过程中出现的各种新问题和新矛盾，利用管理来实现旅行社品牌的发展壮大与长盛不衰，利用管理来创造品牌发展的环境。旅行社品牌管理战略包括：编制形象规划，开展形象管理；推出优质产品或服务，进行质量管理；科学、合理地开展品牌营销，实施营销管理。品牌管理是一个动态的过程，也应该是一个螺旋式上升的过程，品牌在这个过程中不断修正、完善和提升，从而创造出更大的价值。可以说，旅行社品牌的经营管理过程就是旅行社品牌资产的动态积累过程。实施旅行社品牌管理策略，关键是要建立一套科学的、规范的管理制度和体系，具体而言，就是严格按照国家旅游服务标准体系来进行管理和建设。旅行社产品的质量水平决定着旅游者的满意程度，也直接决定着旅行社品牌的市场竞争力。旅行社应该合理确定服务流程，并在实践中不断规范，建立质量管理制度和客户服务系统并有效实行，高效处理旅游经营中的各种服务质量问题，保障品牌形象。

【扩展阅读】

广之旅的品牌化之路

随着休闲旅游和自驾游的兴起，游客对旅行社的出行依赖大为降低。与此同时，国内旅行社的数量规模多年来持续膨胀，为了争夺有限的客户资源，部分旅行社采用价格竞争的手段谋求生存，结果却陷入低价恶性竞争的泥潭而难以自拔。面对新的市场环境，旅行社怎样才能摆脱低价恶性竞争的市场梦魇，在凤凰涅槃之中获得新生，重新步入健康发展的快车道呢？广之旅国际旅行社的品牌发展战略，给了我们重要而深刻的启迪。

一、洞悉先机，踏上品牌发展之路

广之旅国际旅行社股份有限公司的前身是创立于1980年的广州市旅游公司，在1993年，公司旅游接待收入首次突破亿元大关，开始面临企业发展的第一次重大转折。难能可贵的是，时任公司总经理的郑烘先生没有在成绩面前沾沾自喜，更没有故步自封，而是以超前的眼光和意识，为企业导入CI，从而使广之旅走上了一条品牌化的企业发展之路。

广之旅原来的公司名称是地名加行业名，标志是象征广州的红棉加"马踏飞燕"，跟中国旅游标志有所雷同。为了使社会公众容易识别广之旅的企业形象，广之旅实施品牌战略的第一步，就是请来专业广告公司对企业形象重新包装，以"灿烂阳光，怒放红棉，无边绿野"作为公司标记。亮丽鲜明的红、黄、绿三色，和洒脱酣畅的几笔，勾画出一个风光无限的旅游世界，醒目鲜明而又极具个性，令人见而难忘。同时，以朗朗上口的"广之旅"作为公司简称，寓意为服务广州市民，接待来广州的八方游客。CI设计完成之后，公司在1994年香港国际旅游交易会期间，将"广之旅，无限风光带给您"的广告语正式对外发布。同时，趁当时旅游界宣传意识淡薄，在各大传媒做形象广告，使广之旅这一新品牌捷足先登，在短短的时间内迅速深入人心。

二、狠抓质量，夯实品牌市场基础

广之旅国际旅行社股份有限公司董事长兼总裁郑烘先生认为，品牌要以品质为基础，没有优良的品质，品牌无法持续不坠。为了使广之旅的品牌建设获得产品和服务层面的品质保证，公司开始推行全面质量管理，走上了一条变人治为法治的道路。

首先是健全规章制度，落实质量责任。设立专职部门质培部并配备专职人员，对员工进行经常性培训和监控服务质量。其次是健全导游全陪制度，一方面，由导游全过程记录游程并附自我鉴定；另一方面，向游客派发意见征询书。同时，公司对所有的旅游团进行质量跟踪监督，做到旅游团走到哪里、信息反馈跟到哪里。公司内部对导游年年考试、考察、评级，出团补贴按质论价。为了确保各项规章制度落到实处，公司成立质检部，建立服务质量管理监督机制，健全检查制度，加大质量管理抽查力度，明确要求导游每次带团都必须向客人派发意见征询书，且回收率不得低于20%。团队结束后，必须填写导游日志。此外，公司还在各营业场所和旅游汽车上设立意见箱，向社会公开监督电话，自觉接受社会各界的监督。

三、社会监督，提升企业品牌形象

为确保旅游服务质量，使广之旅的品牌形象在社会公众心目中获得提升，广之旅主动将社会监督机制引入公司。1994年，广之旅针对当时国内旅游业出现的"货不对板"的不良现象，在全国旅行社中率先推出旅游质量保证金制度，并通过新闻界向社会宣布，游客凡参加该广之旅的旅行团队，如果遇到"货不对板"的情况，经旅游局及消委会的仲裁可获赔偿。

1996年，广之旅在成功实施质量保证金的基础上，又进一步推出了"旅游服务承诺制"，以提高客人满意度为核心，以提高员工服务意识为重点，对客人所需而旅行社又力所能及的服务内容公开承诺，包括各部门承办的服务及其标准、时限、违诺责任等，从而把自己的产品和服务置于消费者的公开监督之下。

四、以客为师，深化扩展品牌内涵

广之旅在创新产品和服务的过程中，十分注重搜集市场信息，采取客户座谈会、意见咨询卡、问卷调查和电话访问等多种方式，随时掌握旅游市场的消费趋势，以此指导旅游线路新产品的开发。在"细分目标市场以最大限度满足消费者"的指导思想下，"广之旅"加大旅游产品的开发深度，建立产品差异性，围绕既定目标客源层的喜好，具体设计和包装旅游线路产品，先后推出自驾车团、亲子团、蜜月团和长者团等，受到游客的普遍欢迎。同时，根据旅游的特点，提高产品的文化含量，推出高文化含量的特色团，如摄影团、赏雪团、赏月观潮团等。这些团以自然风光为依托，以文化为载体，市场定位鲜明，吸引了大量游客，提高了品牌的竞争力。

五、完善网络，提高品牌辐射能力

早在1994年，广之旅就在广州市区的主要区域和主要路段设立了十多家分公司和营业处，将销售门店铺设到消费者家门口。随着旅游市场的进一步开放，国内旅游市场最终会与国际旅游市场接轨。为此，广之旅主动出击，走出国门积极参与国际市场的竞争。通过参股和控股等形式，广之旅已先后在澳门、北京、泰国、法国等地建立了分支机构，在当地有针对性地进行促销，同时使旅游服务质量更有保证。

六、营销公关，参与社会公益活动

在广之旅的品牌崛起过程中，大规模的持续不断的营销公关，可谓功不可没。近年来，广之旅运用报纸、杂志、电台、电视和互联网，立体化、不间断地大量发布系列旅游广告，向顾客及时传递公司旅游产品信息，同时策划了"美在花城"等一系列大型活动，树立公司品牌形象。此外，公司还借鉴国外旅游同行的成功经验，率先进军电视领域，斥资数十万元分别与广东电视台合作推出"无限风光广之旅"栏目，与广州电视台合作推出"广之旅，哪里最好玩"栏目，丰富广东电视的旅游资讯，引导游客的旅游消费。

　　回顾多年来的品牌发展历程，广之旅董事长郑烘先生认为，旅行社要保持竞争力，关键在于品牌优势。而品牌一定要以品质为基础。没有品质作为保证，品牌建设无异于在沙滩上建造楼阁。而广之旅的市场成功经验，归结起来就是一句话："一切为了客人满意"。

（资料来源：郑泽国，广之旅的品牌化之路）

复习思考题

1. 简述旅行社产品的内涵及分类。
2. 简述旅行社产品的开发设计原则。
3. 简述旅行社产品的开发过程。
4. 简述旅游线路的设计原则。
5. 谈谈旅行社在经营管理中如何塑造自己的品牌？

课后实训题

　　以每组5~6人为单位进行分组练习，设定1~2个目标市场，调查了解目标市场实际需求，并尝试为目标市场设计出本地区或周边地区3~5日游的定制旅游线路。

第三章 旅行社营销管理

【学习目标】

了解市场调查和预测的内容、步骤及方法，熟悉市场预测的方法，并且掌握旅行社市场细分的标准和方法，旅行社目标市场营销战略及其选择依据，价格策略和促销策略在我国旅行社营销业务中的应用；熟悉旅行社选择销售渠道和管理中间商的具体方法；掌握旅行社营销工作的基本技能，为将来从事旅行社管理工作打下基础。

【主要学习内容】

- 旅行社的市场细分
- 旅行社的营销策略选择
- 旅行社的销售渠道管理
- 旅行社的促销管理

◆【导入案例】

岁末年初，继一支口红掀起"故宫博物院文化创意馆"与"故宫淘宝"之间的"宫斗大戏"之后，"故宫淘宝"彩妆停产的消息又引起热议。与此同时，在北京卫视播出的电视综艺《上新了，故宫》推出故宫一系列的文创新品，成了"带货王"，节目里推出的"皇家睡衣"在众筹阶段就筹得了300多万元的款项。

外行看热闹，内行看门道。南京艺术学院设计学院文创专业副教授吴映月表示，围绕故宫文创的这些热点事件让人得以窥见故宫文创如何实现年15亿元营业额的生意经，这对南京博物场馆的文创开发颇有启示。

缘何一年能卖出15亿元？故宫把自己打造成超级IP

故宫博物院拥有4家文创网络经营主体，分别是故宫博物院文化创意馆、故宫博物院文创旗舰店、故宫商城和故宫淘宝。4家店面向不同人群，产品风格各有特色，实现差异化经营。

产品开发方面，故宫既有自己的文创部门负责文创产品开发，也以授权方式与外部设计团队合作开发。目前,为故宫提供文化创意产品设计和加工的企业已达60余家。

营销方面,故宫线上线下都有布局。线下,不仅有文创产品实体店,还有文创体验馆,用以展示故宫文创精品。线上,故宫与腾讯、阿里巴巴等平台合作,从售卖到网游一应俱全。

另外,通过与央视合作,故宫推出《故宫》《故宫100》《我在故宫修文物》等多部纪录片,使故宫的关注度不断升温。最近热播备受好评的《上新了,故宫》更是博得年轻人的喜爱。这档节目将故宫文创的研发过程全程展示,并打通了文创产品从荧屏走到线下的路径,成为近年间少见的"带货能力"一流的文创节目。

无论是文化创意产品还是电视综艺秀,故宫正成为一个超级IP。不管是线上还是线下,一直以来,故宫博物院推出的各种文创产品都颇受欢迎。据故宫博物院介绍,到2018年12月,故宫博物院文化创意产品研发共计11936件。2017年,故宫所有文创产品全年总收入达15亿元。

从1.0版到3.0版,产品不断升级才能保持热度

"故宫的文创绝对是国内所有博物馆文创的典范。"吴映月说。因为故宫本身的魅力,仅仅是"表皮移植"这种1.0版本的文创产品,就足以吸引大批粉丝,如印有清代皇官服饰图案的丝巾、胶带、冰箱贴,故宫建筑风格的手机壳等。在吴映月看来,故宫文创的发展经历了3个阶段。上述最初的线下商品阶段可以称作1.0版本;随后进入了线上推广的2.0版本,市场化运营的故宫淘宝让故宫日渐成为"网红";现在的井喷式发展则是因为开放更多的市场化主体来参与运营故宫文创,堪称文创3.0版。

据介绍,故宫不仅授权数十家设计企业开发文创产品,还和一些知名品牌联合推出合作款文创产品或者定制商品。比如,与《时尚芭莎》联手推出项链套装;和稻香村合作,端午推出"五毒小饼",中秋推出宋徽宗画作元素的月饼;和农夫山泉联合出品了"故宫瓶"。

故宫拥有"天时地利",地方博物馆尚待突围

近年来,国内博物馆俨然进入"文创时代",文创产业迎来爆发式增长。有统计表明,国内已有2500余家博物馆、美术馆围绕自己的馆藏进行IP开发。

业内人士介绍,相对地方博物馆来说,故宫在中国博物馆中具备无可比拟的强IP属性和地位优势,使其在资金、人才等资源调动、吸纳,以及文创市场化尝试等方面都具备更多优势。南京博物院院长龚良认为,文化创意产品不仅仅是实物,而是应该包括原创展览、教育服务项目和文创衍生商品这三个方面。对此,南京市博物馆馆长黄晨非常认同:"文创是对文化内涵的解读,可以以商品的形式体现,也可以是给公众提供多种文化教育活动。在文创商品的开发方面,博物馆人一直都很努力，作为地方博物馆，我们希望能够推出符合自身博物馆文化内涵的文创产品，同时获得效益，但目前需要突破一些机制上的瓶颈问题，这还需要多方共同努力。"

（资料来源：冯兴，故宫文创带给我们哪些启示，南京日报，2019.01.25，有删节）

第一节　旅行社市场分析与细分

一、旅行社的市场调查

市场调查为市场预测活动提供资料来源，是市场预测科学化的保证。旅行社市场调查是通过一定的科学方法获得对市场的了解和把握，并在调查活动中收集、整理、分析市场信息，掌握市场发展变化的规律和趋势，为企业进行市场预测和决策提供可靠的数据和资料。旅行社的市场调查能够帮助企业确立正确的发展战略。

（一）旅行社市场调查的内容

1. 宏观经济和政治环境

宏观经济和政治环境的市场调查内容包括：国内旅游及相关政策的变化趋势，宏观经济运行状况（国民收入、人均可支配收入），旅游目的地国家的政治局势和经济发展水平（失业率、人均可支配收入）。这方面调查是为了制定旅行社的发展战略，为进一步进行旅行社产品的研发提供依据。

2. 科技发展动态

科技发展动态的市场调查内容包括：世界科技发展现状和趋势，业内同业使用和研发科技的状况和趋势，关系旅行社核心竞争力的科技状况和趋势等。科技发展动态调查是为了确定本旅行社的技术战略和新产品的研发方向。

3. 旅游者需求

旅游者需求的市场调查内容包括：本旅行社的主要目标市场，不同目标市场的客户，其旅游消费行为特征和需求特点的不同；影响旅游者需求的因素，旅游者的出游动机，旅游者的购买力、社会风俗、生活习惯、文化水平等；现实旅游需求和潜在旅游需求。

4. 旅行社产品

旅行社产品的市场调查内容包括：旅行社产品的生命周期，在一定区域内的市场占有率，是否具有品牌优势，旅游者的认可度等。还可以在此基础上分析旅行社产品的价格在市场上是否具有竞争力，淡旺季的差价如何，旅游者能否接受，旅行社的市场营销组合是否合理。调查的目的是分析旅行社产品的价值能否实现，能否盈利。

5. 竞争者

竞争者的市场调查内容包括：本地区有哪些同一类型的旅行社，有哪些具有相同细分市场的旅行社，实力如何；主要竞争者的产品结构、产品价格、市场占有率；主要竞争者采取的市场营销组合策略，对本旅行社的经营产生何种影响；主要竞争者在公开场合宣布的企业发展战略和发展目标是什么？其市场定位、业态组合、运营模式如何？调查的目的是根据当地行业竞争状况，做出自己的产品开发计划，在竞争中占据有利地位。

（二）旅行社市场调查的类型

1. 探测性调查

在对市场状况不了解和对调研问题不明确的情况下，通过收集初步的数据，发现问题，提出问题，确定调研的重点。

2. 描述性调查

通过收集大量的资料，对已经发现的问题做如实反映并详细回答。描述性调查采用的是定量的调查方法，内容具体详尽。

3. 因果关系调查

这是在描述性调查的基础上，对现象进行因果关系分析。因果关系分析可以弄清彼此间的数量关系。

（三）旅行社市场调查的步骤

1. 确定问题和调查目标

明确重点调查的问题和目标，保证调查信息的有效性，降低调查成本。

2. 制定调查计划

（1）资料来源。一手资料是通过实地调查获得的原始资料，能够准确反映市场的现实状况，使调查结果更贴近实际，但需要投入大量的人力和时间，成本较高。二手资料是已经存在的资料，可通过网络等信息渠道获得，这种资料可以降低调研成本，提高调研效率，但有可能与调研目的和要求不符。

（2）调查方法。主要是指收集第一手资料的方法，具体方法有：

观察法：属于现场调查，调查面窄，准确度高。

焦点小组访谈法：有选择地邀请 6~10 名客户，样本量小，有的带有个人看法，不具代表性。

调查法：属于描述性研究最常用的方法，比较真实可靠。旅行社可以用此种方法了解旅游者的旅游偏好，对旅行社产品的需求、满意度等。

行为数据法：旅行社信息的获取主要来自旅游者购买记录和客户数据库，能较为客观准确地反映旅游者的购买行为。

（3）调查工具。调查工具主要包括调查表、电流计、速视器、相机等。

（4）抽样计划。规划如何选取具有代表性的样本，包括抽样单位（什么人）、样本大小（范围）、抽样程序（概率抽样、非概率抽样）。

(5) 资料收集方法。资料收集方法有客人自填问卷法（个别发送、邮寄调查）、结构访问法（电话、面谈、在线访问）等。

3. 收集信息

上述调查方法各有利弊，应结合使用，保证资料来源可靠、及时。收集信息的工作既要降低成本，又要注意不会增加被调查者的负担。

4. 分析信息

采用合适的分析方法，对调查资料进行编辑，有针对性地进行分类汇总，提炼出真实准确的调查结果，再运用一定的统计方法进行统计分析，找出变量间内在关系，预测产品发展、市场营销等趋势。

5. 编写调查报告

主要内容有：总结出对营销管理和决策有用的信息，阐述对相关问题的调查发现，提出与营销决策有关的主要调查结果。

二、旅行社的市场预测

旅行社的市场预测是为了对未来旅游市场供求的发展趋势做出预判，发现旅行社的市场机会，衡量和预测每个机会的潜在规模、成长性和利润。

（一）旅行社市场预测的内容

1. 旅游需求预测

旅游需求是旅行社市场预测的核心内容。具体包括：

（1）旅行社业的市场潜量。这是指在某一既定的市场环境下，旅行社业的营销努力达到无穷大时，行业的市场需求所趋向的极限。不同的市场环境，旅行社业的市场潜量不同。

（2）本旅行社的市场潜量。这是指在既定的市场环境下，某旅行社的营销努力达到最大时，其细分市场上的市场需求（市场需求份额）所趋向的极限。旅行社的市场潜量通常取决于这家旅行社的产品、价格、促销和营销费用等因素及与竞争者的关系。如果该旅行社占有优势，就可能在细分市场上面临多数的旅游需求。一家旅行社的市场潜量总是低于行业的市场潜量，旅行社越多，单个旅行社的市场潜量越小。除非市场中只有一家旅行社，才会出现该旅行社的市场潜量极限等于行业市场潜量的现象。

2. 旅行社产品供给预测

（1）旅行社业的供给预测。对于一家旅行社来说，预测整个行业的供给难度较大，可根据国家的行业政策、历年来旅行社业的供给状况、旅行社的数量，大体预测其供给能力。

（2）本旅行社的供给预测。根据国家政策的变化、企业自身的能力和人员素质进行预测。

3. 旅行社产品生命周期的发展阶段和趋势预测

（1）旅行社产品的生命周期发展阶段预测。根据产品的价格、销售量、投资成本、利润状况等，判断产品所处的生命阶段和未来走势。

（2）预测未来产品开发的方向。根据旅游需求的变化、科学技术的发展，预测未来的产品开发方向，促进产品更新换代。

4. 旅行社市场竞争预测

（1）本旅行社的竞争能力。可以通过目前企业和产品的声誉、企业的市场占有率，旅游者对产品的认可度判断本企业的竞争能力。

（2）竞争对手的竞争能力。可以通过竞争对手的企业经营和产品销售状况，公开宣称的企业定位，竞争战略等来分析其竞争能力。

5. 其他

对国际政治关系、汇率变化、突发事件进行前兆性分析预测，建立健全危机预警机制，提前做出应对方案。

（二）旅行社市场预测的步骤

旅行社的市场预测是在市场调查的基础上，通过逻辑思维，做出的正确判断。市场需求的预测是市场预测的主要内容。具体的预测步骤为：

1. 确定市场预测的目的

明确预测的目的和需要解决的问题，才能制定出下一步的行动方案，包括预测过程中要收集哪些资料，收集资料的方法，预测的方法等。

2. 收集资料、整理资料

收集资料可采用问卷法、访问法等，整理资料需要去伪存真、去粗存精，保证资料的针对性和准确性，减少资料本身问题对预测结果造成的误差，保证预测效果。

3. 选择预测方法

根据预测时间的长短、预测的目的、历史资料的连续性和完整程度，选择恰当的预测方法。旅行社常用到的市场预测方法有市场测试法、因果预测法、德尔菲法等。

4. 建立预测模型

预测模型是为了描述预测对象的未来发展规律而做出的简化了的、近似的模型。只有掌握了大量的资料，才能够使预测模型最大限度地反映预测对象的真实规律，可利用计算机进行数据处理和分析。为尽量使预测值更接近实际值，需要计算预测误差，对预测结果进行修正，必要时还要重新进行资料收集和预测。

5. 撰写预测报告

通过资料收集和整理，使用恰当的预测方法和预测模型，对未来环境进行假设或分析等，对预测结果进行总结和评价，撰写预测报告。

（三）旅行社市场预测的方法

要做出准确的市场预测，需要采用科学的方法。同时，预测者的个人素养、行业经验、感知能力和判断力也会影响到预测结果。因此，预测兼具科学性和艺术性。旅行社市场预测方法总体上分为两大类：定性预测和定量预测。

1. 定性预测法

（1）德尔菲法。德尔菲法又称专家意见法、背对背法，主要是由专家参与市场预测的方法。德尔菲法预测的步骤是：拟定预测大纲，明确目标，准备好信息资料和征询表格；邀请由资深学者、有经验的从业人员和旅行社产品的上游供应商组成的10~50人的专家组，将预测大纲和相关材料、征询表格发给他们，让专家填表；工作人员汇总整理，再反馈给各专家，让他们重新考虑后再次提出自己的看法，并要求持极端看法的专家和修改看法的专家详细说明理由；经过多次反馈，专家的意见将会趋于集中。这种方法的不足之处是专家们可能过分关注模棱两可的问题，与旅行社原来的设想有差距，在设计征询的问题和调查表时应加以引导。

（2）市场测试法。市场测试法是指通过试销向某一地区或细分市场投放新产品或改进后的老产品，用此时的销售情况对产品在未来的大面积销售进行预测。此方法适用于新产品的销售预测或者拓展新的销售渠道或市场。具体内容包括：

① 销售波研究。旅行社可以先免费提供产品给旅游者试用，然后再以低价提供该产品，这样重复3~5次，形成"销售波"。通过销售波观察旅游者是否愿意再次选择本旅行社产品以及他们的满意程度。为降低成本，也可采用第一次销售旅行社产品时提供较小的折扣，以后逐渐增加折扣的方法，以此观察旅游者的反应。

② 模拟市场测试。需要旅行社找到30~40名顾客，让他们观看本旅行社的广告以及竞争对手的广告，然后给顾客一定数量的钱，要求他们自主购买旅行社的产品，询问他们买与不买的理由。几周以后，再次确定他们对本旅行社产品的使用状况、满意度以及是否再次购买等，并再次为他们提供购买任意旅行社产品的机会。通过这些活动，衡量本旅行社产品广告的有效性，并在较短的时间内精确测试出预期结果，据此预测出将来的销售状况。

③ 测试市场。选择具有代表性的城市或地区，展开针对新产品的营销活动，观察旅游者对本旅行社产品的认可程度。但是在本旅行社产品还没有大规模推向市场之前，有可能遭遇被仿冒的危险。

2. 定量预测法

（1）时序预测法。这是指根据历史统计数据的时间序列，对旅行社市场的未来变化趋势做出预测。假定条件是影响未来旅行社市场需求和销售量的因素与过去的影响因素基本相似，并且旅行社的需求有规律可循。其具体内容包括：

① 简单平均法。当产品需求波动不大或产品处于成熟期时，可以计算过去接待人数的平均值，以此作为近期的预测值。该方法没有考虑一些因素对未来市场的影响，适合短期预测。

② 加权平均法。当过去接待人数有明显增减趋势时，采用逐步加大近期接待人数在平均值中的权数，然后予以平均，得到下一期的预测值。

③ 指数平滑法。根据本期实际值与上一期对本期预测值的差额，与平滑系数相乘，求出变动数，用上一期对本期的预测值加上变动数，得出下一期的预测值。

④ 移动平均法。把统计数据（5期）连续地求平均值，再计算相邻数据的平均值的变动趋势，然后计算平均变化趋势，最后做出预测。该方法舍去了统计数据的微小波动，从而更清晰地显示了趋势。

⑤ 季节指数法。对于旅游需求具有较强时间指向性的地区，在一年中会形成明显的淡季、平季和旺季，为了准确预测各季度的接待量，应采用季度指数。

（2）因果预测法（回归分析法）。这是根据因果关系来预测未来变化的一种预测方法。客观事物之间存在着普遍的联系，导致主要原因和结果之间具有不确定性，因果预测法正是对这种包含不确定性的因果关系进行描述。因果预测的主要方法是回归分析法。这是一种定量预测方法，其结果更加精细。主要步骤是：

第一步：进行定性分析，找出相关的影响因素；收集预测对象的历史数据和影响因素的统计资料。

第二步：采用最小二乘法等方法，求出各因素之间的相关系数和回归方程，据该方程进行预测。

三、旅行社的市场细分

市场细分已经越来越受到旅行社的重视，也有越来越多的旅行社从细分市场中获得了利润。因为当前国内游处于买方市场阶段，消费者分层需求明显，并日趋呈现出多样化发展趋势，单一旅行社产品已经很难满足所有旅游者的需求。因此，旅行社在面对旅游市场时，必须进行专业化的细分，同时加强对细分市场的专业化操作。旅行社和旅游者的作用是相互的，旅行社专业化的市场细分会启迪并引导旅游者，使旅游者变得成熟。同时，旅游者的多样化需求也会促使旅行社从业者进行更深层次的思考、研究。

细分市场在旅游业中起步较晚，但人们对旅游的需求更加多元化，这也预示着旅行社在市场细分上投入的精力依然会有乐观的回报。在市场细分的过程中，同一个旅游者并不会固定在一个细分市场，往往会在不同的时间分属于不同的细分市场，这是由需求的多元化导致的，同时也值得旅行社企业深入研究。

（一）旅行社市场细分的内涵

市场细分（Market Segmentation）的概念是美国营销学家温德尔·史密斯在1956年最早提出的，此后，经美国营销学家菲利浦·科特勒进一步发展和完善，最终形成了成熟的STP理论：市场细分（Segmentation）、目标市场选择（Targeting）和定位（Positioning）。市场细分又称市场分割，是辨别具有不同欲望和需求的消费者群体并加以分类的活动。旅行社的市场细分就是旅行社按照一定的标准，根据旅游消费者需求、购买行为和购买习惯的差异性，把整体旅游市场划分为若干个具有类似性购买行为的旅游消费者群体的过程。

（二）旅行社市场细分的意义

旅行社市场细分有利于满足消费者的需求，也有利于旅行社做出销售决策和开拓新市场，还有利于发挥旅行社资源的有效价值。旅行社市场细分是一个由分散到集中的过程，市场细分不是由人的主观意志所决定的，而是基于客观存在的需求差异。

【案例3-1】

驴妈妈加码亲子游细分市场　升级门票经济

　　旅游细分市场正受到在线旅行社（OTA）的关注。2017年6月6日，驴妈妈旅游网宣布将对旗下细分市场IP品牌"驴悦亲子""开心驴行"进行全面升级，并推出全新IP品牌"超级门票日"，加码亲子游、跟团游和景区门票市场。驴妈妈国内度假事业部助理总经理樊强告诉《21世纪经济报道》记者，驴妈妈亲子游品牌"驴悦亲子"围绕全品类发展、目的地拓展、套餐人性化设计等维度深化布局。例如，全部线路均经过设计师、摄影师、文案编辑的实地踩点，确保每一条线路都具有产品的独特性；为适应二胎家庭，推出更多个性化可选套餐；产品从国内单一品类扩大到全品类，并推出自然课堂、户外运动、传统文化、科学探索、亲子教育等五大特色主题活动。

　　樊强表示，受亲子综艺热播的影响，2014年到2015年亲子游的市场规模经历了爆发式的增长。2015年至2017年，国家"二胎政策"的放开也使得亲子游保持着居高不下的热度。他认为，亲子游最不能背离的便是"亲子"和"游乐"两大原则，但现在市场上的亲子游产品有一些误区，如过于强调教育效果的现状，在某种程度上已经将亲子游变成了另一种课外培训班。"亲子游的最终目的是为了让孩子享受旅行的过程，因此保证旅行线路的趣味性是亲子游从业者的立身之本。"樊强表示，驴妈妈在亲子游产品研发过程中，围绕80%玩乐和20%教育的比例，既注重让家长和孩子享受玩乐，又不忽视其附加的教育价值。在玩乐的过程中，如何让孩子在无形之中学会一些技能或者懂得一些原理，是亲子游的愿景，也是家长的期望。目前亲子游市场的玩家包括驴妈妈、同程、途牛这样的OTA，麦淘亲子这样的垂直亲子游机构，以及父母邦这样的亲子社区。驴妈妈亲子游白皮书指出，无论是OTA还是亲子机构，在亲子游业务领域各有短板。OTA平台拥有较大的资金和资源优势，但业务线丰富的同时也带来了客户精准度与黏度相对较低的问题。而垂直亲子游机构具有专业的产品和新颖的思路，却由于资源的制约难以扩大规模。未来的亲子游市场将会融合两者的优势，从而促进进一步的市场发展。

　　（资料来源：徐维维，驴妈妈加码亲子游细分市场　升级门票经济，21世纪经济报道，2017年6月8日）

（三）旅行社市场细分的原则

　　旅行社企业可根据单一因素，亦可根据多个因素对市场进行细分。选用的细分标准越多，相应的子市场也就越多，每一子市场的容量相应就越小。相反，选用的细分标准越少，子市场就越少，每一子市场的容量则相对较大。如何寻找合适的细分标准，对市场进行有效细分，在营销实践中并非易事。一般而言，成功、有效的市场细分应遵循以下基本原则：

1. **可衡量性**

　　可衡量性是指旅行社企业在进行市场细分时所选择的细分标准必须是可以识别和

度量的，亦即细分出来的市场不仅范围明确，而且对其容量大小也能大致做出判断。细分标准要具有客观性，如按年龄、性别、收入、受教育程度、地理位置、民族等标准，就易于确定企业的目标市场。

2. 可进入性

可进入性是指细分出来的市场应是旅行社企业营销活动能够抵达的，亦即通过努力能够使其产品进入并对旅游者施加影响的市场。一方面，有关产品的信息能够通过媒体顺利传递给该市场的大多数旅游者；另一方面，该企业在一定时期内有可能将产品通过一定的分销渠道输送到该市场。否则，该细分市场的价值就不大。

3. 规模性

规模性是指细分出来的市场，其容量或规模要大到足以使旅行社企业获利。进行市场细分时，旅行社企业必须考虑细分市场上顾客的数量，以及他们的购买能力和购买产品的频率。如果细分市场的规模过小，市场容量太小，细分工作烦琐，成本耗费大，获利小，就不值得细分。

4. 差异性

差异性是指各细分市场的旅游者对同一市场营销组合方案会有差异性反应，或者说对营销组合方案的变动，不同细分市场会有不同的反应。如果不同细分市场顾客对产品需求差异不大，行为上的同质性远大于异质性，此时，旅行社企业就不必费力对市场进行细分。另一方面，对于细分出来的市场，旅行社企业应当分别制定出独立的营销方案。如果无法制定出这样的方案，或其中某几个细分市场对是否采用不同的营销方案没有大的差异性反应，便不必进行市场细分。

（四）旅行社市场细分的标准

1. 按地理变量细分

按地理变量细分主要是指从地理区域、城市规模、自然气候、人口密度、城乡分布、地形地貌等地理变量来进行市场细分。

2. 按人口变量细分

按人口变量细分主要是指按照年龄、性别、家庭规模、经济收入、教育程度、职业、宗教、国别、社会阶层、身体状况等人口变量来进行市场细分。

3. 按心理变量细分

按心理变量细分主要是指从旅游购买者个性、出游动机与偏好等心理变量来进行市场细分。

4. 按行为变量细分

按行为变量细分主要是指从旅游者的购买时间、购买数量、品牌忠诚程度、待购买阶段等行为变量来进行市场细分。

表 3-1 是对各细分标准的概括。

（五）旅行社市场细分的方法

1. 单一变量细分法（一元细分法）

这是指根据与旅游者需求差异紧密相关的某一最重要的变量因素进行市场细分，

适用于细分市场生命周期发展初期。

表 3-1　旅行社市场细分的标准

细分标准	细分要素
地理标准	地理区域、城市规模、自然气候、人口密度、城乡分布、地形地貌等
人口标准	年龄、性别、家庭规模、经济收入、教育程度、职业、宗教、国别、社会阶层、身体状况等
心理标准	个性、动机等
行为标准	购买时间、购买数量、品牌忠诚度、待购买阶段等

2. 综合变量细分法（交叉细分法，二元至多元细分法）

这是指选择几个对形成一定消费需求差异影响突出的因素进行细分。例如，同时用家庭生命周期、利益追求两个变量交叉细分度假旅游市场，大致可划分为：追求浪漫、享受的蜜月市场；追求子女发展的以寓教于乐为目的的教育旅游市场；以享受晚年时光为目的的"夕阳红"市场等。

第二节　旅行社的营销策略选择

一、旅行社产品价格的制定

在旅行社的各项决策中，价格是一项重要内容。在某些情况下，它甚至可以成为营销组合中最重要的一个因素。

（一）旅行社产品价格的类型

根据旅行社的产品内容确定价格，可分为以下几种价格类型。

1. 团体包价

团体包价是指由 10 人及以上旅游者组成，采取一次性预付旅费的方式形成的旅行社产品价格。服务项目是旅行社经过事先计划、组织和安排的，向游客包揽一切有关服务工作的旅游服务活动。具体包含：住宿费用、城市间交通费、餐费、景点门票费、导游费和专项附加费等。

2. 半包价

半包价在全包价旅游的基础上，扣除掉了中、晚餐费用，降低了旅行社产品的直观价格，也满足了旅游者在用餐方面的不同要求。

3. 小包价

旅游者在旅游前预付的费用仅包括住宿费、早餐、接送服务、城市间交通费以及旅行社的手续费，其他部分旅游者可自由选择。

4. 单项委托服务

这是根据旅游者具体要求而提供的某种旅游服务的收费，属于委托代办费。属于代办收费的项目有：翻译导游服务费、全程陪同费、接送服务费、接送交通费、代办签证费、代订房间、代购交通票、代购文娱票、联系参观服务收费等；属于委托收费的有：当地委托费（提取、托运行李服务费），国际委托费（国际回电委托费），国内城市间联程委托费（受托手续费、确认回电费、接送费、接送交通费、代订房间费、代订交通票具费用等）。

5. 特殊形式的旅游收费

特殊形式的旅游收费是指在开展会议旅游、新婚旅游、修学旅游、探险旅游、保健旅游、学术交流等专项旅游活动时，组团包价中要根据旅游活动的特殊性加入的特殊费用，如会议室租用费、红地毯服务费、教堂使用费等。

（二）旅行社产品价格的特点

1. 相关性强

旅行社的产品是由不同服务供应商提供，然后再由旅行社加工组合而成的。因此，旅行社制定合理的产品价格，不仅是实现旅行社自身价值的方法，也是其他相关企业实现经营目标的途径。

2. 不易控制

由于旅行社产品具有较强的综合性，旅游业中其他部门和其他相关行业产品价格的调整都会直接或间接作用于旅行社产品价格。因此，旅行社的价格决策是在一定范围内的决策，受到的约束较多。

3. 时间波动性大

时间波动性大是因为旅行社的产品具有不可储存性，如果不能在特定时间内销售出去，就无法实现其价值。如果预订了房间，客人达不到预订数，就要承受退房的损失。因此，旅行社在需求较少的情况下会降价以刺激需求。另一方面，旅游需求的季节性明显，也会造成价格的季节性波动。

（三）旅行社产品的定价依据

1. 产品成本决定最低价格

旅行社产品成本构成主要包括：向旅游产品供应商或合作单位购买服务项目的费用、直接成本（服务费、管理费）、职工工资、福利费、物资消耗费、宣传费、水电费、服装及劳保费、折旧费等营业费用。企业经营必须以保本为前提，这是制定销售价格的直接根据，也客观地决定了旅行社产品的最低价格。旅行社产品还具有较强的综合性，其中大多数服务项目和服务内容是采购而来，造成直接成本较高。旅游产品供应商或合作单位价格的调整、国内零售物价总指数的变动等也会影响到旅行社产品的价格。

2. 竞争对手同类产品的价格是重要参照

为保证产品的市场竞争力和市场份额，旅行社产品的定价一般会等同于或接近于竞争对手的产品价格，以争取客源，保持旅行社产品的平稳销售。

3. 旅游者的购买能力和对产品价值的认识决定最高价格

旅行社产品的价格要充分考虑旅游者的支付能力，最高价格不能超过旅游者的购买能力。旅游者对旅行社产品的价值认知有较大的差异，产品的价格还要符合旅游者对产品价值的认知水平。旅行社产品的无形性和服务的面对面性,使旅游者在购买服务产品时,不能客观、准确地检查无形的服务,而是猜测服务产品的特色,甚至有的旅游者不能准确了解旅游产品的服务内容。他们往往从有形产品的经验出发,以实体要素的价值概念同价格进行比较,做出是否"物有所值"的主观判断。因此,企业定价时,应考虑旅游者的实际情况。

由于旅行社产品的销售是一种预约性交易,按国际惯例,报价在执行年度内必须保持相对稳定。为保证旅行社的利益,维护自己的声誉,在制定产品销售之前,必须研究价格的变化趋势及影响因素,做出符合实际的定价。

(四)旅行社产品的定价方法与定价策略

1. 旅行社产品的定价方法

(1) 成本导向定价法。旅行社产品成本是由产品经营过程中所花费的物质消耗和人力资本所形成的,包括营业成本和期间费用。成本导向定价方法,是指在旅行社产品成本的基础上加上一定比例的利润来确定该产品价格的方法。这种定价法不考虑市场需求方面的因素,简单易行,是许多企业目前最基本、最常用的一种定价方法。由于成本形态不同,该定价方法主要包括成本加成定价法、盈亏平衡定价法和边际贡献定价法。

① 成本加成定价法:旅行社确定产品价格前,统计出总的产销量,单位产品变动成本加上平均分摊的固定成本组成单位完全成本,在此基础上加上一定比例的利润构成单位产品的价格。公式如下:

单位产品价格=单位产品变动成本+平均分摊的固定成本+利润

② 盈亏平衡定价法:旅行社企业根据产品的成本和估计销量计算出产品的价格,使销售收入等于生产总成本。公式如下:

单位产品的价格=单位产品的变动成本+固定成本总额÷预计销售量

③ 边际贡献定价法:仅计算成本中的变动成本而不计算固定成本,以预期的边际贡献适当补偿固定成本的一种定价方法。边际贡献就是预计销售收入减去变动成本后的收益。

(2) 需求导向定价法:根据旅游者对旅行社价值的理解和需求的强度来制定旅行社产品价格,可以分为理解价值定价法和区分需求定价法两种。

① 理解价值定价法:就是根据消费者理解的商品价值,即根据买主的价值观念来定价。旅行社企业应善于利用市场营销组合中的非价格因素如产品质量、服务、广告宣传等来影响购买者。理解价值定价法的关键是企业要对消费者理解的相对价值有正确的估计和判断,如果卖方对买主的理解价值估计过高,定价会出现失误。

② 区分需求定价法:并不按边际成本的差异制定不同的价格,而是根据不同情况区别制定。首先,区别对待不同顾客,同一种产品对不同的顾客采用不同的价格。

其次,区别不同产品式样。有许多产品因式样不同价格也就不同,但企业不是考虑不同式样产品的不同成本来定价,而是按照不同的顾客需求给出不同的价格。

(3) 竞争导向定价法。该法主要是指旅行社企业通过研究竞争对手的生产条件、服务状况、价格水平等因素，依据自身的竞争实力，参考成本和供求状况来确定产品价格。就是以市场上竞争者的类似产品价格作为本企业产品定价主要参照的一种定价方法。竞争导向定价主要包括随行就市定价法、率先定价法等。

① 随行就市定价法：使本企业产品价格与竞争者产品的平均价格保持一致。采取这种定价法的原因有：首先，平均价格水平在人们观念中常被认为是"合理价格"，易被消费者接受。其次，试图与竞争者和平相处，避免激烈竞争产生的风险。最后，一般能为企业带来合理、适度的盈利。

② 率先定价法：与随行就市定价法相反，它不是追随竞争者的价格，而是根据本企业产品的实际情况及与竞争对手的产品差异状况来确定价格。一般为富于进取心的企业所采用。

定价时首先将市场上竞争产品价格与本企业估算价格进行比较；其次，通过比较，分析造成价格差异的原因；再次，确定本企业产品特色、优势及市场定位，在此基础上，按定价所要达到的目标，确定商品价格；最后，跟踪竞争产品的价格变化，及时分析原因，相应调整本企业产品价格。

2. 旅行社产品的定价策略

定价策略是旅行社扩大产品销售、争夺客源的重要策略，根据产品的不同，需要灵活使用，正确选择定价策略，才能使旅行社产品价格具有竞争优势。

（1）新产品定价策略。

① 取脂定价策略：即对产品采取高价投放市场的政策。在某种新、特产品投放市场的初期阶段，产品具有垄断性，需求又缺乏弹性，通过有意识地制定高价格使旅行社在短期内获取高额利润，就像从牛奶中撇取精华的奶油一样，故称这种策略为取脂定价策略。采取此策略可以使旅行社迅速收回成本获得利润，但不利于开拓市场。

② 渗透定价策略：采取低价投放市场的策略，以增加销量，广泛占领市场，并借此排斥竞争者的进入，达到长期占有市场的目的。此法适用于产品缺乏垄断性、具有大批量接待能力、需求富有弹性的旅行社产品。此法利润率偏低，不利于垫付资本的快速回收。

（2）心理定价策略。

① 尾数定价法：相对于整数定价而言，采用低于又非常接近于一个整数的数字为产品的销售价格，如999元。

② 声望定价法：旅行社依靠其声望而采用高价策略，以招徕高端消费者，并给旅游者一种该企业产品高档、规模大、影响大、质量上乘的感觉。

③ 吉祥定价法：以满足旅游者追求吉利的心理需求，如国内旅游者喜欢6、8、9等数字，基于此进行产品定价以迎合旅游者求吉祥如意的心理。

（3）折扣定价策略。

① 优惠价定价：优惠价主要包括对于团队人数较多、使用现金结算的情况给予价格折扣。例如，收取门票时，16人按15人计算。

② 差价定价：差价主要包括等级差价和季节差价，前者表现为中等价格，高等服

务，后者表现为淡季打折，旺季涨价。

（4）差别定价策略。差别定价策略包括旅游者差别定价策略、旅游产品形式差别定价策略、区域差别定价策略等。

① 旅游者差别定价策略。对不同人群制定不同价格，如对老人、学生等群体制定不同的价格。

② 旅游产品形式差别定价策略：对不同形式的同类旅游产品制定不同价格。

③ 区域差别定价策略：相同的产品在不同区域销售，价格不同。如针对贫困地区实行打折。

总之，旅行社产品的定价要采取以成本为中心的定价策略，确定旅行社产品的基本价格。同时，还要采取以需求导向的定价策略，修订已经确定的基本价格，以更好地适应市场需要。

二、旅行社产品的促销策略

由于我国旅行社业发展起步较晚，企业规模普遍较小，市场机制不完善，行业管理规范性不高，因此，旅行社产品促销比较依赖价格竞争，从而导致大部分旅行社恶性削价、微利经营。进入 21 世纪以后，随着我国旅行社业的不断发展，越来越多的旅行社开始注重研究旅游者的消费需求心理，对于不同消费者的兴趣、偏好、欲望等特定需求采取多种多样的促销策略，有针对性地与旅游中间商和潜在消费者进行信息沟通。在促销活动中，引入旅游电子商务等营销方式，减少成本耗费，节约时间，提升效率。在接待服务过程中，也把提高旅游者满意度作为产品促销的重要竞争手段，营造旅游活动全过程的轻松愉快气氛，努力让旅游者产生难忘的经历，留下美好的体验。促销就是促进销售的简称，旅行社促销就是旅行社用特定的方式传递旅游产品信息，从而对旅游中间商和旅游者的购买行为产生影响，促使他们了解、信赖并购买旅行社产品，达到扩大销售目的的一系列活动。有效的促销组合可以向潜在旅游者或旅游中间商提供产品信息，使他们形成对特定产品和品牌的偏爱并购买。

（一）旅行社促销策略的制定

旅行社促销策略的制定流程为：旅行社总体发展战略 → 旅行社营销策略 → 旅行社促销策略 → 总体目标、总体预算、要素组合、要素目标、要素预算、要素设计 → 促销策略的实施 → 促销策略效果评价。

旅行社总体发展战略和旅行社营销策略是制定旅行社促销策略的基础。而在促销策略中，总体目标是基础，总体预算是保障。总体目标是确定旅行社促销策略的基础和核心，旅行社所有的促销要素目标都必须为总体目标服务。目标决定预算，所有促销要素预算都受总体预算的限制。总体目标是评价促销效果的依据，促销效果是检验促销策略有效性的重要环节，也是不断提高促销管理水平的重要途径。

（二）旅行社促销要素的组合

旅行社促销要素组合是指在特定促销目标和促销预算的指导下，对不同促销技巧的结合形式。

促销要素组合取决于三大因素：旅行社的促销目标和促销预算；旅行社产品的特征和目标市场的特点；不同促销技巧的特点和适应性。

（三）旅行社促销要素和技巧

1. 媒体广告宣传

这里的媒体主要是指大众传播媒体，包括电视、杂志、报纸、广播、网络、户外广告等。不同的媒体传播速度、覆盖范围、时效性不同，要了解和掌握不同媒体的特点，有针对性地推广和使用。

2. 营销公关

公关的目的是与所有企业公众建立良好的关系，公关都是以具体的产品品牌为中心，如通过新闻媒介传播产品信息，以品牌形式赞助公益活动等。营销公关可分为主动性营销公关、防御性营销公关等。

3. 销售推广

销售推广包括面向旅游中间商的销售推广和面向旅游者的销售推广。面向旅游中间商的销售推广是组织旅游中间商熟悉业务旅行、旅游博览会，通过给予交易折扣、联合发布广告、组织销售竞赛与奖励、提供宣传品等方式销售企业产品。面向旅游者的销售推广是通过竞赛、价格促销、特殊商品促销等方法向旅游者提供有关旅行社产品的信息，使旅游者对旅行社及其产品产生深刻印象，从而促进旅行社产品的销售。

4. 直接营销

直接营销包括：人员推销，即销售员直接上门推销产品，这是比较传统的做法。此外，还有电话营销、电视直销、网络营销等方式，通过直观的方式吸引旅游者购买产品。

三、促销效果的测定

旅行社必须珍惜促销成果，保证接待服务质量，为旅游者在整个旅游活动过程中提供至善尽美的优质服务，并通过调研、访谈、统计数据分析等方法进行促销效果测定，以确保促销策略能够创造旅游产品的促销优势，扩大旅行社的市场份额，增加旅游者的购买行为。

第三节　旅行社的销售渠道管理

一、旅行社的销售渠道类型

旅行社的销售渠道是指旅行社或其他旅游产品供应者，通过各种直接或间接的方式，将其产品提供给最终消费者的途径，又叫销售分配系统。根据在旅行社和旅游者之间是否有其他中间环节来划分，销售渠道可分为直接销售渠道和间接销售渠道（如图3-1所示）。直接销售渠道是指旅行社直接将产品销售给旅游者，没有任何中间环节；间接销售渠道是在旅行社和旅游者之间，介入了中间环节的销售分配系统。

图 3-1　旅行社销售渠道示意图

二、旅行社与旅游中间商的合作

（一）旅游中间商的选择

在选择旅游中间商之前，旅行社应首先进行综合分析，明确细分的目标市场、建立销售网络的目标、产品的种类、数量和质量、旅游市场需求状况和销售渠道策略等，在此基础上有针对性地选择适合自己的旅游中间商。

旅行社可以通过有关专业出版物、参加国际旅游博览会、派遣出访团、向潜在的中间商寄发信件资料或通过接团等方式发现旅游中间商，并主动与旅游中间商进行接触和联系。

对旅游中间商的考察通常可以从以下几个方面切入：

① 中间商可能带来的经济效益；
② 中间商目标群体与旅行社目标市场的一致性；
③ 中间商的商誉与能力；
④ 中间商对旅行社的业务依赖性；
⑤ 中间商的规模与数量；
⑥ 中间商的合作意向。

（二）旅游中间商的管理

旅行社对旅游中间商的管理主要通过以下途径进行：

1. 建立中间商档案

建立中间商档案可以使旅行社随时了解中间商的历史与现状，通过综合分析与比较研究，探索进一步合作与扩大合作的可能性，并对不同的中间商采取不同的对策。

各旅行社的中间商档案各不相同，但基本内容大致相同，如表 3-2 所示。

中间商与旅行社的合作情况，也应记录在案，并附于中间商档案中，内容参见表 3-3。

经过一段时间的合作，旅行社对中间商的经营实力及信誉等都有了进一步的了解，此时，中间商档案应增加新的内容，如组团能力、经济效益、偿还能力、推销速度等，从而不断扩大、充实中间商档案，为扩大合作或终止合作提供决策依据。

2. 及时沟通信息

向中间商及时、准确、完整地提供产品信息，是保证中间商有效推销的重要途径;而从中间商处获得有效信息,则是旅行社产品改造和产品开发的重要依据。

表3-2 旅游中间商情况登记表

中间商名称			注册国别	
法人代表		营业执照编号	业务联系人	
营业地址			电话与传真	
电子信箱				
与我社建立业务关系途径与时间				
我社联系部门与联系人				
客户详细情况				
备注				

(资料来源:刘德光,旅游市场营销学,旅游教育出版社,2006。)

表3-3 旅行社与旅游中间商合作情况登记表

中间商名称	
合作年度	
合作情况	
备注	

(资料来源:刘德光,旅游市场营销学,旅游教育出版社,2006。)

3. 有针对性地实行优惠与奖励

有针对性地优惠和奖励,可以调动中间商的推销积极性。旅行社常用的优惠和奖励形式包括减收或免收预订金、组织奖励旅游、组织中间商考察旅行、实行领队优惠和联合进行促销等。

4. 适时调整中间商队伍

旅行社应根据自身发展情况和中间商发展情况,适时调整中间商队伍。

旅行社在下述情况下应做出调整中间商的决策:

(1) 中间商提供的产品或服务质量发生变化。

(2) 旅行社产品种类和档次发生变化。

(3) 旅行社需扩大销售。

(4) 旅行社要开辟新的市场。

(5) 旅行社客源结构发生变化。

(6) 市场竞争加剧等。

三、旅行社的销售渠道策略

（一）直接销售渠道策略

直接销售渠道策略中，旅行社直接面对消费者，优点是所有利润一概归己，不需要与其他旅行社分享利润。但是直接销售的弊端是销售范围与销售量有限，销售成本高，一般需在客源地设立办事处或设立旅行社，会耗费较多的人力、物力。如果客源地有与旅行社方合作的旅行社，直接销售可能会带来与合作伙伴的矛盾，进而使合作伙伴不再与本旅行社合作，转而与本企业的竞争对手合作，从而使本企业遭受巨大损失。即便要在客源地设立办事处，参与招徕，必须以不低于合作伙伴的销售价格进行销售，以保持与合作单位的友好合作，或者只做一些宣传促销工作，销售仍由合作单位进行。

（二）间接销售渠道策略

1. 专营性销售渠道策略

专营性销售渠道策略即为销售总代理制，即在一个客源市场（国家或地区内）只找一家旅游中间商作为企业的独家代理或总代理。建立这种关系后，双方不再和对方的竞争对手建立合作关系。这种销售渠道比较稳定，彼此间的利害关系一致，可以建立起较好的合作关系。这种销售渠道的缺点是只靠一家中间商销售产品，销售面和销售量极易受到限制。

这种策略一般用于开辟新市场之初，或限于推销某些客源层不广泛的特殊旅游产品。

2. 选择性销售渠道策略

选择性销售渠道策略，是指在一个市场上从众多的旅游中间商中选择几家信誉较好、推销能力较强、经营范围和自己对口的中间商，设法同他们建立比较稳定的合作关系。选择时要注意各种销售渠道的利弊。

3. 广泛性销售渠道策略

广泛性销售渠道策略是指将旅游产品广泛分派到各个中间商以满足旅游者需求的一种渠道策略。它的优点是可以广泛委托各地中间商销售产品、招徕客源。广泛性销售渠道策略，可以把现实的和一部分潜在的消费者变成本公司的客源。但是旅游销售一般都供大于求，这种市场条件使得多数旅行社感到客源不足，都希望利用广泛性销售渠道建立更多销售合作关系。这种情况势必加剧旅行社之间的竞争。直接销售方式用于新产品投放市场之时，或新市场开辟之初，但也有一些限制因素。专营性销售渠道也用于新市场开辟之初，在对新市场缺乏了解、缺少合作伙伴的情况下都适用此法。广泛性销售渠道则用于市场发展之时，当推出的旅游产品需要寻找更多的买主时，往往采用此法。而选择性销售渠道则用于市场发展成熟之时，当新开辟的市场发展到一定程度，合作伙伴众多的情况下，应该保留一些信誉好、发团多、合作关系稳定的合作伙伴。而对那些信誉差、付款不及时、发团量有限、合作关系不稳定的经营者，应与其果断终止合作。

各种策略的利弊总结见表3-4。

表3-4 旅行社间接销售渠道策略的利弊

策略	含义	优点	缺点
广泛性销售渠道	通过旅游中间商广泛销售产品	方便旅游者购买	对中间商的依赖程度高，存在风险
选择性销售渠道	只在一定市场中选择少数中间商	降低成本，合作关系稳定，提高信任度	成本较高，产品销售过于分散
专营性销售渠道	在一定时期和地区内只选择一家中间商	进一步降低成本，合作关系稳定，提高中间商的积极性	销售面窄，风险最大

第四节 旅行社产品的促销管理

旅行社的促销管理是协调不同促销要素的活动，提升旅行社企业和旅游产品形象，激发旅游者购买欲望，引导其购买行为，最终达到促进旅游产品销售的目标。其内容主要包括设立特定要素以达到预期目标；制定实现预期目标的预算；设置具体实施计划；评价促销效果；采取必要的改进措施。

一、旅行社常用促销方法

旅行社的促销方法很多，在旅行社的促销组合中，较为常用的主要包括广告促销、直接促销、公共关系和营业推广等，同时也增加了新兴的网络促销和自媒体营销。

（一）广告促销

广告促销就是通过一定的媒体，将旅行社产品介绍给潜在消费者，激发其购买欲望，促进旅游产品销售，提高旅行社经济效益的宣传推介活动。广告促销具有传播速度快、覆盖范围广、利用手段多、宣传效果好等优点，因此，是旅行社产品促销中使用比较广泛的一种促销方法。旅行社产品促销广告根据使用媒体的性质不同，可以分为自办媒体广告和大众传播媒体广告两种基本类型，具体包括电视广告、报纸广告、杂志广告、户外广告牌等。

（二）直接促销

直接促销就是指旅行社通过直接与旅游中间商或潜在消费者进行接触来推动旅游产品的销售。直接促销是旅行社产品促销的重要方法，具有联系紧密、机动灵活、反馈及时、选择性强等主要特点，有利于与旅游者之间建立良好关系。直接促销主要有人员推销、电话促销、直接邮寄促销、文化广场促销等形式。

（三）营业推广

营业推广又称销售促进，它是指旅行社针对旅游中间商、潜在消费者以及本企业销售人员采取短期激励手段，最终达到促成购买或努力销售目标的各种行为活动。对于旅行社产品促销来说，营业推广的作用是非常明显的，其方式主要包括价格促销、礼品促销、竞赛促销等形式。

（四）公共关系

公共关系是指旅行社通过信息沟通，建立与社会、公众以及消费者之间的良好关系，维护企业及其产品形象，营造有利于企业发展的社会环境的一系列措施。开展公共关系营销，还需要旅行社企业通过调研设立目标，有力地实施公共关系计划，评估实施效果。目前，旅行社开展公共关系的方式主要有新闻媒体公关和社会公众公关两大类型。

（五）网络促销

网络促销是指旅行社利用计算机及网络技术向虚拟市场传递有关旅游产品和服务的信息，以引发旅游者需求，刺激其购买欲望和促成其购买行为的各种活动。近些年，网络促销发展迅速，优势也比较明显，不仅促销内容丰富并富于变化，而且促销组合方式也非常灵活，还将旅行社企业推向全球统一大市场，拓宽了销售渠道。同时，通过网络促销活动，旅行社还可以看到流量、跳失率、转化率、客单价等有效数据，对于旅行社进一步分析市场、制定促销预算、评估促销效果都具有重要的价值。

（六）自媒体营销

自媒体营销也称为社会化营销，是指利用社会化网络、短视频、微博、微信、今日头条、贴吧等媒体开放平台或者其他互联网协作平台媒体来进行营销、公关和客户开拓维护的一种方式。自媒体的崛起是近些年来互联网的一个发展趋势。不管是国外的 Facebook 和 Twitter，还是国内的贴吧或微博，都将人们带入了一个社交网络的时代，也逐渐改变了人们的生活。其传播内容形式多样，与旅游者互动性强，深受年轻旅游群体的喜爱。

二、旅行社常用促销预算方法

促销投入实质上就是某种形式的投资，在确定促销对象、目标、渠道和信息之后，投入多少资金开展促销活动才能取得满意效果？促销预算也是促销过程中一个极为重要的步骤。既不能因为促销预算过多而影响整个旅行社的利润水平，又不能由于预算过少而致使宣传力度不够，影响销售量，从而影响旅行社的利润。同时，由于促销活动的效果事先很难预料，并且存在着很多不确定因素，因此促销预算的决策往往极为困难。从理论上讲，只要旅行社的促销预算投入之后，能够取得比投入预算资金更高的利润，那么就应该投入这笔预算。但事实上，旅行社在确定预算时，往往很难估计其结果，因此这一理论也无法实践。目前，在旅行社的实际运营中，制定促销预算的方法主要有以下几种。

（一）目标达成法

在众多的预算方法中，目标达成法是一种相对比较科学的方法。它首先要求旅行社制定出一个详细、明确、具有可行性的促销目标，然后列出要达到目标需开展的促销活动，并分别估算开展这一系列活动所需费用，最后将费用累加，得出总的促销预算额。这种预算方法比较科学，得出的预算额也较为准确，并且由于有详细的促销活动项目和各个项目的预算额，因此不但在总的预算额上可以控制，在促销的各个活动预算经费上也可以控制。但是这种方法比较复杂，运用起来相对较难。

（二）销售额百分比法

这种方法是指旅行社将一定时期的销售额乘以一定的比例来确定促销预算。用这种方法计算销售额，简单方便，但是却颠倒了销售额与促销预算的因果关系。促销投入的多少很大程度上决定了销售额的多少，而销售额百分比法是用销售额的多少来决定促销预算的多少，两者的逻辑关系发生了错位。因此，这种方法一般应与其他预算方法共同使用。

（三）利润额百分比法

该方法的计算原理与销售额百分比法完全相同，是用旅行社一定时期的利润额乘上一定的比例来确定促销预算。同样，该方法也具有和销售额百分比法相同的特点。

（四）竞争对抗法

这种方法是旅行社根据竞争对手的促销预算来计算自身的促销预算的方法，又可分为市场占有率法和增减百分比法。

市场占有率法计算公式如下：

促销预算＝(竞争对手一定时期的促销预算/竞争对手的市场占有率)×本旅行社预计市场占有率

增减百分比法计算公式如下：

促销预算＝(1±竞争对手促销预算增减率)×本旅行社上年度促销预算

竞争对抗法能够根据竞争对手的情况采取相应措施，采用这种方法制定预算，需要雄厚的资金实力，具有一定的风险，在制定预算时主要依据竞争对手的促销预算情况，因此具有一定盲目性，容易造成不必要的浪费和损失。

（五）支出可能法

支出可能法也称为全力投入法，是指旅行社在财力许可的最大范围内来确定促销预算，并根据市场情况的变化加以调整。

上面的几种促销预算制定方法都有其各自的优点与局限。在实际操作中，旅行社应根据实际情况，有选择性地将几种方法结合起来确定促销预算。

三、旅游交易会和旅游博览会

随着旅游业在各个国家、各个城市的兴盛和发展，旅游交易会和旅游博览会俨然成为人们进一步推进地方旅游、展示旅游城市风貌的先进手段。参观者可以直观且多视角、多样化地感受旅游的发展，从而给参展者带来了无限商机。

(一)中国国际旅游交易会

中国国际旅游交易会（China International Travel Mart，CITM）是目前亚洲地区最大规模，也是价格最为优惠的国际旅游专业交易会展之一。从2001年起，中国国际旅游交易会分别在上海和昆明交替举办，每年举办一次。来自世界各地的旅行社，同旅游业有关的企业，如饭店、航空公司等旅游供应商，均会参加中国国际旅游交易会。

【案例3-2】

2019中国国际旅游交易会

中华人民共和国文化和旅游部、中国民用航空局、云南省人民政府共同举办的2019中国国际旅游交易会（以下简称"交易会"）于2019年11月15日—17日在昆明滇池国际会展中心举办。中国国际旅游交易会自1998年创办以来，已成功举办20届，已发展成为亚太地区最大、影响最为广泛的专业旅游展会之一。CITM一年一届，分别在上海和昆明交替举办，已得到世界各地旅游业界人士的关注。

参加CITM的有：来自世界各地及中国本土的旅游机构、旅行社、饭店、航空公司以及同旅游业有关的企业。组委会通过各种渠道力邀世界各地高质量的买家代表前来交易、洽谈，严格的条件和邀请程序确保买家质量，让您受益匪浅。交易会期间专业洽谈日，只有注册代表才能获准入场进行业务交流与洽谈，确保参展环境和效果；公众开放日，参展商将直接面对公众促销旅游产品，展示资源优势。交易会组委会还邀请了众多国内外新闻媒体参加，对交易会进行全方位、多层次，广泛深入的报道。参展者可以充分利用这些媒体提升产品知名度，扩大影响。

CITM将使各界参展人士取得很大收获：

会见众多买家代表，建立广泛业务联系；

参加围绕热门话题举办的研讨会和讲座，追踪国际旅游业的发展趋势和动向；

举办新闻发布会或艺术表演，充分展示旅游产品；

交易会将对业内人士和公众开放，数万人士将入场参观；

各国参展机构可举办各种促销活动，介绍本国旅游资源，以获得最大的商业机会。

本届交易会中，云南展团设立了五个展馆，总面积50000 m^2。

主题形象馆：由序馆、州市文化和旅游形象展示区、智慧旅游展示区、文化和旅游企业展示区等组成。参展范围为：各州市文化和旅游行政部门，文化和旅游协会，航空公司，旅游度假区，景区景点，博物馆，精品酒店，智慧旅游企业，温泉旅游企业，旅游地产公司，文化旅游企业，国际旅行社，旅游新业态和旅游媒体等。

文化旅游商品馆：由国际旅游商品展示区、文创旅游商品大赛展示区、州市文创旅游商品展示区、非遗展示区、民族刺绣展示区、高原特色商品展示区、旅游装备展示区等组成。参展范围为：文旅科技装备及技术、旅游景区装备、科技馆、文旅项目、景区商业服务设施、游览车、运动车、主题公园、VR&AR产品、古典红木家具、根雕、陶瓷紫砂茶具、民族民间工艺品、艺术品、美术品、文化创意商品、旅游纪念品、民族服饰、刺绣布艺、非遗项目、旅游装备、户外用品、游艺游乐设备、珠宝玉石、酒店用品、旅游食品、茶叶、咖啡、花卉、土特产等。

健康旅游馆：由健康生活目的地展示区、中医药健康旅游展示区、民族医药旅游展示区、养生养老展示区、温泉养生旅游展示区、健康旅游小镇展示区、休闲度假旅游展示区、健康产品设备展示区、康体保健展示区等组成。

体育旅游馆：由州市体育旅游产品展示区、国际体育旅游产品展示区、大型体育旅游企业展示区、体育旅游装备展示区、论坛区等组成。

房车露营馆：由房车展示区（含自行式、拖挂式、营地式、越野式、移动别墅式、赛车式）、露营地木屋、篷房、模块房展示区，房车露营用品展示区，房车户外用品展示区，露营地旅游项目体验展示区，房车租赁、旅游、维修、美容、改装展示区等组成。

本次展会吸引了来自75个国家和地区的专业展商参展，累计参观人数8万人次。
（资料来源：根据百度百科相关资料整理）

（二）中国旅游产业博览会

中国旅游产业博览会由国家文化和旅游局与天津市政府共同主办，是搭建旅游产业发展的平台，也是旅游推介和旅游演艺展示的舞台和旅游创新、发展研讨的讲台。汇聚各地房车、游艇、通用飞机等旅游装备和商品，引领旅游发展趋势，为各方嘉宾洽谈交易提供平台和优质服务。展览会是企业最重要的营销方式之一，是企业开辟新市场的首选。通过参加展览会，企业可以迅速了解市场行情，试销新产品，推出新品牌，与各地买家接触，了解真正客户，了解行业发展趋势。该展会自2009年以来已成功举办多届，吸引了来自80多个国家和地区及全国各省区市的代表团参展，以展会规模大、参展人员广、交易数额多在旅游业界享有盛誉。

四、旅行社的售后服务

（一）旅行社售后服务的内涵

旅行社售后服务是指旅行社在旅游者旅游活动结束之后，继续向游客提供的一系列服务，旨在解决客人遇到的问题和加强同客人的联系。旅行社仅有高质量的接待服务是不够的，良好的售后服务是优质接待工作的延续，向旅游者提供新的信息并从旅游者那里得到意见反馈不仅可以维持和扩大原有的客源，还可以不断更新产品内容，提高接待服务水平，让旅行社在激烈的市场竞争之中立于不败之地。

（二）旅行社售后服务的方式

1. 问候电话

这种问候方式的意义主要有三个方面：第一，可让旅游者感到受重视、受关心，从而产生对旅行社的好感。第二,可以从旅游者之中了解到许多非常有价值的信息。第三,可以发现旅游者中存在的不满情绪,从而采取及时的补救措施。

2. 意见征询

在旅程即将结束前或结束后,旅行社可以通过提供服务的导游员给每位客人发放意见征询单或者通过网上打分等方式来征询旅游者对旅行社服务的评价。意见征询既可以向客人传递问候,又可以让他们对此次旅行发表意见和建议。在完成过程中,应确保设计问题客观符合实际,征求意见态度诚恳、氛围轻松,以便获取信息真实有效,有助于旅行社服务质量的提升。

3. 游客招待会

旅行社可通过在社内或饭店内举办风景点幻灯片欣赏活动及旅游者招待会等,与顾客进行面对面的直接接触。这些活动不仅能使旅行社与顾客的联系更密切,还能有效提高旅行社的知名度和威信。被邀请的旅游者通过对幻灯片和照片的欣赏及彼此间的相互交流,可能会欣然订购自己感兴趣的旅游产品。此外,西方一些以散客业务为主的旅行社还通过举行招待会、野餐会或狂欢节舞会的方式,为独来独往的游客提供互相认识与互相推荐旅游线路的机会,尽量营造轻松自然的氛围,从而给旅行社的推销工作带来益处。

4. 旅行社开放日

为了和旅游者的联系更密切,很多西方旅行社每年都例行举办一次旅行社开放日活动,有针对性地邀请一些旅游者到旅行社参观及观看录像,并向他们介绍有名望的顾客、旅游专家、飞机机长、旅游新闻工作者或旅游题材的作家。此类活动可增强与旅游者的联系,强化旅游者的印象和信任度,从而使更多旅游者愿意购买本旅行社的产品。

【扩展阅读】

如何看待"旅游业鼻祖"托马斯·库克集团破产?

1841年,作为英国教会职员的托马斯·库克先生在不经意间做了一件具有历史意义的大事,为了倡导戒酒,他组织了一次为期一天的铁路包价旅游,一次成功便成就他终生的事业,很快他组建了以自己名字命名的公司,成为世界第一个专业的旅行代理商。此后,他的足迹遍及世界各地,公司的业务从欧洲延伸到天涯海角,誉满全球。托马斯·库克本人、他的家族以及这个公司为世界旅游业做出的贡献举世公认,他的创举及其管理经营的范式被用多种文字写入旅游教科书,甚至列入旅游专业的考生试题。

然而,继托马斯·库克组织首次包价旅游团178年之后,托马斯·库克公司突然宣布破产,让他们60多万个忠诚的顾客滞留海外的旅游目的地,以至于连英国政府也表示爱莫能助,留下了一片唏嘘,怨声载道。

这一旅游业界的巨星陨落,虽然对行业来说是个不幸,但也给现代的企业留下了许多重要的启示。

托马斯·库克之所以崛起于19世纪中叶的英国,其地利是英国作为工业革命的发源地,位居世界工业最为发达的国家,机械化提高了经济活力,有了产生旅游需求的经济基础。工业革命的发展加快了人们的生活节奏,诱发了更多普通人渴望休息放松的欲望,旅游活动从小众需求开始进入大众的视野。囿于当时旅游信息不对称,个人旅行仍不方便时期,带有专业导游的包价旅游团能满足刚刚兴起的大众旅游的需求,很快成为大众新宠的托马斯·库克公司得以快速发迹。托马斯·库克公司的另外一个创新是旅游与金融业的跨界合作,他的公司是世界第一个发明和使用旅行支票的公司,这一新的支付工具使离家外出的旅游者有了更安全、便捷的支付方式,两业融合相得益彰,产生了巨大竞争力,长期与美国的商业巨子运通公司比肩。托马斯·库克公司后来的发展战略也曾有过大的调整,业务的重点转到商务/公务旅行服务网络的建设与完善,这一转变。更加适应全球化的深入发展和国际公务/商务旅行业务激增的新机遇,为其定制旅行计划、专业细致服务和住店服务等创新提供了更加广阔的市场和利润空间。它从全球的角度完善服务网络化布局和专业化的服务赢得了新的竞争力,从而在一段很长的历史时期成为英国、欧洲乃至世界旅游服务业的佼佼者。

然而,进入21世纪以来,托马斯·库克公司当年崛起与发展的天时和地利都发生了变化,作为一个旅游代理和服务的巨无霸,再继续以英国市场为主体显然有点儿根基不稳,而在全球大众旅游发展的新时代,新技术、新媒体层出不穷,日新月异,随着新支付工具的快速升级与更新,旅行代理业务的优势迅速减缩,很显然,这个老牌公司的传统产品和运营模式面临着新的挑战。面对危机,必须进行革新甚至革命,这是大势所趋,与时俱进是企业保持竞争力和生命力的根本。也许在产品更新和经营模式的革命方面,托马斯·库克公司出现了较大的失误,酿成了最后的败局,这一点是非常值得认真研究的。需要特别提出的是,在这场IT技术风暴席卷全球的过程中,一些传统的产业和老牌的企业明星陨落的案例不少,有的也并非完全是企业自身有多大失误。这些现象只是说明了一个道理,那就是时代在变化,技术在进步,市场需求在变革,作为企业,无论以往如何强势与风光,都要依据形势和市场的发展变化而做出调整,尽管这种变革是无情而艰难的。

对于包括旅游业在内的大量现代企业来说,无论现在处于何等的境遇,是春风得意还是遭遇坎坷,都应当认真从这个公司的崛起与消亡中汲取经验与教训,及时调整自己的战略与思维方式,以保持企业的生命力和竞争力,实现健康可持续发展。(张广瑞)

(资料来源:https://www.sohu.com/a/346589824_168296.2019.10.12)

复习思考题

1. 简述旅行社市场调查的内容。
2. 简述旅行社市场预测的步骤。

3. 简述旅行社市场细分的标准。
4. 旅行社产品的定价方法与价格策略有哪些？
5. 旅行社选择销售渠道和管理中间商的具体方法有哪些？
6. 请谈一谈自己对旅行社售后服务的看法。

课后实训题

以每组 5~6 人为单位对本地一家旅行社开展调查，对该旅行社的市场细分、营销策略的选择、如何进行销售渠道管理，以及如何开展售后服务进行总结，形成调查报告并上交作业。

第四章 旅行社计调与外联业务管理

【学习目标】

了解旅行社计调、外联的基本内涵，理解计调、外联人员的素质要求与岗位职责，掌握计调、外联工作的基本原理、方法和业务流程，从而增强学生对旅行社计调、外联业务的认知，培养学生分析和解决实际问题的操作能力。

【主要学习内容】

- 旅行社计调业务概述
- 旅行社计调业务流程与管理
- 旅行社外联业务概述
- 旅行社外联业务流程与管理

◆【导入案例】

计调（OP）是旅游行业中的一个分支职业。其主要任务为：安排旅游团队的用车、住宿、吃饭、门票，司机导游的安排，成本的核算，同行间的相互交接，等等。某旅游企业的计调业务流程如图4-1所示。

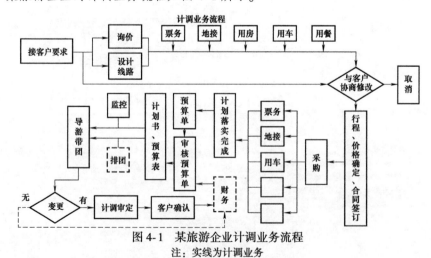

图4-1 某旅游企业计调业务流程
注：实线为计调业务

（资料来源：根据吉林省中国旅行社相关资料整理）

第一节　旅行社计调业务概述

旅行社计调业务是旅行社的核心业务之一，体现旅游活动行程安排是否合理，旅游产品设计是否具有特色，因此在很大程度上决定着旅游服务质量的高低。旅行社计调人员在旅行社的整体运作中发挥着极其重要的作用。

一、旅行社计调工作概述

从广义上来讲，旅行社计调业务对外代表旅行社同旅游服务供应商建立广泛的协作网络，签订采购协议，保证提供游客所需的各种服务，并协同处理有关计划变更和突发事件；对内做好联络和统计工作，为旅行社业务决策和计划管理提供信息服务。

从狭义上讲，计调业务主要是指旅行社为落实旅游计划所进行的旅游服务采购，以及为旅行社业务决策提供信息服务等工作。

（一）旅行社计调的含义及分类

旅行社计调人员，在旅行社的整体运作中发挥着极其重要的作用。所谓旅行社计调人员（简称为计调），即旅行社中负责旅游团队所用车辆、导游、饭店、酒店、景点等相关旅游要素协调、调度的工作人员。一般情况下将其分为以下几类：

① 按旅游目的地可以分为国内计调、出境计调、专线计调等；
② 按客源情况可以分为组团计调、地接计调等；
③ 按主要工作内容可以分为房调、车调、餐调、票务专员、签证专员等；
④ 按照旅游者人数和参团形式可以分为散拼线路计调、团队线路计调等。

（二）旅行社计调工作的重要性

在旅行社从业人员中，一直就有这样的说法："外联买菜、计调做菜、导游带游客品尝大餐"，可见计调业务在旅游活动中的重要性，具体表现在以下两个方面：

1. 旅行社计调是旅游行程的命脉

在旅行社的经营管理中，销售、计调、接待构成了旅行社具体操作的三大模块。外联人员和旅游团队取得联系后，计调部会根据团队客人的特点和要求，进行旅游线路设计、旅游行程安排、旅游用车调配、旅游饭店落实、旅游交通和门票预订、旅游景区景点确认等，然后交给接待部门，安排旅行社的优秀导游去执行。从某种意义上来讲，计调人员通过有效运作，使旅行社各部门形成完整、互动的经营体系，而在这一系列运作中，任何一个环节疏忽，都会影响旅游活动的顺利完成。

2. 旅行社计调是旅游活动的幕后操纵者

计调人员是旅游活动的幕后指挥者，是旅行社完成地接、落实发团计划的总调度、总指挥。旅游活动过程中的食、住、行、游、购、娱都需要计调人员仔细、认真地操作，任何一个环节考虑不周都会出问题。

（三）旅行社计调工作的特点

旅行社计调工作与外联、接待工作有很大差异，具有自身的特点。

1. 具体性

无论是收集本地区的接待情况向其他旅行社预报，还是接受组团社的业务接待要约，抑或是编制旅行社的接待计划、组织旅行社客户档案管理等，都是非常具体的事务性工作。旅行社计调部总是忙于采购、联络、安排接待计划等具体工作。在旅游旺季时，更是要对每一次旅游行程的安排、每一个旅游团的具体行程设计都做到事无巨细，落实好"食、住、行、游、购、娱"的方方面面。

2. 复杂性

首先，旅行社的计调业务种类十分繁杂，涉及旅游服务采购、旅游团队接待、旅游交通票务管理、旅游交通工具预订等，还要安排旅游者餐饮、住宿，调配优秀导游等；其次，旅行社计调业务程序复杂，从接到组团社报告到旅游团接待工作结束后的结算，都要有计调人员的参与；最后，旅行社计调业务涉及的人际关系复杂，几乎与所有旅游接待部门都有业务上的联系，协调处理这些关系贯穿于计调业务的全过程。

3. 多变性

旅行社计调业务的多变性，是由旅游团人数和旅行社计划的多变性决定的。旅游团的人数一旦发生变化，就会影响到计调人员的工作，可谓"牵一发而动全身"。此外，我国的交通和住宿条件在淡旺季的差别，也会给计调工作带来许多不确定性。另外，天气等自然条件的变化也会导致旅游行程的变更，从而导致计调人员被迫变更接待计划。

4. 灵活性

旅行社计调工作的灵活性，主要表现为旅游方案设计的灵活性。以旅游交通工具选择为例，计调部门在旅游旺季有可能因交通票务紧张而不得不改变行程线路；有时候也会为了满足旅游者的需求，灵活变换所乘交通工具。

二、旅行社计调工作的基本要求

目前国内的旅行社普遍存在旅游线路雷同、旅游产品单一、创新能力较差等问题，这与缺乏优秀的计调人才是分不开的。因此做好计调工作，必须满足以下基本要求：

1. 旅游线路设计的有效性

旅行社计调人员需要根据导游人员、司机师傅、旅游者等各方反馈的信息检验旅游线路设计是否合理，是否需要调整，还要根据市场变化适时推出新的旅游线路等，这都需要发挥计调人员的工作积极性，不断完善旅游线路，并设计出一系列满足旅游者需求的旅游线路和产品。

2. 旅游产品报价的竞争性

旅行社计调人员不仅需要设计一系列有效的旅游线路，还需要提供所有旅游线路或旅游产品的报价。报价准确才能够保持同行业之间相同或相似旅游产品具有较强竞争性，才能够使旅行社在竞争中处于有利地位。计调人员对旅游线路或旅游产品报价的准确性直接会影响到旅行社的销售。

3. 与旅游同业的良好关系

地接社的计调，要协调好与组团社的关系，更要确保接待质量；组团社的计调，应与各地接社建立并保持良好关系，及时沟通协调，保证地接社提供高质量服务；旅行社计调还要协调好与同业的关系。旅游活动涉及食、住、行、游、购、娱六大要素，其中任何一个环节协调不好都会影响全局，影响到旅游活动的整个服务质量。因此，计调人员一定要与旅游饭店、旅游餐厅、旅游景点、旅游汽车公司、旅游商店、旅游娱乐场所等单位保持良好的关系。

三、旅行社计调部工作的核心

对于旅行社计调人员而言，成本领先与质量控制始终是计调岗位的两大核心工作。

所谓成本领先，即计调人员掌握着旅行社的成本，要与接待旅游者的酒店、餐馆、旅游车队及合作地接社等洽谈接待费用。所以，必须要做到成本控制与团队运作效果兼顾，要在保证团队良好运作效果的前提下，有效地降低成本，这样的旅游线路设计往往比较科学。尤其在旅游旺季，计调人员不但要保证旅游线路设计独特，还在旅游接待资源相对紧张的条件下保证旅行社的供应，这也能够反映出一个计调人员的综合实力和水平。

所谓质量控制，就是在细心周到安排团队行程计划外，还要对所接待旅游团队的整个行程进行监控。由于导游带团在外，与旅行社主要的联系途径就是计调，而旅行社也是通过计调对旅游团队的活动情况进行跟踪、了解，对导游服务质量进行监管，包括游客在旅游过程中出现突发事件，也是计调人员代表旅行社进行灵活处理。计调人员往往通过整合旅游资源、包装旅游产品、进行市场定位等环节把控旅行社接待质量，要具有较强的分销意识和产品的开发能力。

第二节　旅行社计调业务流程与管理

旅行社计调业务流程是否合理、操作程序是否规范，对于旅行社来说都至关重要。

一、旅行社计调部业务流程

1. 线路设计报价

作为旅行社的计调人员，应该根据旅游者的需求编排设计旅游线路，用"报价单"提供相应价格信息，进行报价。

2. 登录旅游计划

接到组团社书面预告方案，地接社的计调人员应将旅游团号、旅游者人数、旅游者国籍、旅游团队抵/离机场（车站、码头）、接团时间及地点、特殊要求等相关信息登录在当月团队动态表中。如遇对方口头预告，必须恳求对方以书面方式补发变更后的接待计划,或在本旅行社确认书上加盖对方业务专用章并由经手人签名,回传作为确认件。

3. **编制接待计划**

计调要编制接待计划,将旅游团队人数、陪同人数、抵/离航班(车、船)、时间、住宿酒店、用餐地点、景区景点、地接旅行社、接团时间及地点、其他特殊要求等逐一登记在"团队动态表"中。

4. **筹划方案发送**

旅行社计调人员要向各有关单位发送方案书,逐一落实用房、用餐、用车安排等,根据具体人数,要求对方书面进行确认,对各环节产生费用进行核对,报送有关部门备案,如有变更,需要重新书面确认。

5. **传真团队确认**

逐一落实完毕后,计调人员编制"接待确认书",加盖确认章,以传真方式发送至组团社,请经手人签收,报领导批准后,加盖单位公章回传确认。

6. **编制旅游团队预算单**

"旅游团队预算单"(见表4-1)注明现付费用、用处,报送财务部审核,然后填写"借款单",与"旅游团队预算单"一并交部门审核签字,完成审批程序。

表4-1 ××旅行社旅游团队预算单(接待社)

团队名称		团队编号	
旅游线路		出团日期	
团队人数		数量	小计
门票			
住宿			
餐费			
车费			
火车票			
订票费			
保险费			
导游服务费			
全陪费用			
其他费用			
总计	/	/	
应收团款		付款单位	
应付团款		应付款单位	
经办人		审核人	
备注:			

资料来源:根据吉林省中国旅行社相关资料整理。

7. 下达团队计划

编制"接待计划"及附件，由计调人员签字并加盖团队计划专用章，通知导游人员领取。附件包括：名单表、向协议单位提供的加盖作业章的公司结算单、导游人员填写的"陪伴报告书"、游客填写的"游客质量反馈单"、需要现付的现金额等，票款当面点清并由导游人员签收。

8. 编制团队结算单

填制公司"团队结算单"，经审核后加盖公司财务专用章，于团队抵达前将其发给组团社。

9. 通知导游报账

团队行程结束，通知导游员凭"旅游团队接待计划/行程单""导游接待报告书""游客质量反馈单"、原始票据等及时向计调人员报账。计调人员具体审核导游填写的"导游接待报告书"，以此为据填制"旅游团队结算单"，交部门经理审核签字后，交财务部审核签字，向财务部报账，并及时登账。

10. 质量跟踪反馈

收集团队原始材料，每月按期将团队材料登记存档，以备查询。并定期通过电话、微信、邮件等方式，征求全陪或游客意见，进行质量跟踪反馈。了解整个旅游团队动态，使旅行社及时了解旅游者的感受，以便处理问题、不断改进工作。

二、旅游服务采购

（一）旅游服务采购的含义与内容

1. 旅游服务采购

旅游服务采购是指旅行社为组合旅游产品而以一定的价格向其他旅游企业以及与旅游业相关的服务行业和部门购买相关服务项目的行为。旅游活动涉及食、住、行、游、购、娱等方面，交通运输部门、酒店、餐厅、景区景点、娱乐场所等均是旅行社的采购对象，对于组团社而言，还要采购接待社的旅游服务产品。

2. 旅游服务采购的内容

（1）对食宿服务的采购

旅行社计调人员要针对目标市场，采购一些度假酒店、会议酒店、旅游酒店、特色客栈等的服务。食宿标准、级别要根据旅游者具体要求而定。法定节假日还要采取临时采购策略，如中秋、清明、五一、十一、春节等。临时采购可以较好地控制成本，降低运营风险，并可适时地增量或减量。旅行社计调人员在进行食宿服务采购时必须要按照酒店星级的不同、旅游消费者层次的不同，而选择较为合理的住宿安排与用餐安排，集中采购与分散采购、临时采购相结合。

（2）对交通服务的采购

安全、舒适、便捷、经济是旅游交通服务采购要考虑的因素。目前的交通形式主要有飞机、火车、汽车和轮船等，为此，旅行社必须与航空公司、铁路部门、汽车公司、轮船公司等建立密切合作关系，尤其是要保证旅游旺季时交通票据的供应，这对于保证旅行社业务的开展至关重要。

（3）对旅游景区的采购

对于景区的采购，计调人员要针对旅游者，根据市场需求，选择适合的景区，可以通过直接与景区联系，建立协作网络的方式采购，也可以直接与当地的旅行社进行联系采购，在进行询价、比价、议价、评估后，最后选择性价比较高的建立长期联系，并签订旅游服务采购合同。特别要注意季节、地域的差异对于旅游者产生的不同吸引力，有针对性地进行采购。比如，冬季可以更多采购南方海岛或者北方滑雪冰雕等旅游产品，春季可以采购踏青等旅游产品，秋季可以采购登山、赏红叶等旅游产品，夏季可以采购海滨度假等旅游产品。

（4）对其他服务的采购

娱乐是旅游活动六要素之一，旅行社采购娱乐服务时，要就订票以及演出内容、日期、演出时间、票价、支付方式等与当地文艺娱乐公司达成协议。旅游购物为非基本旅游需求，但是帮助旅游者购物也是旅游活动必不可少的一部分。为使旅游者购物方便、安全，旅行社计调人员应慎重选择旅游购物商店，并与其建立相对稳定的合作关系。

（5）对保险服务的采购

根据相关法律规定，旅行社应该为旅游者提供规定的保险服务。该险种的投保人为旅行社，投保后，一旦发生责任事故，将由保险公司在第一时间对受害旅游者进行赔偿。

（6）对于地接社的采购

要与信誉好的、业务稳定的地接社建立合作关系，可通过面谈或网络联系等方式增进彼此互信合作，并建立多种合作方式。在旅游旺季时，即使供不应求也要能够保证彼此之间的合作，强强联合保证团队接待质量，实现共同盈利。

此外，由于旅游易受天气、疾病、自然灾害等不可抗力因素的影响，因此，计调需要随时做好旅游接待计划变更的准备，根据团队人数增减、交通问题、行程变动等情况，做出修改行程、取消原定行程重新采购等调整。计调在对原计划进行调整时，通常应遵循以下原则：①变更最小原则，就是将计划变更所涉及的范围控制在最小限度，尽可能对原计划不做大的调整，也尽量不引起其他因素的变更。②游客至上原则，旅游计划是旅游活动的依据，旅行社同旅游者一旦形成契约关系，一般不能随意更改，尤其是在行程进行中。对不可抗力引起的变更，应充分考虑旅游者的意愿，并求得他们的谅解。③同级变通原则，即变更后服务内容应与最初的安排在级别、档次上力求一致，尤其是住宿安排。

旅行社计调承上启下，连接内外，在旅行社中处于中枢位置，当计划变更和突发事件发生时，计调人员应迅速拟出应急方案，并会同旅行社相关部门及接待单位迅速构成协同通道，以应对所有可能的突变。

（二）旅游服务采购策略

计调业务是旅行社降低成本的重要渠道，相关工作包括采购、计划、团控、质量、核算等。其中，旅游服务采购又是计调业务的核心环节，而且，在不同的时间、地域环境下的旅游服务采购策略也不相同。

1. 集中采购

集中采购是指旅行社以最大的采购量去争取最大优惠价格的一种采购方法。集中采购的主要目的是扩大采购批量，减少采购批次，从而降低采购价格和采购成本。集中采购策略主要适用于旅游温、冷点地区和旅游淡季。为实现旅行社或者旅游集团采购业务集中管控的业务需求，集中采购包括以下几种典型应用模式：集中定价、分开采购；集中订货、分开收货付款；集中订货、分开收货、集中付款；集中采购后调拨。采用哪种模式，取决于旅行社与相关供应单位的合作基础及协议，也要根据旅游者的具体需求来考虑。

2. 分散采购

分散采购是集中采购的完善和补充，有利于采购环节与存货、供应等环节的协调配合，有利于增强计调人员的工作责任心。分散采购一般有两种：一种是所谓的近期分散采购，就是"一团一购"的采购方式；另一种是旅行社设法从许多同类型旅游服务供应部门或企业获得所需的旅游服务。

（三）协作网络的建立

在全球化和区域经济一体化的背景下，区域旅游合作是旅游业重要的发展趋势之一，也是未来影响世界各国旅游业的发展方向和竞争力的重点领域。区域旅游协作策略主要包括：制定开发战略，指导旅游同业协作发展。依托地区的旅游资源优势和交通区位优势，按照合作框架协议的要求，树立整体观和合作意识，加强各层次的合作，建立协作网络，形成优势互补。

在实际采购中要趋利避害，扬长避短，根据旅行社自身的条件、资源状况、市场需要，灵活地做出制度安排，并积极创新采购方式和内容，使本企业在市场竞争中处于有利地位。在决定旅游服务采购策略时，主要应该考虑以下因素：①采购需求的通用性。旅行社对购买旅游服务时所要求的通用性越高，从集中采购或协作网络中得到的好处就越多。②供应市场结构。有时旅行社会在它的一些供应市场上选择一个或几个大型供应商组织展开采购合作，采用一种协同采购方法面对多个合作对象时，可以使旅行社获得更有利的谈判地位。③潜在的节约。一些类型的旅游服务价格对于采购数量非常敏感，在这种情况下，购买更多的数量能节约成本。④价格波动。如果旅游服务的价格对政治和经济、气候的敏感程度很高，集中采购的方法就会受到偏爱。⑤客户需求。有时，旅游者会向旅行社指定旅游产品或旅游服务，因此，在为旅游者制定个性化的旅游线路和提供 VIP 服务时，旅游者的特殊要求也会影响旅行社对采购方式的选择。

（四）旅游服务采购技巧

1. 建立广泛的采购协作网络

旅行社要建立和维护广泛的协作网络，一要善于运用经济规律，与协作企业建立互利的协作关系;二要善于开展公关工作,促使企业领导之间及有关购销人员之间建立良好关系,保证业务的正常运行,既能够保证供应,又能够降低成本。

2. **正确处理预订与退订、集中采购与分散采购的关系**

旅行社产品的销售是一种预约性交易。因此,增订或退订对旅行社都有损失,旅行社应该设法通过友好协商尽量使对方降低提价的幅度或减少退订损失费用。同样,集中采购与分散采购是旅行社日常业务开展主要的两种采购方式,要处理好二者关系,以确保旅行社投入的购买力可以获得相对优惠的价格。通常情况下,集中采购可以以量占优,通过较大规模的采购获得优惠价格,帮助旅行社节约成本;而分散采购量少而精,可以通过针对性的采购,帮助旅行社降低采购风险。在供不应求的情况下,分散采购更容易获得旅游者所需的服务。

3. **加强采购合同管理**

旅行社为购买各种旅游服务项目而与旅游企业或相关部门订立的各种购买契约通称为旅游服务采购合同。旅游服务采购是旅行社以一定价格向其他旅游企业及与旅游相关的行业和部门购买服务的行为,是一种预约性的批发交易,常常通过多次成交完成。这种采购特点决定了签订经济合同的重要性——避免和正确处理可能发生的各种纠纷。

4. **提高采购人员的综合素质**

旅游服务采购的好坏,采购人员的综合素质起着非常重要的作用。旅行社采购人员必须做到业务熟练,对旅游线路各个环节、旅游目的地情况、接待单位的实力、票务运作等了解清楚,敏锐洞察旅游市场热点区域的变化、旅游目的地的变化、各协作单位的变化等,这样才能完成高质量的旅游服务采购。

三、旅行社计调部与其他部门和单位的协作关系

(一)处理好计调部与旅行社其他部门的协作关系

旅行社的主要业务部门设置情况及其职责如表 4-2 所示。

表 4-2　旅行社主要业务部门及其职责

部门名称	主要职责
接待部	1. 旅游咨询:包括电话咨询服务、信函咨询服务、人员咨询服务等方面 2. 团体旅游接待:团体旅游接待是指旅行社根据旅行社同旅游中间商达成的销售合同规定的内容,向其招徕的旅游团提供服务的过程。旅行社团体旅游接待是旅行社业务的重要组成部分 3. 散客旅游接待:散客旅游又称自助或自助旅游,它是由旅游者自行安排旅游行程,零星现付各项旅游费用的旅游形式

(续)

部门名称	主要职责
销售部	1. 市场调查与预测：客源市场的调查、旅游产品市场预测等 2. 产品销售：制定旅行社产品价格，选择旅行社产品的销售渠道策略，鼓励人们购买，建立游客对旅游品牌的忠诚，维护产品的市场竞争力 3. 促销策略：为了使旅游者青睐本企业的产品，使旅游中间商愿意推销、旅游者愿意购买本企业产品，采用各种方法和手段，利用各种途径和工具，把旅行社的产品介绍推荐给他们 4. 售后服务：在旅游者结束旅游之后，由旅行社向客人继续提供的一系列服务，以加强同客人的联系和主动解决客人遇到的问题
计调部	1. 产品开发：设计、开发旅游交通、旅游住宿、旅游餐饮、游览观光、娱乐项目、购物项目、导游服务、旅游保险、其他服务等产品 2. 采购服务：采购交通、住宿、餐饮、参观游览、娱乐、购物商店、保险、异地接待等服务。 3. 信息统计：信息员为业务决策而进行的信息提供、调查研究、统计分析、计划编制等参谋性工作 4. 票务中心：旅行社为旅游者提供票据预订、变更、退票，遗失客票的挂失、补发与退款，销售结算等业务 5. 业务发展：为实现计划目标而进行的统筹安排、协调联络、组织落实、业务签约、监督检查等业务性工作
外联部	1. 旅游专线供应商引进，旅游产品策划与组织 2. 与旅游景区的沟通协调 3. 组织市场调研，进行信息分析工作 4. 组织市场策略制定和相关计划的编制工作 5. 组织开展品牌管理工作

资料来源：根据丽江白鹿旅行社部门设置情况及相关资料整理。

通过上表可以看出，旅行社计调部作为旅行社的核心业务部门，与其他业务部门间有着千丝万缕的联系，承上启下，与各部门一起共同构成一个高效合理的旅行社运作体系。计调部的衔接，使各部门处在完整、互动的动态运转当中。同样，由于各部门的参与，计调部才能平稳有序运转。所以，计调部必须处理好与其他各部门的协作关系，只有各个部门团结协作才能够保证旅行社团队组织的最终胜利。

（二）处理好计调部与相关供应单位的协作关系

计调部门对外主要是进行旅游服务采购，既包括常规的旅游采购服务，又包括变更后的旅游服务采购。因此，旅行社计调部工作人员在进行旅游采购服务时应该按照旅游计划，代表旅行社与交通运输部门、酒店、餐厅和其他相关部门签订协议，预订各种服务，满足旅游者在食、宿、行、游、购、娱等方面的需求，并随着计划的变更，取消或重订。这就要求旅行社计调部工作人员在日常工作中与其他供应单位建立良好协作关系，互惠互利，始终以合作双赢为目标。

第三节　旅行社外联业务概述

旅行社外联部也是旅行社的主要业务部门之一，是旅行社对外联系的纽带，是旅行社对外形象的主要代表。

一、旅行社外联工作概述

旅行社外联就是旅行社与企业客户（包括旅游者、旅游中间商和其他旅行社）联络，外联部要根据旅行社的经营战略，确立自己的工作计划，并采取相应的行为执行计划。它是保障旅行社经营战略实现的前提条件。旅行社外联部对外主要有两大任务：一方面是与旅游业同行或旅游相关协作部门的联系业务，包括旅游同业批发、旅游线路产品或服务各环节协作，旅游产品或服务合作销售等；另一方面是对行业外的宣传和策划等相关工作，包括与旅游行政管理部门、大众媒体、旅游中间商、潜在旅游消费者等联系，进而树立企业良好形象，促进旅游产品的销售。相较于内部各个部门之间的沟通与协作来说，旅行社外联部的对外任务更为重要和艰巨，这也是旅行社外联部工作的重中之重。因此，旅行社应根据实际情况和业务发展来设置外联部机构，使其更具有实用性和专业性。

二、旅行社外联工作的基本要求

随着旅游产业的发展及旅行社行业的迅速更新换代，旅行社外联工作业务范围逐渐扩大，甚至其运转效率的高低，将直接影响旅行社产品的促销和销售。其业务在了解市场需求、产品促销、销售等方面也表现出了以下特点：

1. 综合性

在外联人员业务洽谈、签订合同等业务过程中，都会涉及旅行社的产品设计、旅游计划制定、产品销售细节落实等诸多方面的内容，所以，无论是业务洽谈的内容还是业务洽谈的对象，以及促销方式等方面，都表现出了明显的综合性特点。

2. 复杂性

国内外旅游市场竞争的日益激烈，旅游业务更加变化莫测，谈判对象要求复杂多变，旅游产品价格的波动及旅游者行为的不确定性加大，都使得旅行社外联业务受到更多的干扰和影响，非常复杂。

3. 超前性

旅行社外联部需要随时做好旅游市场调查工作，研究旅游市场的发展动态。所以，可以说它是旅行社的先行者，在了解市场需求、搜集信息、设计旅游产品等方面，必须提前做好准备，具有超前意识。

4. 时效性

由于旅游市场瞬息万变，最佳销售时间稍纵即逝，所以要求旅行社外联部门必须及时掌握最新信息，无论针对旅游中间商还是旅游者的咨询、报价等，都要迅速给予答复，保证时效。

5. **经济性**

旅行社外联部在开展旅游市场开拓，旅游产品开发、促销、销售，对外宣传联络、业务洽谈等工作时，一定要与旅行社的经济利益挂钩，其核心任务是提高旅行社的经济效益，这一点也是始终要考虑的首要和关键问题。

第四节 旅行社外联业务流程与管理

旅行社外联部业务主要是围绕业务洽谈、客户关系管理等方面开展的，在进行必要的市场调研基础上，与旅游中间商、旅游者洽谈业务、签订合同，是旅行社外联业务最核心的工作。

一、旅游业务洽谈

（一）旅游业务洽谈的含义

旅游业务洽谈是旅行社外联部的常见工作之一，是指与旅游中间商、旅游者进行业务联系、洽谈合作关系、讨价还价等谈判活动。

外联工作人员每天都有可能与各种各样的人进行业务洽谈，既包括旅游中间商，也包括各种类型的旅游者，还有可能是旅游团队的代表，所以，很多时候谈判艺术、技巧和水平都会影响到旅游业务洽谈的成败，其效果将直接决定旅游业务的得失。

（二）旅游业务洽谈的主要形式

1. **函件洽谈**

小小函件，关系重大，一定要有问必答、及时回复、礼貌热情、书写端正、格式规范、简洁明了、态度明确，这样才能有可信度，从而加强沟通联系、促进友谊，使业务洽谈顺利开展。

2. **电话洽谈**

电话是比较常见的洽谈方式。旅行社外联工作人员需事先做好书面准备，即通话前列出提纲，然后通话。此外，无论通话还是接听，都应随手记录关键信息，以免遗忘。

3. **面对面洽谈**

面对面洽谈前需要旅行社外联部工作人员对洽谈对象和竞争对手全面了解，并针对洽谈内容和合作细节等事先做出判断，同时，提前进行旅游业务的相关准备。比如，要提供满足对方需求的线路编排和报价底线，甚至是和竞争对手的性价比关系。

除此之外，当然还可以借助发达的互联网社交平台进行洽谈，如使用 QQ 聊天、腾讯会议、微信语音和视频等工具来洽谈。通过发送电子邮件使对方获得重要产品信息或者合作合同等，也是顺应时代发展的选择。

（三）旅游业务谈判程序

正式谈判多为面对面洽谈，其具体程序如下：

1. 谈判准备阶段

第一,收集有关资料,包括收集与旅游业务洽谈有关的资料,竞争对手的相关资料,与谈判对手有关的资料等,特别是要注意收集谈判对手的相关资料,如身份、谈判风格、性格特征等内容。

第二,选择谈判对象,在明确旅行社主要需求的基础之上,将旅游者或者其他相关业务谈判目标(同业操作联系人、旅行社各协作单位负责人等)固定下来。

第三,组织谈判队伍,综合考虑谈判的复杂程度、可供选择的谈判人员人力资源状况,在条件许可的情况下,优选对方核心代表人物进行洽谈,对谈判团成员进行最优化配置。

第四,制定谈判计划,包括基本要求、主要内容、谈判程序安排、谈判进度控制等与正式谈判相关的方案与策略。

第五,其他方面准备。旅游业务洽谈的其他方面准备主要包括:谈判时间地点选择、谈判现场准备、布置谈判座位等。

第六,进行模拟谈判。在进行模拟谈判时,既可以即兴讨论、集思广益,又可以分组辩论,即排演会议,通过相互交锋,使谈判人员设身处地考虑问题和处理问题,找出一些原先被忽视的问题,并根据对方特点改进谈判方案。

2. 正式谈判阶段

第一,询问。主是为了问清对方情况,从而向对方提出关于交易条件,目的是借以了解行情,占据主动地位,摸清对方情况,以便有针对性地调整策略和目标。

第二,提出条件。谈判双方提出各项交易条件,以便在谈判过程中达成共识。

第三,商讨。洽谈双方在对条件内容不完全同意的情况下提出修改或变更。

第四,接受。洽谈双方在互相理解、进行商谈之后同意对方提出的交易条件,并愿意按这些条件与对方达成交易、订立合同。

3. 成交签约阶段

第一,起草书面协议:根据正式谈判的成果起草书面协议。

第二,书面合同签字:检验合同条款与谈判结果没有出入时才可以签字。

第三,谈判后续工作:分析此次谈判是否成功,总结谈判的经验教训等。

在谈判的三大阶段中,主要可以应用到的方式或者策略包括预防性策略、处理性策略和综合性策略三大类,详见表4-3。

表4-3 三大谈判阶段的策略类型

类型	谈判策略	策略内容	适用范围
预防性策略	不开先例策略	别无他选,绝不例外	特殊情况除外
	投石问路策略	旁敲侧击,探测对方意图	不能直接询问问题本质
	声东击西策略	巧妙地通过转移对方注意力,让对方顾此失彼	当谈判进行不下去时可以使用

（续）

类型	谈判策略	策略内容	适用范围
预防性策略	虚张声势策略	夸大其词使对方感到担忧	在对方不了解己方的情况或我方情况朝向有利方向变化时采用
	安全答话策略	通过引导谈话方向，避实就虚，以安慰、刺激、试探等方式不对问题做出正面回答	避免与谈判对手激烈交锋
	多问多听策略	多问、多听、少说，可以显示我方的诚恳，让对方得到满足感	谈判初期，便于迅速了解对方情况
处理性策略	巧破僵局策略	可以通过开玩笑或者问一些其他方面的问题打破僵局，缓解紧张气氛，保全对方面子使得谈判继续下去	谈判过程很艰难，对方态度强势，并不肯让步时
	以退为进策略	通过己方的让步，迫使对方做出更大的让步，从而探清对方的底线	吃小亏占大便宜
	攻其弱点策略	利用对方弱点采取有针对性的措施	恭维对方、威胁对方、祈求对方等
	化整为零策略	将整体不能谈下的条件分成几块，使得双方都能够接受	比如，1000 的旅游产品或服务换成 800 旅游旅游产品加上 200 自费项目
	限制权力策略	限制自己的权利，合理告诉对方己方的权限范围	谈判的关键时期用此策略以退为进
	最后通牒策略	通过亮出自己的最后条件，与对方进行摊牌	关键时刻才用
综合性策略	将错就错策略	将错就错来达到谈判目的	比如，玩文字游戏等
	边打边谈策略	通过谈判场所之外制造的一些事端来改变谈判筹码	己方旅游产品和服务过硬，改变周围气场，提升自身优势
	速战速决策略	差不多达成一致时，对小细节不再深究，力求尽快签约	谈判接近尾声时
	耐心说服策略	通过耐心说服解除双方矛盾，尽量避免发生不必要的争议	遇到小细节双方僵持不下时
	软硬兼施策略	注意把握分寸，不能过于被动，这样会导致此消彼长，当然，态度也不宜过于强硬	谈判进行中期

资料来源：根据长春海外旅游有限责任公司外联工作实际资料整理。

二、旅行社客户关系管理

客户关系管理（Customer Relationship Management，CRM）是一个不断加强与顾客交流，不断了解顾客需求，并不断对产品及服务进行改进和提高以满足顾客的需求的连续过程。其内涵就是旅行社利用信息技术和互联网技术实现对客户的整合营销，是以客户为核心的企业营销的技术实现和管理实现。客户关系管理注重的是与客户的交流，企业的经营以客户为中心而不是传统的以产品或以市场为中心。为了方便与客户沟通，客户关系管理系统可以为客户提供多种交流的渠道。目前，国内外各旅行社已经对关系营销越来越重视，"客户就是上帝"已经是业内共识，但一些旅行社外联部的工作人员还是经常忽略关系营销中的关键要素。无论是通过代理商或分销商与客户联系还是直接与客户沟通，为了保持客户关系和提升客户忠诚度，都需要旅行社做好客户关系管理。

（一）客户计划的基本内容

1. 散客

（1）散客的收集。散客是旅行社非常宝贵的客户资源，在日常操作中如果注意收集，将对旅行社的营销工作有很大帮助。一般来讲，旅行社外联工作人员可以对以下类型的散客进行收集：已报名游客资料，在游客报名时已经记录在数据库中，不需要专门收集；待出发游客资料，在旅行社待出发游客的资料可以通过查询对应旅游类型或线路的团队计划筛选出来；会员资料，由网络会员注册或由已报名游客资料转为会员，散客会员可以进行会员卡及积分消费管理，从而解决旅行社会员客户的管理问题。

（2）散客的统计及营销。旅行社外联部门可以根据不同类型的散客进行统计并提供相应报表，运用信息技术或者互联网平台保持与散客的联系，可以借助发送生日祝贺、节日祝贺、积分情况、出团通知、回团问候等信息来定期与散客保持沟通。

2. 同行及大客户管理

管理学界所熟知的二八法则——80%的公司利润来自20%的重要客户，其余20%的利润则来自80%的普通客户，对于旅行社而言，也不例外。大客户管理，主要是改善沟通渠道，增强交流力度，使旅行社和大客户零距离，极大提高大客户的满意度与忠诚度。实施零距离服务的具体举措有：

（1）加大主动服务频率。可以根据服务发起的时机，将服务分为被动服务和主动服务。所谓被动服务，是在客户有要求的情况下，旅行社给予服务，如客户要求旅行社发送旅游线路信息到指定电子邮箱；所谓主动服务，是指旅行社出于对客户的关怀而单方增加的服务，如向客户推荐新的旅游线路，提供最新机票打折信息以及小众主题旅游。如果旅行社在提供主动服务时，在服务的频次上对不同的客户区别对待，会取得事半功倍的效果。

（2）建立客户反馈机制。建立一个有效的客户信息反馈渠道，使得客户的种种意见和评价能够通畅地在该渠道上流动，最后流动到旅行社的各个部门去——这是服务体系建设中非常重要的环节。对于大客户，可由旅行社的客户经理定期进行登门拜访，面对面收集客户意见，填写大客户沟通记录表。这种面对面沟通能够有效地纠正信息失真，及时把握大客户的需求动态，快速处理有损客户利益的事件或者预防该类事件发生。

（3）旅游产品服务取胜。一个旅行社的口碑，主要取决于其所提供的服务能力和服务质量，在对待客户时要有主动服务的意识，与客户经常的沟通和增进了解是创造服务机会和服务价值的最有效途径。同时，还要向社会负责，要有一套自律的规范化服务制度和保障体系，随时保证向客户提供及时有效的旅游服务。

3. 投诉及质量监督管理

旅游服务质量的提高要依靠完善的服务监督机制，可以运用投诉管理来收集游客投诉并处理，以提高旅游服务质量。同时，对于恶意投诉，可以采取应对措施进行处理，程度严重、造成不良后果的可考虑将其列入"黑名单"。旅游者参团后，可以随机抽查其对各项服务的意见，并形成调查问卷及评分表，根据评分汇总表可以综合评价旅游服务人员的工作业绩及旅游服务质量，评价结果可作为绩效考核的重要组成部分。

（二）客户计划实际操作

一般情况下，旅行社外联工作人员在进行客户计划实际操作的过程中，可以按照以下三个阶段进行：

1. 做好市场调研，掌握客户信息

（1）根据旅游市场细分目标，细化并制定所辖区域内的同业合作者调研内容，确定客户拜访计划，做好调研表及拜访日志。

（2）负责对所辖区域的同业合作者及各类客户进行拜访、洽谈，确定目标合作者及客户。

（3）邀请重要同业合作者及目标客户参观考察，确定合作方式，建立良好合作关系。

（4）在实际操作中，熟悉旅游市场动态、同业合作模式、客户旅游需求及其变化等。

2. 挖掘客户资源，完善沟通渠道

（1）掌握旅游市场动态及同业合作者、客户的基本情况，并及时向上级递交书面报告。

（2）认真做好每日访客日志，了解近期线路推荐情况、游客招徕情况、广告上线情况等，从中了解客户对公司的各项意见和要求，及时将有关情况向旅行社领导汇报。

（3）负责了解所辖区域的旅游市场信息，积极寻找和发现潜在客户并及时整理、汇报，以便公司对该区域的市场掌控、调整。

（4）负责重要团队、大型团队的衔接、接待工作。

（5）及时对客户进行回访，了解公司接待质量，并将问题反馈至公司。

（6）积极参加部门及公司组织的培训，不断提升业务技能。

（7）建立同业合作企业档案及客户档案，负责所辖片区旅游广告投放的跟踪工作。

（8）负责旅行社政策调整、重大活动举办的信息传达工作。

（9）负责催收所辖区域合作客户的欠款。

（10）每周日下班前将上周工作小结及下周工作计划提交旅行社市场主管审批。

3. 实施客户管理，密切合作关系

（1）锁定目标同业合作旅行社和大客户，实行重点管理方案。

（2）旅行社外联部应定期进行深化培训，使每个员工都能够了解、熟悉、掌握旅行社经营知识、销售途径、销售方法、市场调研方法，并不断提高开拓和执行能力。比如，熟悉旅行社产品、旅游线路操作流程等，打造更加卓越的旅行社外联团队，使之成为客户身边的专业旅游顾问，时刻密切与客户的联系。

（三）客户计划实施注意问题

（1）旅行社外联工作人员应仔细研究客户反馈和以往的旅游市场调查报告，并与公司内负责客户售后服务的部门联系，了解客户对旅游服务或者旅游产品的真实感受，注意每一个意见，特别是批评意见。

（2）对旅游产品促销及客户的真实反映及时做出反馈。这不仅仅是指对客户的合理要求的快速反应，还包括各种投诉问题的处理方案，快速行动比语言更具有说服力，通常需在一周内做出反馈。

（3）要结合客户的实际情况和具体需求，与客户建立真诚的合作关系，还要在沟通交流中不断学习提高。

（4）选择专业人员与客户进行交流，借助沟通技巧影响目标客户，并确定涉及的内容一定是新颖且独特的。

（5）设立范围较广、多样化的客户关系发展计划，仔细建立包括产品和产品使用的多样化长期沟通平台，并不断拓展相关知识。

（6）给予客户在其他地方不能获得的特殊待遇，或者提供特别的旅游产品信息和服务，让他们感到充分满足。

【案例4-1】

航班改签申请

尊敬的××航空公司领导：

您好！现在我们××旅行社有××位客人在×国进行观光游览。上述客人的机票是我们旅行社委托在贵航空公司购买的团队机票，鉴于目前×国发生骚乱，情势危急，客人在当地的人身财产安全受到严重威胁，我们旅行社请求贵航空公司更改航班，提前返回以保证客人的安全。谢谢合作！

原航班信息如下：

客人名单及证件号码如下：

更改后航班（请贵航空公司回传确认）：

××旅行社
年 月 日

附：文化和旅游部官方网站消息：

提醒中国公民谨慎前往×国×地区

（内容略）

【扩展阅读】

2018年旅游市场基本情况

2018年文旅融合开局顺利，按照"宜融则融、能融尽融；以文促旅、以旅彰文"的工作思路，以文化拓展旅游经济发展空间，以供给侧结构性改革促进品质旅游发展，不断增强民众对旅游的获得感。国内旅游市场持续高速增长，入境旅游市场稳步进入缓慢回升通道，出境旅游市场平稳发展。全年，国内旅游人数55.39亿人次，比上年同期增长10.8%；入出境旅游总人数2.91亿人次，同比增长7.8%；全年实现旅游总收入5.97万亿元，同比增长10.5%。初步测算，全年全国旅游业对GDP的综合贡献为9.94万亿元，占GDP总量的11.04%。旅游直接就业2826万人，旅游直接和间接就业7991万人，占全国就业总人口的10.29%。

一、国内旅游人数增长10.8%

根据国内旅游抽样调查结果，国内旅游人数55.39亿人次，比上年同期增长10.8%。其中，城镇居民41.19亿人次，增长12.0%；农村居民14.20亿人次，增长7.3%。国内旅游收入5.13万亿元，比上年同期增长12.3%。其中，城镇居民花费4.26万亿元，增长13.1%；农村居民花费0.87万亿元，增长8.8%。

二、外国人入境旅游人数和入境过夜旅游人数分别增长4.7%和5.2%

入境旅游人数14120万人次，比上年同期增长1.2%。其中：外国人3054万人次，增长4.7%；香港同胞7937万人次，下降0.5%；澳门同胞2515万人次，增长2.0%；台湾同胞614万人次，增长4.5%。

入境过夜旅游人数6290万人次，比上年同期增长3.6%。其中，外国人2364万人次，增长5.2%；香港同胞2820万人次，增长1.6%；澳门同胞553万人次，增长5.9%；台湾同胞553万人次，增长4.5%。

三、入境外国游客亚洲占比76.3%，以观光休闲为目的游客占33.5%

入境外国游客人数4795万人次（含相邻国家边民旅华人次），亚洲占76.3%，美洲占7.9%，欧洲占12.5%，大洋洲占1.9%，非洲占1.4%。其中，按年龄分，14岁以下人数占3.4%，15~24岁占13.7%，25~44岁占49.9%，45~64岁占28.4%，65

岁以上占 4.6%；按性别分，男占 59.6%，女占 40.4%；按目的分，会议商务占 12.8%，观光休闲占 33.5%，探亲访友占 2.8%，服务员工占 15.5%，其他占 35.4%。

按入境旅游人数排序，我国主要客源市场前 17 位国家如下：缅甸、越南、韩国、日本、美国、俄罗斯、蒙古、马来西亚、菲律宾、新加坡、印度、加拿大、泰国、澳大利亚、印度尼西亚、德国、英国（其中缅甸、越南、俄罗斯、蒙古、印度含边民旅华人数）。

四、中国公民出境旅游人数达 14972 万人次

中国公民出境旅游人数 14972 万人次，比上年同期增长 14.7%。

(资料来源：https://www.sohu.com/a/294506082_355644)

复习思考题

1. 旅行社计调工作的特点是什么？
2. 旅行社计调人员的基本素质有哪些？
3. 旅游服务采购策略有哪些？
4. 简述旅行社计调业务流程。
5. 简述旅行社客户管理程序。
6. 旅行社业务谈判程序和技巧都有哪些？

课后实训题

以每组 5~6 人为单位进行分组练习，结合旅游线路开发设计、旅游服务采购的相关内容设计旅游线路，并进行报价。

具体要求如下：

选择云南省内旅游景点，以昆明某地接社的计调人员接待一行 16 人（无单男单女、老人、儿童情况，客人年龄在 25~35 岁之间，来自上海）为例，设计一条昆明起止为期一周的旅游线路，并说明各个旅游活动环节的具体情况，给出具体的旅游线路及其参考行程和报价。

第五章 旅行社接待业务管理

【学习目标】

全面掌握旅行社团队接待、散客接待、大型和特种旅游团接待、门市接待等业务的服务流程及各部分业务细节,了解接待过程中安全事故的预防和处理方法,并能够结合实际,为旅游者提供规范的接待服务。

【主要学习内容】

- 旅行社接待业务概述
- 团体旅游接待业务
- 散客旅游接待业务
- 旅行社门市接待业务

◆【导入案例】

想来一趟与众不同的环球旅行或者极地探索,怎样制订行程才能完美契合旅游者的需求呢?私人订制旅游弥补了这一市场空白,专业的旅行规划师会根据客户的个性化需求制订出最合适的出行策略。私人订制旅游最早出现于欧美,如今已是一种风靡世界的旅游方式,并因其"自由、高效、个性化"的特点颇受高净值人群的欢迎。瑞银《2017全球亿万富豪报告》显示,亚洲亿万富豪的数量首次超过美国,而全球新增的亿万富豪中,3/4来自中国和印度。在中国内地,包括101位新晋者在内,共有318位亿万富豪,他们平均拥有25亿美元的超级财富。亚洲财富规模日益增长,中国高净值人群也不断扩张,他们能否成为私人订制旅游的潜在用户?答案无疑是肯定的。一直以来,旅游都是最受高净值人群欢迎的娱乐方式,根据胡润研究院《2017中国奢华旅游白皮书》,58%的高净值人士表示曾经使用过私人订制旅游服务。

胡润研究院《2018中国千万富豪品牌倾向报告》显示,在年轻的高净值群体中,旅行的受欢迎程度更高,他们每年的旅游花费占日常消费的27%,是占比最大的支出。这些数据都表明中国高净值人士对高品质私人订制旅游的渴望,这同时也是市场需求给创投者带来的机会。高品质的旅行需求刺激了私人订制旅游服务的兴起，其价值还将进一步被挖掘。私人订制旅行无疑是未来旅游业的发展趋势，那么旅行社接待部门应如何把握这一机会为旅游者量身打造梦想中的旅行呢？

（资料来源：瑞银财富管理，《私人订制旅游还有多少被挖掘的机会》）

第一节 旅行社接待业务概述

一、旅行社接待业务的内涵

旅行社接待业务是对旅行社为已经购买了旅行社产品的旅游者提供与旅游有关的一系列实地旅游服务的综合性工作的总称。

二、旅行社接待业务的特点

1. 综合性和时效性

一般而言，接待一个旅游团队或者旅游者，通常需要在几天或者更长的时间内，由多个城市的多家旅行社，按预定程序提供相应的服务才能完成。由于旅游产品具有很强的综合性，包含了住宿、餐饮、交通、娱乐、游览、购物等服务项目，接待的过程就是上述服务实现的过程。所以，接待工作是一项综合性和时效性都很强的工作。

2. 规范化和个性化

由于旅游产品是先购买后消费，为了保证产品质量，使旅游消费者满意，旅行社的服务过程要规范化、标准化，只有这样才能保证接待工作顺利进行。同时，为了满足不同游客的消费需求，又要提供个性化的服务。

【案例 5-1】

体验为王的新旅行时代

随着人们个性化旅行需求的增多，旅行服务平台也紧跟发展趋势，推出一系列更加优质的旅行服务。"皇包车旅行"作为其中的代表之一，显然也具有自己的特性与远见。其CEO潘飞作为一名长期在旅行界打拼的专业人士，对市场的感受颇多。他表示，之前人们可能希望更多地走出去，但是现在，他们不仅希望走出去，还希望在走出去的同时也能够走得舒适，能得到更多个性化的体验。从标准化出行到个性化旅行，这是整个市场发展的必然结果。作为专注于境外游的平台，"皇包车旅行"进一步洞察了市场的需求和消费者心理，发觉国人对境外游的质感需求、个性化需求越发强烈，最早时大家倾向于选择"跟团游"，后来慢慢转为"自由行"，但是自由行需要做攻略，且到境外以后还会面临语言不通、交通不便、不熟悉当地人文风俗、不了解当地特色等问题。在很多人看来，跟团游不自由，同时也不够个性；自由行又十分费心费力。基于此，"皇包车旅行"做了一种全新的旅游方式——包车游，华人开车带着玩，他就像在异乡的一位故人老友，能够满足旅游者的个性化需求，让旅行回归轻松、省心、放松的本质，为旅游者提供更加全面的服务体验。除去产品经过了时间的历练、更符合出境游消费者的需求之外，"皇包车旅行"这样的平台也更加注重旅行体验，让消费者更好地了解当地风俗与生活，并置身其中，感受不同的文化差异，真正做到深度游与体验游。

在这个注重用户体验的时代，消费者越来越"苛刻"，服务和产品似乎越来越难做，但或许就是这样的环境压力的推动，才让一切变得更加美好。"皇包车旅行"以"中文司导+包车游+深度+个性化体验"的模式为用户带来更好体验的同时，也为旅游行业带来了更多新的思考和启发。期待未来的旅行能够带给消费者更多的惊喜。

（资料来源：根据《数字营销》微刊相关资料整理）

3. 文化性和趣味性

现代旅游不仅是一项度假、休闲的活动，而且包含了了解异国他乡的文化和增长阅历的动机。要通过健康的导游内容与趣味性的导游方式相结合来达成目的。因此，需要强调文化性的重要意义和趣味性导游方式的现实意义。接待工作的文化性要求旅行社的接待人员具有较高的文化修养。

4. 热情友好与坚持原则

在旅行社接待服务中，应该正确地处理热情友好与坚持原则的关系。在进行旅游咨询的过程中，旅行社接待业务人员应该热情友好，面带微笑，主动进行自我介绍，仔细认真地倾听旅游者的询问，并耐心回答，在遵守国家相关法律法规及维护旅行社利益的基础上满足旅游者合理的旅游消费服务需求。

第二节 团体旅游接待业务

一、团体旅游接待特点

团体旅游也称为"集体综合旅游"，是旅行社或旅游中介机构将购买同一旅游路线或旅游项目的 10 名以上（含 10 名）游客组成旅游团队进行集体活动的旅游形式。团体旅游一般以包价形式出现，具有方便、舒适、相对安全、价格低廉等特点，但游客的自由度较小。团体旅游接待业务是旅行社接待业务很重要的一个方面，也是一项综合性、系统性很强的工作。

（一）入境团体旅游的特点

1. 停留时间长

入境旅游团队最突出的特点是在旅游目的地停留的时间比较长。以中国的旅游市场为例，除了少数港澳同胞来内地旅游的团队外，多数入境旅游团队通常要在几个甚至十几个城市或旅游景点所在地停留。因此，入境旅游团队的停留时间少则一周，多则十几天，少数入境旅游团队曾经创下在中国旅游时间长达 40 多天的纪录。由于在旅游目的地停留的时间长，所以入境旅游团队在旅游期间的消费一般较高，能够给旅游目的地带来比较多的经济收益。因此，旅行社在接待入境旅游团队时，应针对这个特点，为入境旅游团队安排和落实好其在各地的生活服务和接待服务，使旅游者慕名而来，满意而归。

2. 外籍人员多

入境旅游团队多以外国旅游者为主体，其使用语言、宗教信仰、生活习惯、文化传统、价值观念、审美情趣等均与旅游目的地国家有较大差异。即使在由海外侨民或有本国血统的外籍人所组成的旅游团队中，多数旅游者由于长期居住在旅游客源国，其生活习惯、使用语言、价值观念等方面也发生了重大变化。例如，许多来中国旅游的海外华人已经基本上不会讲中文，或根本听不懂普通话了。因此，旅行社在接待入境旅游团队时，必须充分尊重他们，为其配备熟悉其风俗习惯、文化传统并能够熟练地使用外语进行交流的导游人员担任入境旅游团队的全程陪同或地方陪同。

3. 预订期长

入境团体旅游的预订期一般比较长，从旅游中间商开始向旅游目的地的接待旅行社提出接团要求起，到旅游团队实际抵达旅游目的地时止，旅行社同旅游中间商之间需要进行多次的沟通联系，不断地对旅游团队的活动日程、人员构成、旅游者的特殊要求等事项进行反复磋商和调整。另外，旅游中间商还要为旅游团队办理前往旅游目的地的交通票预订、申请和领取护照和签证等手续，组织散在各地的旅游者在规定的时间到指定地点集合，组成旅游团队并搭乘预订的交通工具前往旅游目的地。

4. 落实环节多

在各种团体旅游接待工作中，入境旅游团体接待要求接团旅行社负责落实的环节最多。入境旅游团在境内停留的时间和地点比较多，其旅游活动往往涉及旅游目的地的各种有关的旅游服务供应部门和企业。为了安排好入境旅游团的生活和参观游览，接待旅行社必须认真研究旅游接待计划，制定出缜密的活动日程，并逐项落实整个旅行过程中的每一个环节，避免在接待中出现重大人为事故。

5. 活动日程变化多

入境团体旅游的活动日程变化较多，如出发时间的变化、旅游团人数的变化、乘坐交通工具的变化等。因此，接团旅行社在接待过程中应密切注意旅游团活动日程可能出现的变化，及时采取调整措施，保证旅游活动的顺利进行。

（二）出境团体旅游的特点

1. 活动日程稳定

出境旅游团的活动日程一般比较稳定，除非发生极其特殊的情况，否则活动日程很少发生变化。无论是组织出境旅游团的旅行社还是负责在旅游目的地接待的旅行社，都必须严格按照事先同旅游者达成的旅游协议，安排旅游团的各项活动。组织出境旅游的旅行社应委派具有丰富接待经验的导游员担任出境旅游团的领队，负责在整个旅行途中关照旅游者的生活。

2. 消费水平高

出境旅游团的消费水平比较高，他们一般要求在旅游期间乘坐飞机或豪华客车，下榻在档次比较高的饭店，在就餐环境比较好的餐厅用餐。此外，出境旅游团在境外采购量和采购商品的价值均较大。因此，旅行社的领队在陪同出境旅游团境外旅游期间，应在当地接待旅行社导游人员的配合下，组织好旅游者的购物活动，满足他们的需要。

3. 文化差异较大

出境旅游团队的成员中，有许多旅游者从未到过旅游目的地国家或地区，缺乏对旅游目的地历史、文化、风俗习惯等的了解，与当地居民之间存在着语言和文化上的较大差异。目前，我国参加出境旅游的旅游者，外语水平普遍较低，到达境外后，同当地人交流成为一个严重的问题。有些旅游者由于既不会讲当地语言也不懂英语，结果闹出不少的误会和笑话，甚至发生上当受骗的事情。因此，旅行社应选派熟悉旅游目的地国家或地区的风俗习惯、历史沿革，精通旅游目的地语言或英语的导游员担任出境旅游团的领队，在境外充当翻译，以帮助旅游者克服文化和语言方面的障碍。

（三）国内团体旅游的特点

1. 准备时间短

国内旅游团的预订期一般比较短，而且由于不需要办理护照、签证等手续，所以成团时间较短，从旅游者提出旅游咨询到旅游团成团出发，通常仅需要一周的时间。这使得旅游客源地的组团旅行社来不及用书面形式及时通知旅游目的地接待旅行社，只好事先电话通知，之后再补发书面旅游计划。旅行社在接待国内旅游团时常会感觉准备时间不够充裕。

2. 日程变化小

国内旅游者一般对于前往的旅游目的地有一定程度的了解，并能够在报名参加旅游团时对旅游活动日程做出比较理智的选择，因此他们很少在旅游过程中提出改变活动日程的要求。另外，国内旅游者往往把旅行社是否严格按照事先达成的旅游协议选择交通和安排活动日程看成旅行社是否遵守协议、保证服务质量的重要标志，所以，他们对于旅行社更改活动日程的反感程度较入境旅游团和出境旅游团更加强烈。旅行社在接待国内旅游团时，必须注意到国内团体旅游接待业务的这一特点，尽量避免修改活动日程。

3. 消费水平差别大

参加国内旅游团的旅游者生活水平参差不齐，不同生活水平的旅游者在旅游消费水平方面的差异很大。例如，有些消费水平高的旅游者可能要求在档次较高的星级饭店下榻和就餐，乘坐豪华客车，增加购物时间；而另一些消费水平较低的旅游者则可能对住宿、餐饮、交通工具等要求不高，希望增加参观游览时间，减少购物时间。旅行社在接待不同的国内旅游团时，应根据他们的消费水平和消费特点，在征得旅游团全体成员或绝大多数成员同意的前提下，对活动日程做适当的修改，以满足不同旅游者的需要。

4. 讲解难度小

参加国内旅游团的旅游者在游览各地旅游景点时，一般对这些景点事先有所了解。另外，多数国内旅游者具有一定的文化水平，能够听懂导游的普通话讲解，对于导游在讲解过程中所使用的历史典故、成语、谚语、歇后语等比较熟悉，容易产生共鸣。因此，导游在讲解中可以充分运用各种方法，生动地向旅游者介绍景点的情况。

二、团体旅游接待过程

（一）海外领队的接待服务程序

1. 准备阶段

（1）熟悉情况。一般来说，领队需要了解以下几方面的情况：

① 旅游团成员的阶层、职业、年龄、性别、身体状况；
② 旅游团内的夫妇人数、随行儿童的年龄和人数；
③ 旅游团内的重点人物、需要特殊照顾的对象；
④ 旅游团在生活、参观等方面的特殊要求；
⑤ 旅游团成员的血型及如果在旅途遇到意外需要通知的家属姓名和住址；
⑥ 旅游线路及其所经停的城市、地区的情况；
⑦ 旅游过程中需要游览和参观的主要旅游景点、单位及其主要特点；
⑧ 旅游目的地组团旅行社的情况；
⑨ 旅游线路经停的各城市或地区负责接待旅游团的旅行社情况；
⑩ 旅游目的地政府的有关规定。

（2）物质准备。需要准备旅游计划、有关票证、资料、日常用品、导游用具和物品。

（3）介绍情况。旅游团起程前往旅游目的地之前，领队应向旅游团介绍有关旅游目的地的情况及注意事项。可向旅游团成员分发一些有关旅游目的地的资料，并提醒旅游者注意遵守海关、动植物检疫等部门的有关规定等。

2. 实际接待阶段

（1）第一天的工作。

① 在旅游团预定启程的当天，领队须根据旅游计划提前到达预定的交通集散地，并向有关部门询问交通工具离开的时间有无变化；
② 向旅游者做自我介绍；
③ 帮助他们办理登机、乘车或乘船手续和行李托运手续；
④ 与旅游团一起核实旅游计划上的各项内容，并宣布旅游团全体成员在旅游期间所应共同遵守的一些规定；
⑤ 领队在此期间应向旅游者表示愿意为他们服务，并将尽力维护他们的正当权益，随时为他们解决各种旅途中的困难。

（2）日常工作。除了第一天和最后一天的工作外，领队在旅途中其他时间的工作基本相同。这些工作包括：

① 每天向旅游团通报当天的活动日程；

② 在旅游团抵达旅游景点下车游览时，提醒他们返回的准确时间和地点；

③ 在旅游者返回后及时清点人数，并通报后面的活动内容；

④ 在前往下一个旅游景点的途中，如果时间较长，可以组织一些娱乐活动，以活跃气氛；

⑤ 同全陪导游员或地陪导游员核实下一项或第二天的活动日程；

⑥ 向旅游团通报第二天的活动日程，特别是次日早上要进行的第一项活动内容及出发时间和乘车地点；

⑦ 当旅游者全部下车后，同其他导游员一起对车内进行细致的检查，妥善处理旅游者遗忘在车上的物品。

（3）最后一天的工作。

① 调动旅游者情绪；

② 帮助旅游者整理行装，提醒旅游者不要将物品或行李遗忘在所乘坐的交通工具上；

③ 主动征求旅游者对旅游活动的意见和建议；

④ 与旅游者互留联系地址或电话，以使继续保持联系；

⑤ 代表旅行社举行告别宴会，致欢送辞，感谢旅游者在一路上所给予的支持与合作。

（4）总结阶段。

① 处理旅游团接待过程中的各种遗留问题，如旅游者的委托事项、可能的投诉等；

② 向旅行社结清账目，归还启程前从旅行社借的物品；

③ 填写领队日志，总结旅游团的接待经过，如旅游者的表现及反映；

④ 旅游目的地组团旅行社和各地接待旅行社执行旅游计划的情况；

⑤ 全陪导游员和地陪导游员的服务态度、知识水平、语言表达能力、处理问题的能力及与海外领队合作的情况等。

（二）全程陪同导游员的接待服务程序

1. 准备阶段

（1）熟悉情况。

① 研究旅游团的接待计划；

② 熟悉旅游团的情况和旅游路线的情况；

③ 了解各地承担接待任务的旅行社情况；

④ 确定接待计划的重点和服务方向。

（2）物质准备。全程导游员所需准备的物品基本上与领队相同。

（3）联系地陪。

① 在旅游团抵达前一天，全陪导游员应主动设法与负责接待的地陪导游员进行

联系;

② 了解第一站接待工作的详细安排情况,并确定集合的地点和时间,以便地陪导游员在第二天准时前往旅游团抵达的地点迎接;

③ 如果由全陪导游员兼任地陪导游员,则应亲自与旅游汽车公司调度人员联系,落实接站事宜。

2. 迎接服务阶段

(1) 入境旅游团的迎接服务。

① 迎接旅游团,并在接到旅游团后主动与该旅游团的领队联系,了解并核实旅游团的实际到达人数、旅游团有无特殊要求和需要给予特殊关照的旅游者;

② 与海外领队、地陪导游员和接待旅行社的行李员一起清点和交接行李;

③ 代表旅游目的地组团旅行社和个人向旅游团致欢迎辞,做自我介绍,表达向全体旅游者提供服务的真诚愿望并预祝旅行顺利愉快;

④ 协助地陪导游员带领旅游团乘车前往预定下榻的饭店。

(2) 国内旅游团的迎接服务。

① 进行自我介绍,并代表组团旅行社向旅游者表示欢迎;

② 介绍旅游线路及线路上的主要旅游景点概况;

③ 介绍旅游目的地的风土人情;

④ 介绍旅游线路沿途各城市或地区的接待条件;

⑤ 介绍旅游目的地居民对外来旅游者的态度;

⑥ 介绍旅游者应注意的其他有关事项;

⑦ 向旅游团成员分发有关旅游目的地的资料;

⑧ 为旅游团分配在饭店或旅馆的住房;

⑨ 介绍地陪导游员,并请他向旅游团介绍当地的活动日程;

⑩ 协助地陪导游员办理旅游团入住饭店或旅馆的手续。

3. 途中服务阶段

(1) 做好旅游线路上各站之间的联络,通报旅游团旅游情况和旅游者在参观游览和生活上的特殊要求。

(2) 协助各站地陪导游员的工作,提醒他们认真落实旅游团在当地的抵离交通工具、饭店或旅馆的入住与离店手续、旅游景点的导游讲解服务等。

(3) 照顾旅游者的旅途生活,并解答旅游者提出的各种问题。

(4) 注意保护旅游者的人身和财物安全,提醒旅游者保管好自己的随身物品及行李、在旅游活动中远离危险地区和物品。

(5) 征求旅游者对整个旅游接待工作的意见和建议。

(6) 在旅游团预定的离境口岸为入境旅游团送别,或带领国内旅游团返回原出发地,代表组团旅行社对旅游者在旅途中的合作致以谢意,并欢迎他们再度光临。

4. 结束阶段

(1) 结清账目。全陪导游员在回到旅行社后,应立即到财务部门结清各种账目,退还在准备接待阶段所借的款项，上交在各地旅游期间向当地旅行社提交的旅游费用结算单副本，并解释在途中所发生费用的具体情况。

（2）处理遗留问题。全陪导游员应协助旅行社领导处理好旅游过程中发生事故的遗留问题，认真办好旅游者的委托事项。

（3）填写全陪日志。全程陪同导游员应认真、按时填写全陪日志，实事求是地总结接待过程中的经验和教训，详细、真实地反映旅游者的意见和建议。

（4）归还所借物品。全陪导游员在返回旅行社后应及时向有关部门归还因接待旅游团所借的各种物品，如行李箱、话筒、标志牌（旗）等。

（三）地方陪同导游员的接待服务程序

1. 准备阶段

（1）研究旅游接待计划。

（2）安排和落实旅游活动日程。

（3）做好知识准备和物质准备等。

2. 迎接服务阶段

（1）出发接站前，再次核实旅游团所乘交通工具抵达当地的确切时间，并通知旅行社的行李员。

（2）在旅游团抵达当地前半小时到达接站地点，并与司机商定停车等候的位置。

（3）当旅游团乘坐的交通工具抵达后，应持接站标志牌（旗）站立在醒目的位置，迎接旅游团的到来。

（4）旅游团出站后，主动上前同旅游者及领队和全陪导游打招呼，进行自我介绍，向他们表示热烈欢迎。

（5）与领队和全陪导游员核实旅游团成员的实到人数和托运的行李件数，并与旅行社行李员办妥行李交接手续。

（6）及时引导旅游者上车，协助旅游者就座，并清点人数。待全部人员到齐后，请司机发车。

（7）致欢迎辞并进行沿途导游。在汽车行驶到旅游团预定下榻的饭店或旅馆的附近时，向旅游团介绍饭店或旅馆的概况。

（8）旅游者下车并进入饭店或旅馆后，引导他们办理入住手续，介绍饭店或旅馆的各项服务设施及其位置和营业时间、用餐时间和就餐形式。

（9）旅游团的行李抵达后，与行李员进行核对，协助将行李送至旅游者房间。

（10）同旅游团领队、全陪导游员一起商定旅游团在当地的活动安排并及时通知每一位旅游者。

（11）掌握领队和旅游团其他成员的房间号码，并根据旅游者的要求，安排第二天叫早服务。

（12）带领旅游团到餐厅用好第一餐。

3. 导游讲解以及生活服务阶段

（1）在每次活动之前的 10 分钟到达预定集合地点，督促司机做好出发前的准备工作。

（2）旅游者上车后，应及时清点人数，向旅游者报告当日的重要新闻、天气情况、当日的活动安排和就餐时间及地点。

（3）当全部旅游者到齐后，请司机发车，并开始介绍沿途的风景、建筑物等。

（4）到达旅游景点后，应介绍景点的历史背景、风格特点、地理位置和欣赏价值，并告知旅游者在景点的停留时间、集合地点和游览注意事项。

（5）在游览过程中，应始终同旅游者在一起生活，注意旅游者的安排，随时清点人数以防旅游者走失。

（6）除导游讲解服务外，还必须在旅游者就餐、购物和观看文娱节目时提供相应的服务。

（7）旅游团结束在当地参观游览活动的前一天，应向有关部门确认交通票据和离站时间，准备好送站用的旅游车和行李车，并提醒旅游者处理好离开饭店前的有关事项。

（8）在旅游团离开饭店乘车前往飞机场（火车站、船舶码头）前，应主动协助饭店与旅游者结清有关账目，并与领队及全陪导游员和接待旅行社的行李员一起清点行李，办好行李交接手续。招呼旅游者上车，清点人数，并再次提醒旅游者检查有无物品或旅行证件遗忘。

（9）当为旅游团送站的旅游车到达飞机场（火车站、船舶码头）后，应与领队、全陪导游员和接待旅行社的行李员交接行李，帮助旅游者办理行李托运手续，并将交通票据和行李运票据移交给全陪导游员、领队或旅游者。

（10）如果旅游团乘坐国内航班（火车、轮船）离开当地前往国内其他城市或地区旅游，地陪导游员须等到旅游者所乘的交通工具起动后，才能离开送别地点。

（11）如果旅游团乘坐国际航班离境，则地陪导游员应在将旅游者送至海关前与旅游者告别。当旅游者进入海关后，即可离开送别地点。

4. 结束阶段

（1）送走旅游团后，应及时认真、妥善地处理旅游团在当地参观游览时的遗留问题。

（2）按规定处理旅游者的委托事项。

（3）与旅行社结清账务，归还所借物品。

（4）做好旅游团在当地活动期间的总结工作，并填写"地方陪同日志"。

【案例5-2】

导游会被人工智能取代吗？

2017年6月30日，世界邦旅行网董事长张平合在"BOSS说"发表言论：导游未来将可能被人工智能所取代。此观点一经提出，在导游行业顿时引起一片哗然。"未来导游将会被人工智能所取代"的观点并不是第一次被提出来，早就有人表示，物联网、人工智能、虚拟现实等新兴的互联网技术让旅游产业的未来充满了挑战与机遇，导游等依赖大数据的职业完全可能被人工智能机器人取代。近年来，全产业融合互联网成为趋势，作为与互联网产业融合创新较早的行业之一的旅游产业也面临全新节点。

有人认为，未来人工智能发展，机器人导游完全可以取代现在的导游。在一定程度上，这并非天方夜谭，物联网、人工智能、虚拟现实这三大技术在未来会很快形成产业，并迅速波及旅游产业。虽然伴随着信息技术的高速发展，互联网早已深入各行各业，在旅游产业也不外如是，但这并不能说明导游未来将会被人工智能所取代。

在带团的过程中，总是会出现各种意想不到的状况，人工智能或机器人毕竟还是人为的产物，只能按照提前设计好的程序去执行任务，导游却拥有随机应变的能力，拥有处理特殊问题的能力，这一点是人工智能或者机器人所不能比的。从另外一点来说，旅游不仅仅是看风景，还是架起游客与导游交流的桥梁，一位好导游能让整个游玩行程更加丰富多彩，充满惊喜。导游给游客带来的关怀和温暖，也是冷冰冰的人工智能或者机器人所不能给予的。

（资料来源：根据贝壳导游之家《导游未来将会被人工智能所取代？》整理）

三、团体旅游的接待过程管理

（一）准备接待阶段的管理

1. 委派适当的接待人员

接待部门在接到本旅行社销售部门或客源地组团旅行社发来的旅游计划后，应根据计划中对旅游团情况的介绍和所提出的要求，认真挑选最适合担任该旅游团接待工作的导游员。为了能够做到这一点，接待部门负责人应在平时对该部门导游员的性格、能力、知识水平、身体条件、家庭情况、思想状况等进行全面了解，做到心中有数。当接待任务下来时，接待部门负责人便能够根据旅游团的特点，比较顺利地选择适当的导游员承担接待任务。

2. 检查接待工作的准备情况

接待部门负责人应在准备接待阶段注意检查承担接待任务的导游员准备工作的进展情况和活动日程的具体内容。对于进展较慢的导游员，应加以督促；对于活动日程中的某些不适当安排，应提出改进意见；对于重点旅游团的接待计划和活动日程，应予以特别关照；对于经验较少的新导游员，则应给以具体的指导。总之，接待部负责人应通过对接待工作的准备情况进行检查，及时发现工作中的漏洞和失误，防患于未然。

（二）实际接待阶段的管理

1. 建立请示汇报制度

旅游团队接待工作是一项既有很强的独立性又需要由旅行社加以严格控制的业务工作。一方面，担任旅游团接待工作的接待人员，特别是导游人员应具有较强的组织能力、独立工作能力和应变能力,以保证旅游活动顺利进行。另一方面,遇到旅游接待计划发生重大变化的情况时,需要严格执行请示汇报制度。为了加强对旅游团接待过程的管理,旅行社应根据本旅行社和本地区的具体情况,制定出适当的请示汇报制度。

2. 抽查与监督接待现场

除了建立适当的请示汇报制度以保证接待人员能够将接待过程中发生的重大情况及时准确地传达到旅行社接待部门,使有关的管理人员能够随时掌握各旅游团接待工作的进展情况外,旅行社还应建立旅游团接待现场抽查和监督的制度,由接待部经理或总经理等人在事先未打招呼的情况下,亲自到旅游景点、旅游团下榻的饭店/旅馆、就餐的餐馆等旅游团活动的场所,直接考察导游人员的接待工作情况并向旅游者了解对接待工作及各项相关安排的意见,以获取有关接待方面的各种信息。旅行社接待管理人员通过现场抽查和监督,可以迅速、直接地了解接待服务质量和旅游者的评价,为旅行社改进服务质量提供有用的信息。

(三)总结阶段的管理

1. 建立接待总结制度

为了达到提高旅游团接待工作效率和服务质量的目的,旅行社应建立总结制度,要求每一名接待人员在接待工作完成后对接待过程中发生的各种问题和事故处理的方法及其结果、旅游者反映的问题等进行认真总结,必要时应写出书面总结报告,交给接待部经理。接待部经理应认真仔细地阅读总结报告,将接待中出现的失误加以总结,并提醒其他人员在今后的接待工作中尽量避免犯同样的错误。此外,接待部经理还可以采用其他方式对旅游团接待过程进行总结。例如,旅行社接待部经理可以采用听取接待人员当面汇报、要求接待人员就接待过程中发生的重大事故写出书面总结报告、抽查接待人员填写的陪同日志、全陪日志、领队日志等接待记录等。通过这些方式,管理人员能够更好地了解旅游团接待情况和相关服务部门协作情况,及时发现问题,采取补救措施。

总之,旅行社接待管理人员应通过总结旅游团接待情况,不断积累经验,以便进一步改进产品、提高导游人员业务水平和完善协作网络。

2. 处理旅游者的表扬和投诉

处理旅游者对导游员接待工作的表扬和投诉是总结阶段中旅行社接待管理的另一项重要内容。一方面,旅行社通过对优秀工作人员及其事迹的宣扬,可以在接待人员中树立良好的榜样,激励旅行社接待人员不断提高自身素质。另一方面,接待管理人员通过对旅游者投诉的处理,既教育了受批评的导游员本人,也对其他接待人员进行了鞭策,避免大家在今后的接待工作中再犯类似的错误。

【案例 5-3】

日本拟允许无证导游接待外国游客

为了进一步吸引外国游客,日本将加快放宽旅游市场限制,完善相关基础设施。

为访日游客提供有偿导游服务将不需资格证，同时将放宽对酒店和旅馆销售周边旅游线路旅游产品的限制。此外，日本政府还将修缮港口，方便大型邮轮停靠，在道路和铁路标识上使用多种语言，目的是给访日游客增添旅游乐趣。

日本政府计划通过放宽限制和完善基础设施两个手段来吸引外国游客。增加口译导游是主要任务。之前，日本法律规定，必须要有国家资格证才能提供有偿口译导游服务。因为口译导游业务事实上处于垄断状态，日本政府决定放开限制，将在观光厅的讨论会上磋商详情。现有的口译导游中，英语导游占到70%，其中四分之三主要在大城市工作。虽然今后仍会保留口译导游的国家资格考试，但今后会放开限制，通晓英语以外其他语种的人也可以担任导游，将增加限定在地方城市提供景区导游服务的人。日本观光厅为了访日游客的安全，还将讨论制定机制防止不良导游增加。作为放宽政策，一些特定地区的旅游套餐和体验式路线的销售将更加方便。目前日本的酒店和旅馆在策划和销售当地名胜古迹等旅游产品时，需要在旅游业内进行登记，对营业保证金和净资产等注册条件的要求十分严格，能够参与的商家有限。日本观光厅将根据旅游业的需求放宽限制，只需履行简单手续即可销售旅游产品。

随着访日游客不断增加，问题也接连出现。为游客提供住宿和交通服务的"地接社"通常会为了赚取利润，提供质量较差的旅游产品。日本观光厅计划对这些旅行社进行注册管理，掌控其实际情况，建立指导和监督制度，积极把控旅游从业人员的从业资格，确保相关产品的质量。为方便游客访日，完善基础设施也成为课题之一。日本国土交通省将对高速公路进行路线编号，让外国人也可轻松租车自驾游。为积极应对外国游客乘坐邮轮访日，日本政府正在讨论在货运港口设置入境审查设施等放宽政策。据联合国统计，国际游客正以每年5%左右的速度增长。但日本的旅游法规是在60多年前制定的，已经跟不上时代的变化。对于那些想要更深入了解日本、接触日本生活习惯和传统的访日游客，日本政府将细致应对其需求。

（资料来源：留日说，《日本拟允许无证导游接待外国游客》）

第三节　散客旅游接待业务

一、散客旅游的有关概念

散客旅游，又称自助或半自助旅游，在国外称为自主旅游（Independent Tour），它是由游客自行安排旅游行程，零星现付各项旅游费用的旅游形式，游客自由度大，旅游活动项目费用相对昂贵，旅游人数通常在10人以下。散客导游服务就是旅行社按照散客的要求提供各项导游服务，主要包括单项委托服务、旅游咨询服务和选择性导游服务。

二、散客旅游业务的类别

（一）单项委托服务

1. 单项委托服务的概念

单项委托服务是指旅行社为散客提供的各种按单项计价的可供选择的服务。旅行社提供的单项委托服务主要有：抵离接送，行李提取和托运，代订饭店，代租汽车，代订、代购、代确认交通票据，代办入境、出境、过境临时居住和旅游签证，代办国内旅游委托，提供导游服务，代向海关办理申报检验手续等。

2. 单项委托服务的分类

单项委托服务可分为受理散客来本地旅游的委托，代办散客赴外地的旅游委托，以及受理散客在本地旅游委托。

（1）受理散客来本地旅游的委托业务。旅游者在外地委托当地的旅行社办理前来本地旅游的业务，并要求本地的旅行社提供该旅游者在本地旅游活动的接待或其他旅游服务。旅行社散客业务人员应在接到委托通知后，立即按照通知的要求办理旅游者所委托的有关服务项目。

（2）办理散客赴外地旅游的委托业务。旅行社的散客业务人员在接到旅游者提出的委托申请后，必须耐心询问旅游者的旅游要求，认真检查旅游者的身份证件。如果旅游者委托他人代办委托手续，受托人必须在办理委托时出示委托人的委托信函及受托人的身份证件。旅行社散客业务人员在为旅游者办理赴外地旅游委托手续时，应根据旅游者的具体要求，办理相应手续。

（3）受理散客在本地的单项旅游委托业务。有时候，旅游者在到达本地前并未办理任何旅游委托手续，旅行社散客业务人员在接待这部分旅游者时，应首先问清旅游者的委托要求，并讲明旅行社所能提供的各项旅游服务项目及其收费标准，然后根据旅游者的申请，向其提供相应的服务。如果旅游者委托旅行社提供导游服务，旅行社应在旅游者办妥委托手续并交纳费用后，及时通知接待部门委派导游员或派遣本部门的导游员为旅游者提供服务。

（二）旅游咨询服务

旅游咨询服务是指旅行社散客部接待人员向旅游者提供各种相关的信息和建议的服务。其中，信息包含旅游交通、饭店住宿、餐饮设施、旅游景点、旅行社产品种类及各种旅游产品价格等。旅游咨询服务分为：电话咨询服务、网络咨询服务和前台咨询服务。

1. 电话咨询服务

电话咨询服务是指旅行社散客业务人员通过电话回答旅游者关于旅行社产品及其他旅游服务方面的问题，并向其提供购买本旅行社有关产品的建议。散客业务人员在提供电话咨询服务时应做到以下两点：

（1）尊重顾客。旅行社的散客业务人员在接到旅游者的咨询电话时，应该表现出对顾客的尊重，要认真倾听他们提出的问题，并耐心地予以恰当的回答。

（2）积极主动。散客业务人员在提供电话咨询服务时应积极主动，反应迅速。在圆满地回答顾客问题的同时应主动向旅游者提出合理的建议，推出适合旅游者的旅游产品。

2. 网络咨询服务

网络咨询服务是指旅行社散客业务人员在网络平台上答复旅游者提出的关于旅游方面和旅行社产品方面的各种问题，并提供各种旅游建议的服务方式。随着互联网的普及，旅行社散客部的网络咨询服务在旅游咨询中所占比重越来越高，旅游者已习惯于使用互联网进行旅游咨询。

3. 前台咨询服务

前台咨询服务是指旅行社散客业务人员接待前来旅行社门市柜台进行咨询的旅游者。

（三）选择性旅游业务

选择性旅游是指旅行社通过招徕的方式，将赴同一旅游线路、地区及相同旅游景点的不同地方的旅游者组织起来，分别按单项价格计算费用的旅游形式。如小包价旅游的可选择部分、散客的市内游览、晚间文娱活动、风味品尝、到近郊及邻近城市旅游景点的"一日游""半日游""多日游"等项目。根据国际旅游市场的发展趋势和我国带薪休假制度不断完善后出现的周末远足旅游的热潮，不少旅行社已将目光转移到散客旅游这一大有潜力的新市场，纷纷推出各种各样的散客旅游产品，以增加旅行社的经济效益和社会效益，扩大知名度。我国有些地区甚至出现了专营散客旅游产品的旅行社。

1. 选择性旅游的销售

（1）建立销售代理网络。建立销售网络是旅行社销售选择性旅游产品的一种途径。旅行社应与国内其他地方的旅行社建立相互代理关系，代销对方的选择性旅游产品。此外，旅行社还应设法与海外经营出境散客旅游业务的旅行社建立代理关系，为本旅行社代销选择性旅游产品。

（2）设计选择性旅游产品。旅行社应针对散客旅游的特点设计和编制出各种适合散客需要的选择性旅游产品。这些产品中包括"半日游""一日游""数日游"等包价产品；游览某一景点、品尝地方风味、观赏文娱节目等单项服务产品；"购物游"等组合旅游产品。选择性旅游产品的价格应为"拼装式"，即每一个产品的构成部分均有各自的价格，包括产品的成本和旅行社的利润。

2. 选择性旅游的接待

（1）及时采购。由于选择性旅游产品的预订期极短，所以旅行社的采购工作应及时、迅速。旅行社应建立和健全包括饭店、餐馆、景点、文娱场所、交通部门等企业和单位的采购网络，确保旅游者预订的服务项目能够得以实现。此外，旅行社还应经常了解这些企业和单位的价格、优惠条件、预订政策、退订手续等情况，以便在保障旅游者的服务供应前提下，尽量降低产品价格，扩大采购选择余地，增加旅行社的经济效益。

（2）搞好接待。选择性旅游团队多由来自不同地方的旅游者临时组成，一般不设领队或全程陪同。因此，与团体包价旅游团队的接待相比，选择性旅游团队的接待工作的难度较大，需要配备经验比较丰富、独立工作能力较强的导游人员。在接待过程中，导游人员应组织安排好各项活动，随时注意旅游者的反应和要求，在不违反对旅游者承诺和不增加旅行社经济负担的前提下，对旅游活动内容做适当的调整。

三、散客旅游接待业务的特点

1. 批量小，批次多

由于散客旅游多为旅游者本人外出或与其家人、朋友结伴而行，因此与团体旅游相比，其人数规模小得多。对旅行社而言，接待散客旅游的批量和接待团队旅游的批量相比小很多。散客要求旅行社提供的服务不是一次性的，有时同一散客多次要求旅行社为其提供服务，增加了旅行社的工作量。

2. 预订期短

由于散客旅游要求旅行社提供的不是全套旅游服务，因此要求旅行社能够在较短的时间内为其提供有关的旅游服务。

3. 要求多，变化多

散客中有大量的商务旅客，他们的旅行费用多由公司承担，他们对服务的要求较多、较高。散客往往由于在出游前对其旅游计划缺乏周密安排，会出现很多临时变化情况。其特点有：求自主，反包办；求自由，反干预；警惕性高，提防心重；对价格敏感；偏爱特色旅游产品的消费。

四、散客旅游接待的要求

散客对旅游服务的效率和质量的注重往往比团体旅游的游客更甚。表现在：

（1）旅行社产品方面。散客的文化层次通常比较高，旅游经验一般比较丰富。他们重视旅行社产品的深层内涵。旅行社在接待散客旅游者时应针对这一特点，多向他们提供具有丰富的文化内涵和浓郁的地方与民族特色的产品，增加产品的参与性，以满足他们追求个性化和多样化的消费心理。

（2）预订系统方面。散客旅游的购买方式多为零星购买，随意性较大。因此，散客旅游对高效、便利、准确的预订系统有着强烈的要求。针对这一特点，旅行社应采用以计算机技术为基础的网络化预订系统，保证旅游者能够自由、便利地进行旅游活动。

（3）采购方面。散客旅游多采取自助式的旅游方式，对于旅游目的地各类服务设施要求较高。旅行社应加强旅游服务的采购工作，建立起广泛、高效、优质的旅游服务供应网络，以满足旅游者的需要。

第四节　旅行社门市接待业务

一、旅行社门市接待业务概述

旅行社门市接待业务是指旅行社为潜在的，或是已经购买旅行社产品的旅游者，提供系列实地旅游服务的综合性工作。门市部地点的选择应遵循以下标准：

1. 针对目标市场确定门市部的地点

旅行社在选择门市部地点时应首先考虑旅游产品的目标市场，并根据其产品的目标市场来设立门市部。以过往客人作为主要目标市场的旅行社应在飞机场、火车站、长途汽车站、水运码头等处设立门市部；以商务旅游者为主要目标市场的旅行社则应把门市部设立在商务饭店内或其附近地区；以当地居民为主要目标市场时，旅行社可以把门市部建立在人口稠密的居民区；以学校教师和学生为主要目标市场的旅行社则应选择学校集中的地方。总之，门市部的地址不可距离其目标市场所在地方太远。

2. 方便顾客，位置醒目

方便顾客是旅行社选择门市部地点时需要考虑的第二个重要因素。一般来说，旅游者很少愿意到距离自己居所或工作单位较远的旅行社门市部进行旅游咨询。因此，旅行社门市部应该设立在商业区、居民区、机关企业等较为集中的地方，而且一般都设在临街的商铺。旅行社在选择门市部地点时，还要考虑所选择的地点是否容易被旅游者找到。通常，旅行社会把门市部设在主要交通干线旁，而不是偏僻的地方。

二、旅行社门市接待人员的选择标准

（一）业务素质

1. 精通旅游产品知识

门市接待人员首先应具备的业务素质是精通旅游产品知识，熟悉产品的内容。另外，门市接待人员还应该能够准确地判断各种散客旅游产品的质量并能够清楚地了解产品的哪些特色能够满足旅游者的需要。

2. 理解旅游者的需求

门市接待人员必须能够深刻地理解旅游者的需求。为了能够做到这一点，门市接待人员必须具备良好的提问能力和倾听能力，能够从旅游者的回答中抓住问题的实质，发现旅游者的真正旅游需求。

3. 具有较高的写作能力

在接待过程中，接待人员除了回答旅游者提出的各种问题并提供咨询意见和建议外，还要填写各种表册和起草各种业务文件。因此，门市接待人员应具有较高的写作能力。

(二)岗位职责

1. 提供咨询

门市接待人员的岗位职责首先是提供咨询,向到访的旅游者介绍旅行社的各种旅游产品。为了做好这项工作,门市接待人员必须十分了解主要旅游目的地的情况,掌握本旅行社的主要旅游产品情况。

在提供咨询服务时,接待人员应做到:

(1)热情接待,注意倾听旅游者提出的问题。

(2)运用自己所掌握的业务知识,耐心细致地回答旅游者的提问。

(3)根据旅游者的具体情况,因势利导地向旅游者推荐本旅行社的旅游产品。

(4)当旅游者流露出购买某种旅游产品的意向时,要积极引导其做出购买的决定。

(5)即使旅游者未表示购买本旅行社产品,仍要热情为其解答各种问题,不得流露出不满的情绪。

2. 销售旅游产品

当旅游者决定购买时,门市接待人员应抓住时机,及时为旅游者办理有关手续并相机向旅游者推荐其他相关产品,以扩大旅行社的销售收入。

3. 处理各种文件

门市接待人员应认真整理业务过程中的各种文件,将这些文件存入相关的档案中,并妥善保存。

【扩展阅读】

中国名仕旅行网

中国名仕旅行网创立于2008年,致力于打造中国最专业、最具品牌影响力的商务旅游和商务旅游指导性门户网站,引领商界精英、企业领袖、企业金领、白领、演艺圈明星等高端用户的消费潮流。

一、商业模式

该公司彻底摒弃传统的"旅游购物+自费景点"走马观花式的旅行模式,打造完全属于自己的商务休闲旅行。其专业的团队为用户提供详尽的旅游度假胜地介绍,商务、休闲旅游攻略,以及机票、酒店、餐厅、各地风味美食等多种旅行产品的搜索、比较和智能筛选等服务,同时向用户提供可以分享旅游感受、游记和结交旅友等互动沟通类服务的论坛。

该公司率先推行"私人管家式"高级服务,为高端人士提供市场稀有的定制化服务;率先推出豪华游艇婚礼、高空热气球婚礼项目,是2008年5月20日"中国首届世界海底婚礼节"策划主办方之一,当时共有33对新人一起参加,创造了"世界海底婚礼"人数最多的世界纪录;此外,该公司还开展公司团队(集体)旅游,组织企业庆典、提供航空拍摄等。

二、核心优势

（1）私人管家式高级服务。他们为高端商旅人士提供私人专职导游、豪华独栋别墅、豪华轿车、豪华游艇、高空热气球、三角动力滑翔机、无动力滑翔伞、远海古沉船潜水探险等高端化、个性化服务。

（2）快速应急中心。快速应急中心为各类突发的交通事故、疾病、毒虫毒蛇咬伤、人身伤害等事件提供后勤保障，用最短的时间派遣各类专业人员赶赴现场，最大限度地保护客户的生命和财产安全。

（3）产品丰富。经过旅游行程设计专家团数年的不断开拓和挑选，精选出性价比非常高的优质线路，组成丰富的产品线，满足旅游者国内外出游需求。

（4）高性价比。近百位专业的旅游顾问帮旅游者筛选出市场上性价比高的旅游产品。

（5）省心便捷。点击鼠标或打个电话即可出行，专业的呼叫中心和资深旅行顾问为旅游者提供最便捷贴心的服务。

（6）量身定制。配备专业旅游行程设计专家，满足高端商旅人士量身定制线路的个性化需求。

（7）双重保障。售中、售后跟踪服务以及质检，旅途中若出现任何质量问题，旅行社都会帮旅游者维权到底，使旅游者的权益得到切实保障。

（资料来源：根据百度百科相关资料整理。）

复习思考题

1. 旅行社接待业务的类型与特点是什么？
2. 简述团体旅游接待业务的主要类型。
3. 简述散客旅游接待业务的流程。
4. 旅行社门市接待业务人员的选择标准是什么？

课后实训题

以每组5~6人为单位进行分组练习，走访当地几家旅行社，结合当今定制旅游的发展方向，分析私人旅行管家应如何做好旅游接待服务，合作完成调查报告。

第六章 旅行社质量管理

【学习目标】

对旅行社质量管理的内涵、意义和评价标准有一个较为全面的认识；对旅行社质量管理的内容和方法有一个综合的认识；全面地了解旅行社的风险形式及其防范原则，能够实际区分旅游安全事故的类型及其处理方式；了解旅游保险的主要险种及其内容。

【主要学习内容】

- 旅行社质量管理
- 旅行社接待服务质量的管理
- 旅行社的风险管理
- 旅游安全事故处理
- 旅游保险

【导入案例】

导游小王是丽江某旅行社的地陪。2018 年 10 月，该旅行社委派小王接待来自上海的李先生一家三口散客团。合同中约定李先生一家在丽江段的行程为两天，包括：古城、束河、东巴谷、黑龙潭；购物店包括：望雪楼、钰源玉器、古道藏家。行程中，李先生一家在各购物店没有太多消费，小王便向客人推荐了自费项目丽江千古情，但见客人不愿意去，小王一气之下弃团而去。李先生一家随即投诉。

第一节 旅行社质量管理概述

旅行社作为旅游业的"龙头"行业，其服务质量的高低，决定着整个旅游业的兴衰。从经济学的角度上看，旅行社属于营利性企业，是旅游市场上旅游产品的供给方,而旅行社所供应的产品能否满足市场的需求,达到供需平衡,关系到旅游市场稳定、有序的大局。通俗地讲,如果旅行社所销售的产品没有人去购买,也就无法占有市场份额,终将被市场淘汰。而旅行社要想占领市场,关键在于其所销售的产品的质量。旅行社管控好质量水平,不断加强质量管理,在市场竞争中才能精益求精,立于不败之地。当市场角逐日益激烈,影响我国旅行社行业健康发展的问题较多,必须从国民经济的战略支柱型产业发展的高度,审慎地看待旅行社的质量管理问题。

一、旅行社质量管理的内涵

所谓旅行社质量管理,就是要形成一个专门的监管机制,形成内部与外部的双重监管,对企业的质量体系进行严格控制和协调,使其法治化、规范化、个性化。它既是一项系统性的建设工程,同时也是一门具有现代经营务实意义的学问。就旅行社的质量管理而言,由于旅行社产品具有无形性,其销售和购买都是通过"服务"来实现的,而服务质量的高低有赖于统一的标准进行规范,同时也需要通过旅游者的满意度来衡量,归根结底是为了提供让旅游大众更加满意的服务。因此,我们可以将旅行社质量管理定义为:旅行社以满足旅游者的消费需求为目的,通过控制、协调、组织等手段,改善和提高产品质量及服务质量的管理行为。其内涵主要包括以下三个方面:

1. **符合行业标准的质量管理——法治化**

分别于1997年、2002年发布的《旅行社国内旅游服务质量要求》(LB/T 004-1997)和《旅行社出境旅游服务质量标准》(LB/T 005-2002),以及2013年颁布的《中华人民共和国旅游法》(以下简称《旅游法》),对中国旅游市场的影响是巨大的,意味着我国旅游市场法治化管理时代的到来。在此基础上,北京、安徽、云南等许多省市还先后配套制定了旅行社接待服务质量的地方标准,如云南省2017年发布的《云南省旅游市场秩序整治工作措施》,该"措施"包括7大方面共22条,含取消旅游定点购物等,堪称史上最严旅游市场秩序整治工作措施。这些法规共同构成了从国家到地方对旅行社服务质量管理的一套体系,为旅行社质量管理提供了法律法规依据,对保持和提高旅行社服务质量有着重要意义。首先,旅行社的设立需要依照《旅行社条例》所设定的条件和标准来执行,而旅游行政管理部门审批旅行社设立的过程,本身就是在对旅行社的质量体系从源头上进行审核把关,以形成规范的市场准入机制,确保进入市场之后的旅行社企业在起点上是规范的、质量是有保证的。其次,作为参与市场自由竞争的主体,旅行社在获得经营许可之后,需要按照法律法规所设定的标准和规范去开展经营活动。最后,对于不符合质量标准、违规经营、违法操作的旅行社则按情节给予相应处罚,重者取消经营资质。可见,旅行社从一开始进入市场,到企业随着经营活动的开展不断发展壮大的整个过程,旅游市场法治化会使旅行社的质量管理由此得以实现。

2. **达到内部要求的质量管理——规范化**

对于企业来说,有了法与规,这仅仅是外部参照,能否提供优质的服务,还需做到规范,即建立一套有力的内部管理机制,对整个企业的运营进行有效监督,以确保服务质量。就旅行社的内部管理而言,可以将质量管理分为外联和宣传管理、计划和调派管理、接待和服务管理三个系统。在这三个系统之下,又有人力资源管理、员工培训管理、资金监控管理、旅游服务流程管理等多个子系统,各系统都依照内部管理要求协调运作。但从行业的现状来看,确实存在很多"不规范"的地方。例如,"零负团费"操作、强迫或变相强迫旅游者消费、任意改变行程或变相缩短行程、价格欺诈、暗中降低服务标准、商家串通支付或收受"回扣"等。另外,导游的薪资制度一直以来也是一个阻碍行业发展的"不规范"的问题。这些问题不加以解决,要实现行业的规范化发展,完全是空谈。然而这些问题的解决,有赖于行业管理体制的改革。

3. 满足旅游者需求的质量管理——个性化

旅游服务行业中,大家对个性化服务一词耳熟能详,而个性化服务最基本的要求便是要满足旅游者的具体消费需求。在服务性行业,满足消费者的需求是关键,旅行社的产品能不能满足旅游者的需要,在很大程度上决定了质量管理的水平如何。消费者的需求是具有弹性的,对于花钱购买精神享受的旅游者来说也是如此。比如,旅行社接待了十个团,其中前九个团对旅行社的产品和服务质量表示满意,而最后一个团却出了差错,结果导致投诉,甚至由此引发不良的后果,最终破坏了旅行社的良好形象,前面的九个"好",也被这一个"坏"给搞砸了,而消费大众对于服务单位质量好坏的判断通常是比较主观的,再加上舆论效应,进而有可能对一个旅行社的质量管理全盘否定。当然,并不能单纯依靠旅游者的满意与否来判定旅行社质量管理的高低,但旅行社如何向旅游者提供更加满意的服务,已经成为企业借以占有更多市场份额的关键。即便在某些时候出现了小的失误,也应站在旅游者的角度,尽可能合理地处理好双方的利益,让旅游者从"不满意"转而感到"很满意",这样才能使企业的对外形象"更上一层楼",并赢得更多旅游者的认可。

二、旅行社质量管理的意义与评价标准

(一) 旅行社实施质量管理的意义

实施质量管理,从根本上来说,最终是为了企业能创造经济效益以获得长足发展,提升产品和服务质量,以促进旅游行业健康发展。具体包括以下几个方面:

1. 全面提升旅游服务质量

如前所述,旅行社质量管理关乎企业的生存发展,有效实施质量管理,需要企业从标准化、规范化、个性化等方面去要求自己。而实施质量管理,目的就是要让旅游企业从整体上提升服务质量,使企业的对外宣传促销、接待服务、内部管理、后续工作、保障游客合法权益等方面都在同一套规范下进行,在保障各方权益的情况下找到平衡点,进而实现服务质量的全面提升。

2. 树立良好的形象

一直以来,旅游业被誉为一个城市乃至一个国家展现文化传统、价值观念和文明程度的对外"窗口",而旅游者往往追求的是精神层面上的享受,在旅游的过程中非常直观地去接触和感知旅游地的生活文化,对于服务质量自然显得格外"挑剔"。旅

行社提供的服务能否满足旅游者的需求,东道主国家和地区给旅游者留下的印象如何,不仅直接关系到旅游业和旅行社企业的形象和声誉,而且在很大程度上关系到国家的形象,关系到旅游业和旅行社的兴衰成败。

3. 创造经济效益

质量有保证的商家自然会赢得消费者的信赖,从而给企业带来巨大的经济效益,特别是对于旅游服务来说,这一点表现得尤为明显。旅游者到一个地方之前,会通过各种途径事先了解目的地,如果总是看到或听到旅行社欺客宰客、导游强迫消费等,便会对目的地的旅游服务质量产生怀疑而裹足不前。这些负面的信息主要是那些为了追求短期经济利益的旅行社传出来的,这些旅行社无视质量管理,侵害旅游者的合法权益,不仅害了自己,更使所在地的整体旅游效益受到影响。

4. 增强企业凝聚力

优质的服务需要一个优秀的团队共同打造,质量管理不好,必然导致经营不善。而优秀团队需要强有力的管理机制,既能够为企业带来经济效益,又能增强企业的凝聚力,充分发挥一线服务人员的主动性和积极性,反过来又进一步提高企业的质量管理,进入良性循环。

5. 稳固和扩大市场份额

旅游市场的生命力和优质的服务质量有着紧密关系,旅游者支付货币购买的是一种经历,这种经历又会传递给更多潜在的旅游者,加之媒体的宣传效应,由此产生社会效益,再由社会效益转变为巨大的经济效益。因此,有效实施质量管理,可以使企业在稳固市场份额的基础上,不断扩大市场。

(二)旅行社质量管理的评价标准

1. 影响质量评价的因素

(1)主观因素。影响旅行社质量评价的主观因素,主要取决于旅行社提供的产品和服务是否能够满足旅游者。由于旅行社的服务产品涉及多个相关部门,有很高的不确定性,一旦旅行社在其提供服务的过程中,出现不能兑现其承诺的行为,必然会导致旅游者对服务产品质量的不满。另外,旅行社是否能够及时地满足旅游者的各种合理要求,也能够表明旅行社是否已具备了以服务为导向的经营观念,即是否将旅游者的利益放在了第一位。这些细节都会使旅游者主观地对旅行社的质量做出好与不好的评价。

(2)客观因素。旅行社产品在本质上是一种无形的服务,而实现服务所借助的客观外在因素会直接影响到旅游者对旅行社产品质量的感知。这些因素包括旅行社和相关部门的硬件设施设备、服务设施的外观、宣传品的摆放和员工的仪表仪容等。在这些方面,旅行社的要求不同于星级酒店,然而考究的设备、统一的着装以及规范的服务,将是未来旅行社实现质量管理的基本要求。

(3)情感因素。影响旅行社质量评价的情感因素,是指旅行社的服务人员设身处地地为旅游者着想和对旅游者给予特别关怀,包括服务人员完成任务的能力、对旅游者的礼貌和尊敬、与旅游者有效地沟通和将旅游者最关心的事放在心上的态度。这要求服务人员具有接近旅游者的能力和敏锐的洞察力,能够有效地理解旅游者的需要。

2. 服务质量的客观评价标准

(1) 以满足旅游者需要为标准。随着人们消费观念的转变,在旅游活动中,旅游者主张个性、体验文化、追求差异的特点越来越突出,因此,旅行社所安排的旅游活动,应突出地方文化特色,展现民族文化色彩,同时尊重并满足不同旅游者在旅游过程中游览和生活的需要。旅游服务人员不仅要有合格的文化素养和服务技能,还要有高尚的职业道德、强烈的服务意识和良好的服务态度,营造宾客至上、宾至如归的旅游氛围。

(2) 以履行旅游合同为标准。在实际进行旅游活动前,旅游者会设想各种旅游服务的满意程度,并把这些设想体现在旅游合同中。从这个意义上说,旅游合同是旅游者实现旅游需求的期望和保证,一旦旅行社提供的服务与合同的约定不相符,旅游者便会对服务质量做出不好的评价。因此,旅行社不可擅自变更或缩减行程,而应按质按量地提供合同约定的各项服务,游览过程中因客观原因需要做出变更时,应事先征求旅游者的意见。这样既体现了对旅游者的尊重,又保证了合同的履约性。

(3) 以保障旅游者权益为标准。旅游者的合法权益能不能得到切实保障,特别是当旅游者的权益受到损失时能否得到及时有效的维护,已经成为衡量旅游发展水平的重要标准,也是评价旅行社服务质量高低、旅游行政管理部门社会公信度的试金石。因此,旅行社应切实保障旅游者在旅游过程中的人身及财产安全,保证其合法活动不受干扰、文化习俗获得尊重。当旅游者合法权益因各种不可预料因素受到侵害时,应本着公平、公正、合法的态度,积极帮助旅游者维权。

3. 旅游者的主观评价标准

(1) 期望与实际之间的差异评价。从心理学的角度来说,当人们对实际情况的满意度高于心理期望时,幸福感就会提升,并产生满足和愉快的情绪;反之,当人们对实际情况的满意度低于心理期望时,幸福感就会降低,并产生低落和不满的情绪。旅游者在旅游过程中,追求高品质的精神享受,心理期望值较一般消费行为显得更高,旅行社安排的旅游活动能否达到或高于旅游者的心理期望,将决定旅游者对旅行社服务质量高低的评价。

(2) 过程与结果之间的差异评价。在主观方面,旅游者还通过旅游活动过程和结果之间的感知差异,对旅行社服务质量进行评价。例如,在游览过程中买到了质价不符的商品,本来旅游的经历很愉悦,最终却因劣质商品而对整个旅游服务做出不好的评价。在这个评价过程中,又交织着导游服务意识、商家的经营水准、旅游者的情感作用等多重因素。

三、旅行社质量管理的内容与方法

(一)旅行社质量管理的内容

1. 综合质量管理

旅行社的综合质量管理,是指旅行社的一切经营管理活动,都要综合人力、财力、物力等要素，立足于设法满足旅游者的需求，从产品质量、服务质量和环境质量三个层面进行全面考察，实施全方位管理。

（1）依法依规经营质量管理。开展旅游业务，首先必须依法取得经营资质，在经营管理的各个环节，也都要依法依规开展各项业务，如聘用合格合法的导游、领队和司机等人员；依法纳税、依规记账，理清财务关系；明码标价，透明销售，坚决杜绝价格欺诈行为；监管分支机构，严禁肆意承包挂靠；诚信开展业务合作，避免团款纠纷。"依法治旅"是旅游业发展的大势所趋，无视法度、逍遥法外者必将被行业所淘汰。

（2）人力资源质量管理。旅行社的人力资源质量管理，是指旅行社要求全体员工对服务质量做出保证与承诺，共同向旅游者提供服务。旅行社服务质量的优劣，是旅行社各个部门、各个环节全部工作的综合反映，涉及旅行社的全体员工。因此，旅行社必须充分调动全体员工的积极性，不断提高人员的素质，培养质量意识，全员参与旅行社的质量管理，从根本上保证旅行社的服务质量。

（3）经济、社会和生态效益统一质量管理。经济、社会和生态三大效益的统一，是未来旅游业发展的必由之路。旅行社需要着眼于长远，在自身创造经济效益的基础上，推动区域社会旅游经济发展，厉行节约低碳环保，走可持续发展的道路。

2. 过程质量管理

（1）旅游活动开始前的质量管理。在旅游活动开始前，旅行社质量管理的重点是加强对旅游产品的设计、宣传、销售和接待等方面的质量管理，特别是旅游产品的设计，应设立专门的调研规划部门，对市场需求进行充分调查，严格控制信息收集、经营决策、操作实施和接待服务等环节的工作质量，防止出现吸引力差或不具有盈利能力的产品，确实保证旅游产品的质量。

（2）旅游活动过程中的质量管理。旅行社在旅游活动开始后，质量管理的重点是对服务质量和环境质量的管理。在服务质量管理方面，旅行社在旅游活动开始后，必须对导游员的服务态度、服务方式、服务项目、服务语言、服务仪表、服务时间和职业道德等方面进行过程监管，使旅游者通过导游的服务对旅行社产生信任和好感。同时，旅行社还应加强内部各部门之间协调配合工作方面的质量管理，以确保旅游团队的活动顺利进行。在环境质量管理方面，旅行社除了管理其服务质量外，还应对环境质量实施管理，主要是对旅行社的各协作单位的服务质量实施监督。旅行社必须选择具有相应资质且信誉度好的单位作为合作伙伴，促使他们按照合同或协议提供优质服务。

（3）旅游活动结束后的质量管理。在此阶段，旅行社质量管理的重点是旅游产品质量的检查和评定、提供售后服务及处理旅游者的表扬和投诉。旅行社的质量管理人员应主动征求旅游者的意见，认真听取旅游者的反馈和感受，总结经验，以便进一步提高服务质量。

（二）旅行社质量管理的方法

1. 产品质量管理

（1）产品设计质量管理。旅行社的产品质量，一般是指旅游线路和旅游项目设计安排的质量，产品设计的质量管理应侧重于：一是旅游线路安排是否合理。旅行社在产品设计方面应注意避免旅游线路中出现不必要的重复或往返，减少旅游者因过多的线路重复或往返产生厌烦情绪。如发现确实存在不必要的重复或往返，应设法加以适当调整。二是产品内容是否符合旅游者的需要。旅行社所设计的旅游线路和节目中的各个项目必须真正符合旅游者的需要，能够使旅游者通过游览和参观得到生理上和心理上的满足。如果发现有些项目徒有其名，不能达到旅游者的期望，则应予以删除，并代之以真正符合旅游者需要的项目。三是交通工具能否得到切实保障。旅行社在检查其产品设计时，应注意所安排的交通工具是否能够得到切实的保障。四是游览项目有无雷同。游览项目雷同是旅行社产品设计的大忌，必须设法避免。旅行社管理者应认真核对旅游线路中的各地方项目的安排，一旦发现雷同，应及时修改。

（2）产品销售质量管理。产品销售质量管理是为了避免在日后的接待过程中旅游者因对旅行社产品价格产生疑义而造成投诉。旅行社管理者在产品销售质量管理方面应着重了解产品的销售价格是否合理，有无价实不符的情况。如果发现旅行社产品价格与实际服务内容之间存在较大偏离时，应设法予以适当调整。

（3）产品促销质量管理。产品促销质量管理是指对旅行社的广告等宣传促销内容的管理。旅行社必须实事求是地促销，如实地向旅游者介绍产品的内容。尽管一些旅行社采用夸大其词的广告宣传等促销手段招徕旅游者，但是旅游者在旅游过程中往往能够轻而易举地发现上当受骗，并对旅行社产生强烈的不信任感。因此，旅行社管理者如发现本旅行社的促销中存在任何与事实不符的宣传内容，应坚决予以剔除。

2. 采购质量管理

（1）服务设施的采购质量管理。采购质量管理的第一项内容是检查旅游服务供应单位的服务设施情况。良好的服务设施是提供优质服务的首要条件，任何旅游服务都不可能脱离一定的设施条件而存在。因此，旅行社管理者应经常到一些主要的旅游服务供应单位实地考察，了解它们的设施设备情况。如果发现某个旅游服务供应单位的设施设备不具备接待旅游者的条件，则应坚决将其从旅游服务采购名单中删除，不能向其采购任何旅游服务项目，以保证采购质量。

（2）服务质量的采购质量管理。旅游服务供应单位提供的服务是否符合国家和行业标准、能否达到旅行社产品的要求和满足旅游者的期望，是旅行社采购质量管理的第二项重要内容。旅行社管理者应通过导游员、旅游者的反馈意见和实地考察，检查各个旅游服务供应单位的服务质量。对于那些服务质量好的单位，旅行社应该加强与它们的合作，建立长期的供销关系；对于那些服务质量存在一定差距的单位，应向其指出其服务上的差距，并提出改进的要求。经过一段时间的考察，发现确实已经改正，服务质量明显提高并已达到有关标准的，旅行社可以同其建立合作关系。对于那些服务质量较差，经指出后仍不改正或改进程度较小，无法达到有关标准和不能满足旅游者要求的单位，旅行社应断绝同它们的合作关系，不再向那些单位采购服务产品。

3. 接待质量管理

（1）接待服务态度的管理。旅行社接待质量管理应首先从端正接待人员，尤其是导游人员的服务态度入手。良好的服务态度能够对旅游者产生一种强烈的吸引力,而低劣的服务态度则会对旅游者产生一种排斥力。旅行社管理者应通过现场抽查、向旅游者调查等方式考察和了解接待人员的服务态度。对于那些服务态度热情,受到广大旅游者喜爱的接待人员应予以适当的表扬和奖励,鼓励他们继续努力为旅游者提供热情周到的服务;对于那些服务态度较差的接待人员,应向他们提出严肃的批评,要求他们立即改正;对于少数服务态度恶劣、屡教不改的接待人员,则应坚决将其撤离接待岗位。

(2)导游讲解水平的管理。导游讲解是旅游接待业务的核心,其水平高低直接影响旅游者对旅行社服务质量的评价。旅行社管理者通常采取现场抽查的方式检查导游员的导游讲解水平。旅行社通过对导游人员的导游讲解水平的监督和管理,发现其中可能存在的不足并加以纠正,以确保旅游者享受到高质量的旅游接待服务。

(3)接待业务能力的管理。旅游接待人员的业务能力包括独立实施日常旅游接待的能力和处理各种突发事件的能力,这是旅游接待业务顺利完成的重要保证。旅行社管理者应通过日常的观察和定期考核,检查接待人员的业务能力,并作出适当的评价,以便量才使用,对业务能力强的人员授予比较重要和比较复杂的接待任务,而将比较容易的接待任务交给那些业务能力相对弱的人员。同时,旅行社管理者还应注意不断对具有不同业务能力的人员进行针对性的业务培训,使业务能力较强的人得到进一步的提高,并使那些业务能力较弱的人员经过一段时间的培训和锻炼,逐步胜任更加复杂和重要的接待任务。

4. 环境质量管理

(1)制定规则和标准。旅行社对自己直接能控制的环节,即旅行社内部相关部门的工作质量,应根据国家标准或行业标准,结合本企业的实际情况,制定质量标准、操作规程与岗位责任,并与奖罚制度相结合使之得以贯彻。

(2)实行合同管理。旅行社对于不能直接控制的环节,即旅游供应单位所提供的旅游服务产品的质量,应采取签订合同的办法来保证其所提供产品的服务质量。旅行社应严格选择旅游服务供应商,并通过双方所签订的合同,约束对方供应优质服务及其他优质产品。在合同中,应明确规定有关服务的质量标准,以及达不到标准的惩罚办法。

(3)主动规避风险。旅行社应对企业无法控制而又可能经常发生的质量问题早作预防,并尽力避开。如某景区(点)交通运力紧张、客房供应不足、传染病流行、气候恶劣等,旅行社应早做准备,要么提前做好交通工具和客房预订准备工作,要么不安排旅游者到这些地区,以减少不必要的质量事故的发生。

第二节 旅行社接待服务质量管理

一、旅游接待质量标准的建立

旅游接待质量是旅行社生存和发展的关键要素,是提升游客满意度的核心内容,是旅行社行业健康持续发展的必然要求。而旅游质量保障体系的构建与完善，是旅行社提高旅游质量、提升旅游品质、增强核心竞争力的切实保障。旅行社质量保障体系包含旅行社内部质量保障体系和由旅游行政管理部门及相关部门制定的行业规范、等级认证等外部质量保障体系。内部质量保障体系是旅行社质量保障体系的核心，它通过企业文化的建设、员工教育培训的强化、质量标准的建立、制度规章的完善、旅游质量回访等手段，实现旅行社的自我发展。

1. 加强企业文化建设

加强企业文化建设是构建旅游质量保障体系的内在要求。文化是企业的灵魂，企业文化建设是旅行社持续发展的不竭动力。在经营管理的过程中，旅行社可以结合自身实际逐步树立并形成正确的价值观念、鲜明的企业精神、独特的经营之道，以及为广大员工认同并自觉遵守的道德规范和行为准则。在企业文化建设中，应尊重和发挥生产力中最为活跃的人的因素，尤其是在旅行社行业员工流动性强、人才流失率高的现实情况下，更应该坚持"以人为本"的思想，秉承没有满意的员工就没有满意的游客的原则。因此，旅行社不仅要关心好、维护好、实现好广大员工的切身利益，还要通过激励机制鼓励好、运用好、发挥好每位员工的聪明才智，使员工产生强烈的认同感、使命感、归属感、自豪感，最终实现由"要我努力工作"向"我要努力工作"的转变，使企业精神渗透于旅游管理以及旅游服务的各个环节。这样，旅游质量就能在思想意识领域得到根本保障。

2. 实现管理法治化

管理法治化是构建旅行社质量保障体系的法律依据。搞好以旅游产品设计、旅游市场营销、计调科学操作、导游规范服务等为主要内容的标准化建设，对于提升旅行社质量管理水平具有十分重要的意义。在法治化工作中，首先，应该认真贯彻实施《旅游法》，将其作为制定国家标准、行业标准、地方标准的法律依据；其次，在遵守法律的基础上，有效贯彻相关法规，保证旅行社行为的规范；最后，结合自身实际制定、完善包含管理标准和工作标准在内的各项标准，实现旅游管理、旅游服务的标准化、规范化。具体而言，就是在旅游产品的设计标准中，体现安全第一的原则、符合市场需求的原则、安排合理的原则、确保履约的原则；在旅游产品营销标准中，宣传要实事求是、真实可靠、具体详尽，销售要明码标价、质价相符、一视同仁；签约时严格按照《旅行社条例》的规定，明确各项服务标准，注明必须在旅游合同中体现的事项，严格履行告知义务和注意义务。同时，在标准的执行过程中，要对标准进行适时的评价和评定，不断改进，确保各项标准有效实施。

3. 强化员工培训教育

员工的教育和培训是构建旅行社质量保障体系的重要内容。有的旅行社负责人认为，"教育培训是说起来重要，做起来次要，忙起来不要"，加之员工流动性强、流失率高，培训教育工作没有得到足够的重视。但是，随着旅游业日新月异的发展，游客个性化、差异化消费需求的不断增强，多元化、多样性的旅游消费形态日益显现，旅行社员工只有不断完善知识结构、丰富知识内涵、提高服务技能，才能为游客提供更加优质的旅游服务,才能满足旅游消费者日益变化的消费需求。因此,旅行社应确立教育培训目标、制订教育培训计划、明确教育培训方式、落实考核内容,建立完整的培训体系。培训教育活动不仅能达到提升员工服务意识、增强员工服务技能、提高员工整体素质的目的,还能为员工的个人发展创造条件和空间,为企业旅游质量的不断提升提供持续的动力和不竭的源泉。

4. **做好建章立制工作**

建立健全并完善内部规章制度是构建旅行社质量保障体系的重要保证。建立健全旅行社规章制度是建立现代企业制度的需要,是规范各部门、各岗位行为的需要。部分旅行社没有认识到规章制度对于经营管理的重要作用,有的旅行社内部规章制度不健全、不完善、不具体,缺乏针对性、操作性、执行力,从而导致了管理服务工作的随意性,加大了经营风险,使旅游质量无法得到有效保证。在经营管理中,旅行社一定要结合本单位实际,制定、落实并不断修订各岗位职责、人事管理、门市接待、导游服务、计调管理、安全管理、质量监督、档案管理、财务管理等在内的各项规章制度,使各个部门、每个环节都能用规章制度加以规范。

5. **坚持调查回访**

旅游质量的调查回访是构建旅行社旅游质量保障体系的必要环节。旅行社通过对旅游质量的调查回访,可以在第一时间了解游客的消费需求,掌握旅游者的消费期待,通过对产品、服务的改进和优化达到完善旅游产品、提升旅游质量的目的。为了全面了解旅游质量,及时掌握游客评价,旅行社可以成立旅游质监机构或指定专职旅游质监人员,以规章制度和工作规范为依据,采取电话、信函、走访、网络等形式对旅游者进行旅游质量跟踪回访,及时、准确、全面地了解旅游者对旅游目的地、游览行程安排、导游服务、住宿、餐饮、购物、娱乐、交通等要素的综合评价,并在此基础上提出进一步改进旅游服务质量的具体办法和措施,提升旅游者满意度。

【案例6-1】

推诿责任引发的思考

赵先生一家三口参加了某旅行社组织的泰国游,双方签订了旅游合同,全额交纳了三个人的旅游团费,确定了游览行程。旅游团出发当日,赵先生一家按约定时间赶到机场集合。办完出境手续后,赵先生发现全团16个旅游者分别来自三家旅行社,且游客手中的旅游行程各不相同。赵先生一家的旅游行程上有送古典泰式按摩和骑大象项目,但泰国地接导游却说这是自费项目,要求赵先生一家重新交费。赵先生无奈只好重新交费。旅游团回国后,赵先生找到该旅行社,要求该社给个说法。该社负责人称,组团人数不足,将若干家旅行社的旅游者拼成一个团,是旅行社的通常做法,赵先生一家泰国游已交由另一家旅行社操作,有问题去找那家旅行社。赵先生找到那家旅行社,那家旅行社说是按某旅行社要求操作的,出了问题找某旅行社。赵先生只好向旅游质监所投诉。

（资料来源：根据云南省旅游执法监察大队公开材料整理。）

二、旅游者投诉的管理

通常情况下，当旅游者的旅游需求不能得到满足时，就会发起投诉。投诉一旦发生，在一定程度上意味着旅行社的服务在某个环节出了问题。旅游者的投诉处理得不好，便会造成负面的影响，损害旅行社的形象。因此，旅行社面对旅游者反映的情况和投诉，应当本着解决问题的态度，做到合法、合理、公正，尽可能让自己免遭损失，又使旅游者感到满意。

（一）旅游者投诉管理的原则

1. 合法性原则

法律法规不仅是旅游者维护自身权益的依据，同时也是旅行社保护自己的法律手段。合法性原则就是要求旅行社在处理旅游者投诉时，应当以法律法规作为检查自身服务质量的标准，对于自身存在违法违规的情节，要坚决予以纠正；对于旅游者无理取闹的情形，同样可以用法律法规来维护自己的合法权益。

2. 合理性原则

合理性原则就是要求旅行社在处理旅游者投诉时，应当认真考虑旅游者的诉求，对确因自身原因导致的投诉，要在合理的范围内给予旅游者补偿或赔偿；对于不合理的诉求或确因客观原因不能满足的要求，则耐心做好说明解释工作。

3. 公正性原则

公正性原则就是要求旅行社在处理旅游者投诉时，应当找准各方利益的平衡点，既不夸大事实，也不隐瞒包庇或推诿责任，对于自身的过错，要勇于承担，以维护企业形象。

4. 人本性原则

人本性原则就是要求旅行社在处理旅游者投诉时，应当站在旅游者的角度考虑问题，特别是要注意安抚旅游者的情绪，给予旅游者人文关怀。这样既可以避免事态扩大造成不利影响，又能求得旅游者的谅解，进而处理好投诉。

（二）旅游者投诉管理的方法

1. 倾听

旅游投诉分书面投诉和口头投诉两种形式。旅行社管理者在接到旅游者的书面投诉时，应仔细阅读其来信，总结出投诉的要点。在接待提出口头投诉的旅游者时，管理者应耐心倾听旅游者的诉求。倾听旅游者投诉时，一要端正态度。旅行社管理者在倾听投诉时应态度严肃，给旅游者一种认真对待其投诉的印象，否则会让投诉者误认管理者没有把提出的意见放在心上，或产生被嘲笑的感觉。二要认真倾听。旅行社管理者在倾听旅游者投诉时不应打断旅游者的叙述，无论旅游者的投诉理由是否正当，都必须让其把话讲完。三要头脑冷静。不管旅游者的态度如何激烈，都不得同其争吵或对其进行指责。

2. 询问

旅行社管理者在倾听旅游者的投诉后，应首先对其遭遇表示同情，使旅游者感到管理者通情达理，愿意解决其所投诉的问题，得到心理上的安慰。然后，管理者应就旅游者投诉中尚未讲清楚的关键情节进行询问，以便了解旅游者投诉的事实。最后，管理者应就旅游者能够坦诚地向旅行社反映情况表示感谢，指出这是对旅行社的信任和爱护，并答应尽快对旅游者所提出投诉的事实进行调查和处理，并将处理结果反馈给旅游者。

3. 调查

旅行社管理者应立即着手对旅游者投诉所涉及的人员和事情经过进行调查核实。在弄清事实的基础上，采取适当的方法处理。

4. 处理

旅行社管理者应在对旅游者投诉的事实调查清楚的基础上，根据具体情况对旅游投诉进行妥善处理。对于涉及旅行社员工的投诉，如果经过调查，发现旅游者的投诉与事实相符，应立即采取适当的措施，按照旅行社的有关制度和规定对当事人进行批评教育；情节严重并造成严重影响或经济损失的，还应根据错误的严重性和造成的后果给予扣发奖金、暂停接待工作、赔偿经济损失、通报批评、行政记过、留社察看、解聘或开除等处分。对于涉及其他旅游服务供应部门或企业的投诉，经过调查证明确属该部门或企业责任的，则应通过适当渠道向该部门或企业的有关领导反映。如果发现该部门或企业屡次出现旅游者因同类情况进行投诉，旅行社则应减少直至停止与其合作，不再采购其服务或产品。

5. 答复

旅行社管理者在完成对旅游投诉的处理之后，应及时将处理结果以口头或书面形式通知旅游者。在答复时应诚恳地向旅游者表示歉意，希望能够得到其谅解，并愿意继续为其提供优质服务。如果处理结果涉及经济赔偿，旅行社还应征求旅游者的意见，以适当的渠道和方式进行赔偿。如果经过调查发现旅游者的投诉与事实出入较大，属于旅游者的误会，旅行社管理者则应向旅游者解释清楚，并欢迎其在今后继续关心和监督旅行社的服务质量。旅游投诉得到妥善处理后，旅行社管理者应将旅游者投诉的原因和处理结果向旅行社的有关部门和人员公布，以提高员工对服务质量重要性的认识。同时，管理者还应根据旅游者的投诉，对出现问题的地方进行检查，以提高服务质量。

6. 存档

旅行社应将旅游投诉的内容和处理经过做详细真实的记录，并存入档案，以备将来需要时核对。

第三节　旅行社的风险管理

近年来，随着宏观经济环境的剧烈变化和旅游业的快速发展，旅行社行业已日渐成为高风险行业。由于旅行社对客源市场和服务市场天生具有严重的依赖性，其受外部环境和内部条件的影响比一般企业更加明显，所面临的风险更大。这是旅行社区别于其他企业的显著特征。纵然是发展好、有口碑的大企业，如果一朝不慎出现了严重的质量问题，则之前所做的一切努力都将毁于一旦。因此，做好风险防范和管理，是旅行社质量管理的重要方面。

一、旅行社的风险形式

旅行社风险，即在旅游业的高度敏感性和旅游产品较强综合性的条件下，旅行社经营的不确定性和发生损失的可能性。当这种风险进一步扩大时，便会引发危机。一旦出现危机，就会引起市场份额萎缩、客源流失、服务质量下降、财务亏损、人才散失等。危机的出现，体现了旅行社抗风险能力较弱，也暴露了旅行社管理能力不足。旅行社通过有效的风险管理，可以预防风险的发生，减少风险发生所造成的损失，尽快从损失中恢复正常。旅行社经营中存在的风险，主要有以下几种：

1. 合同风险

在旅行社业务经营中，人们通常看到的是组团旅行社与旅游者之间签订的旅游合同，但除了这一合同关系之外，还存在旅行社与餐饮、住宿、景区、购物店、交通等旅游中间商之间的业务合同关系。这当中存在两个法律风险：其一，在组团社与旅游者的合同关系中，双方作为合同的相对人，各自向对方承担约定的义务，当合同不能得到履行时，旅游者很自然地会要求组团社承担全部责任。而在实际的接待工作中，并不一定是组团社的原因造成的违约，地接旅行社或其他中间商违约的可能性更大。依照《旅行社条例》的相关规定，旅游者也只能要求合同的相对方——组团社担责，因此对于组团社来说，无论问题出在哪里，都要先行向旅游者赔偿。尽管上述法律法规中都规定了合同责任人向对方先行担责后，可以向合同以外的第三人追偿，可问题是追偿由谁来保障、追偿不到怎么办等问题均未作明确规定，可见经营风险很大。其二，组团社往往忽视与地接社和其他中间服务商之间签订合同，一旦合作伙伴出现违约，组团社便很难主张自己的权益。

2. 债务风险

团款拖欠、三角债问题是旅行社行业长期存在的一大痼疾。旅行社的盈利主要靠服务费和代理费收入，然而有的旅行社为了招徕旅游者不惜"亏本"销售，"零团费""负团费"让旅行社不得不押款进行资金周转。特别是以地接为主营业务的旅行社，都不同程度地被组团社以各种各样的理由拖欠团款，地接社并不只是和某一家组团社有业务合作关系，而是同时与多家组团社合作，如果每家组团社都拖欠团款，这样的经营风险谁能担得起？结果引发甩团、扣团等恶劣行为，到头来吃亏的还是旅行社自己。另外，地接社因收不到团款又会拖欠其他中间服务商的款项，使债务风险波及其他中间商。

3. 安全风险

旅游活动本身具有不确定性，在旅游过程中，自然灾害、旅游交通事故、治安事故等很多难以预料的因素始终威胁着旅游者的人身和财产安全。一旦发生旅游安全事故，旅游纠纷就难以避免，而在所有的旅游纠纷中，旅游安全纠纷对旅行社的损害通常是最大的，高额的赔付会使旅行社不堪重负而面临经营困境，甚至破产。

二、旅行社风险防范的原则

1. 强化风险意识

要想防范风险，首先要提高服务人员，特别是一线员工的风险意识。旅行社管理者要定期组织开展安全培训教育，不断增强危机意识，提高企业的抗风险能力，并将危机意识传递给每一个员工。

2. 强化法律意识

旅行社管理者要熟悉各项旅游法律法规，严格依法依规经营业务，特别是要强化合同意识，经营业务的每一个环节都用合同来约束行为、明确权责，营造法治、透明、诚信的经营环境。

3. 强化应急措施

开展经营状况和旅行社现状的分析，增加快速反应能力，制定长效应急预案，及时解决各种突发事件。同时，对司导人员、业务人员等要进行安全保障、紧急救援、事故护理等方面的技能培训，对旅游线路，特别是新开发的旅游线路、特种旅游活动和安全系数要求高的旅游项目进行安全检查，确保旅游安全。

三、旅行社风险管理

（一）合同风险管理

1. 依法签订合同

以合同为切入点，严格依法依规经营，这是旅行社避免合同风险的"王道"。根据《旅行社条例》的规定，旅行社招徕组织接待旅游者，为旅游者提供旅游服务，应载明条例所规定的各项内容，明确权责以及解决纠纷的途径；旅行社需要对旅游业务做出委托的，应当委托给具有相应资质的旅行社，征得旅游者的同意，并与接受委托的旅行社就接待旅游者的事宜签订委托合同，确定接待旅游者的各项服务安排及其标准，约定双方的权利、义务。根据《旅行社条例实施细则》的规定，旅行社招徕组织接待旅游者，其选择的交通、住宿、餐饮、景区等企业，应当符合具有合法经营资格和接待服务能力的要求。

2. 加强业务监督

一方面，旅行社要加强对自身各部门和全体员工的业务监督，要求依法执业、照章办事，对违规违纪者要严肃处理；另一方面，旅行社要加强对所有合作伙伴，特别是对长期有着业务往来的企业的经营行为进行业务监督，要求诚信合作、依法经营，保障各方的合法权益。

（二）债务风险管理

债务风险通常也是由于旅行社法律意识欠缺而导致的。现行《旅行社条例》规定:"旅行社将旅游业务委托给其他旅行社的,应当向接受委托的旅行社支付不低于接待和服务成本的费用;接受委托的旅行社不得接待不支付或者不足额支付接待和服务费用的旅游团队。"此规定从组团社、地接社两头来规制团款问题,使团款问题有法可依。

旅行社在长期开展业务的过程中,有约定俗成的操作模式,最典型的就是通过传真来确认团队。然而在业务合作中仅仅有往来传真是不够的,特别是在没有公章的情况下。如果没有证据能证明双方业务合作的事实,一方的欠款很难依法追偿。组团地接的合作协议中最重要的条款不是团队如何地接,团款如何结算,违约金如何计算等问题,而是对双方合作的履约方式和履约代表人的确定和争议管辖的约定。

(1) 履约方式的确定。应把传真作为双方团队确认的主要依据之一,合同中应该有类似这样的表述:"本协议为双方业务使用中的原则性约定,具体团队接待单团单议,双方关于团队接待的往来确认传真和结算传真与协议同样具有法律效力。"

(2) 履约代表人的确定。约定中应把对方旅行社负责和地接社衔接的相关人员的姓名列明。因为旅行社有时在需要团队确认时无法盖到公章,或组团社故意不加盖公章,但又必须要确认。这时,履约代表人的签字就相当于盖公章。这样约定就可以避免有些没有盖章的传真难以认定了。

(3) 如果和地接社合作的是个某个旅行社的分部或承包部门,一定要在这份合作协议中见到旅行社的公章或财务章。若只有旅行社分部或承包部门的印章,则该协议应视为无效。这样可以避免个别非法承包挂靠单位利用合作关系实施违法违规行为。

(4) 最好将该合作协议的争议诉讼管辖约定为地接社所在地,一旦产生债务纠纷,可以方便法院审理,抑制和克服地方保护主义。合同中如果对方坚决不同意约定由地接社所在地管辖,也可约定原告住所地法院管辖,或者约定合同签订地法院管辖。

(5) 付款的问题。如果合作双方的款项往来都走公司账户那没问题,但目前的实际情况是很多旅行社之间由于各种原因导致往来的款项走私人的储蓄卡,这个时候,一定要在合同中明确确定地接社接受团款一个或几个储蓄卡的卡号、开户者等相关信息。这一约定看起来对组团社更有利一些,或者说对组团社更公平一些,其实这种做法也可以为欠款诉讼中相关问题的举证带来便利。

(三)安全风险管理

1. 加强安全防范

安全风险管理重在"防患于未然",最好是不发生安全事故。旅行社应设立专门的安全监督部门,负责对员工进行安全教育和技能培训,对旅游线路、旅游产品进行安全保障和督导。

2. 遵守法律法规

《旅游法》规定,国家根据旅游活动的风险程度,对旅行社、住宿、旅游交通以及高风险旅游项目(高空、高速、水上、潜水、探险等)等经营者实施责任保险制度,这极大地提高了旅游经营者的风险防范和保险意识。

《旅游法》规定，旅游经营者应当就旅游活动中的下列事项，以明示的方式事先向旅游者做出说明或者警示：①正确使用相关设施、设备的方法；②必要的安全防范和应急措施；③未向旅游者开放的经营、服务场所和设施、设备；④不适宜参加相关活动的群体；⑤可能危及旅游者人身、财产安全的其他情形。该规定重在强调"明示"和"事先"，"明示"主要是指旅游经营者或其从业人员用积极的、直接的、明确的方式，将说明或者警示的内容表达、告知给旅游者，具体包括口头明示、书面明示、警示牌标示等方式，与"默示"相对；"事先"主要是指预先防范，在旅游者开始进行某项旅游活动前的时间区间，包括旅游行程开始前或者某一个具体旅游项目开始前。

旅游经营者按照"明示"和"事先"的原则，合理履行说明或警示义务，既可以保证消费者知情权的实现，也体现了旅游经营者的安全保障义务。为此，旅游经营者应当对其提供的产品和服务进行风险监测和安全评估，依法履行安全风险提示义务，必要时应当采取暂停服务、调整活动内容等措施。旅游经营者应当主动询问与旅游活动相关的个人健康信息，要求旅游者按照明示的安全规程，使用旅游设施和接受服务，并要求旅游者对旅游经营者采取的安全防范措施予以配合。旅行社组织出境旅游，应当制作安全信息卡。安全信息卡应当包含旅游者姓名、出境证件号码和国籍，以及紧急情况下的联系人、联系方式等信息，使用中文和目的地官方语言（或者英文）填写。旅行社应当将安全信息卡交由旅游者随身携带，并告知其自行填写血型、过敏药物和重大疾病等信息。可见，旅游经营者合理履行说明或警示义务，既可以保证消费者知情权的实现，也体现了旅游经营者的安全保障义务。

3. 购买保险

旅行社的保险主要有两种，即旅行社责任险和旅游者意外保险。前者是法规规定的旅行社必须投保的责任险，具有强制性；后者是由旅游者根据自身情况自行选择投保的意外险，具有自愿性。目前，在实际发生的旅游安全事故中，从数量上看，绝大部分涉及人身、财产的安全事故属于意外事故，和旅行社的责任没有任何直接的关系。但从合同关系和损害程度上看，旅行社的责任则需要法律认定，事后赔付。旅游意外险赔付主体是游客本人，一旦发生事故，赔付可以立即到位，旅行社亦可以通过保险公司支付一定的保险赔偿款，有效转移风险。

第四节　旅游安全事故处理及旅游保险

一、旅游安全事故

（一）旅游安全管理工作方针

我国旅游安全管理法律制度呈现以下特点：①从"安全第一、预防为主"向"以人为本、安全第一、预防为主、综合治理"转变，更加注重以人为本的立法理念和采取综合治理手段。②从"重监控"向"监管、协调、服务并重"转变，更加注重旅游主管部门的协调职能和旅游安全服务的提供。③从"重事中"向"事前、事中、事后并重"转变，事前的安全风险提示和预警以及事后的应急处置、救援和报告受到关注。④从"重政府、企业"向"政府、企业、社会和个人并重"转变，旅游安全服务社会化，旅游者需要承担旅游安全义务成为规范内容。

（二）安全事故处理原则

在旅游安全事故的善后处理工作中，应恪守保护旅游者的基本权利和利益为第一位的原则，在具体工作中，要遵循下述原则：

（1）迅速处理原则。旅游安全事故发生后，旅游服务人员应在能力范围内及时采取相应措施，并上报旅行社，旅行社应立即派人赶赴现场，组织抢救工作，保护事故现场，并及时报告当地公安部门或相关政府部门。

（2）属地处理原则。旅游安全事故发生后，原则上由事故发生地区政府协调有关部门及事故责任方及其主管部门负责，必要时可成立事故处理领导小组。

（3）妥善处理善后原则。旅游安全事故发生后，要组织旅游者及时离开事故现场，积极处理善后事宜，尽量避免事故造成的损失进一步扩大。

（三）旅游安全事故的处理办法

根据《旅游安全管理办法》的规定，国家建立旅游目的地安全风险（以下简称风险）提示制度。根据可能对旅游者造成的危害程度、紧急程度和发展态势，风险提示级别分为一级（特别严重）、二级（严重）、三级（较重）和四级（一般），分别用红色、橙色、黄色和蓝色标示。

风险提示信息，应当包括风险类别、提示级别、可能影响的区域、起始时间、注意事项、应采取的措施和发布机关等内容。一级、二级风险的结束时间能够与风险提示信息内容同时发布的，应当同时发布；无法同时发布的，待风险消失后通过原渠道补充发布。三级、四级风险提示可以不发布风险结束时间，待风险消失后自然结束。

风险提示发布后，旅行社应当根据风险级别采取下列措施：四级风险的，加强对旅游者的提示。三级风险的，采取必要的安全防范措施。二级风险的，停止组团或者带团前往风险区域；已在风险区域的，调整或者中止行程。一级风险的，停止组团或者带团前往风险区域，组织已在风险区域的旅游者撤离。其他旅游经营者应当根据风险提示的级别，加强对旅游者的风险提示，采取相应的安全防范措施，妥善安置旅游者，并根据政府或者有关部门的要求，暂停或者关闭易受风险危害的旅游项目或者场所。

二、责任事故

导致这类事故的原因主要有导游人员、内勤、组团社或地接社的其他人员及其部门工作上的差错。在旅游过程中，因工作差错造成的常见事故有误机（车、船）事故；漏接、空接、错接事故；行李丢失事故等。

1. 误机（车、船）事故

误机（车、船）事故是指由于某些原因或有关工作人员工作的失误，旅游团

（者）没有按原定航班（车次、船次）离开出发地而导致暂时滞留。

误机（车、船）事故是属重大事故，不仅给旅行社造成巨大的经济损失，而且还会使旅游者蒙受经济或其他方面的损失，严重影响旅行社的声誉。因此，无论是旅行社还是导游人员都必须高度认识这一事故的严重后果，杜绝这一事故的发生。

从工作角度分析，导致误机（车、船）事故发生的原因主要是导游人员安排日程不当，没有留有余地，临行前安排旅游者去地域复杂的游览景点或商业区参观游览和购物，延误了时间；导游人员没有按服务规范提前抵达机场（车站、码头）；在每年新旧航班（车次、船次）时刻交替期间，导游人员本着经验主义，仍按以往的班次离开时间送客；航班班次（车次、船次）变更，旅行社内勤没有及时通知导游人员或导游人员没有提前与内勤联系和确认航班（车次、船次）时刻，仍按原计划预订的航班（车次、船次）时间送客，等等。

造成误机（车、船）事故的原因，还有交通事故、汽车在途中抛锚、严重堵车及旅游者自身问题等原因。

2. 漏接、错接事故

（1）漏接事故。漏接是指导游人员没有按预定航班（车次、船次）时刻迎接旅游团（者），导致旅游团（者）抵达后无导游人员迎接的现象。

造成漏接的原因是多方面的，旅行社方面的主观原因归纳起来主要有导游人员或司机因故未按预定时间抵达机场（车站、码头）；航班（车次、船次）变更时间（提前），导游人员没有认真阅读计划，仍按原计划时间去迎接；新旧航班（车次、船次）时刻交替时，导游人员没有认真核实，仍按原时刻去迎接；航班（车次、船次）临时变更（提前），组团社没有及时转发变更通知等。

客观方面，也有途中出现严重堵车、交通事故或汽车抛锚等原因。

（2）错接事故。错接是指导游人员将其他旅游团（者）当作自己所接的旅游团（者）接走。错接事故发生后，往往给旅行社工作带来一系列的麻烦，在旅游者中造成不良影响，从而影响旅游服务质量。导游人员一定要有高度的责任心，避免接错团。造成错接事故的原因主要在导游人员方面，如导游人员接团时没有认真核实团名（编号）、境外组团社或国内组团社名称、旅游团人数、领队或全陪姓名等。

三、旅游保险

【案例6-2】

旅游保险的赔付

黄某参加某旅行社组织的丽江、大理游，与旅行社签订了合同，交付了团款。在签合同时，旅行社要求黄某购买10元钱的旅游意外险。黄某称自己到过很多地方旅游，从来不买意外险，也不会出什么意外，坚持不买保险。经旅行社再三动员，黄某仍坚持不买，旅行社只好让黄某在合同中写下"我自己不愿购买旅游意外险，为此发生的一切后果我自己承担,与旅行社和保险公司无关"。黄某在随团游览玉龙雪山时,不按导游领走的线路,私自离团活动,在走坡路时自己不慎摔伤,经导游护送到医院诊断为多处粉碎性骨折。因黄某是自己走路不慎摔伤,旅行社没有责任,加之黄某在旅游合同中写过自己不愿购买意外险的内容,黄某要求回湖南治疗。在旅行社的帮助下,黄某回到湖南。经两个多月住院治疗后,黄某花去医疗费7万多元,并身带七级伤残。为找回一些损失,黄某找到旅行社要求旅行社或保险公司赔偿他7万元的损失,旅行社和保险公司以旅游合同和黄某亲笔写下的字据为由,不予赔偿。

(资料来源:牛崇荣,游客不愿意购买意外险而又自己摔伤怎么办,2007)

(一)旅游保险的主要险种

1. 旅行社责任保险

旅行社责任保险,是指以旅行社因其组织的旅游活动对旅游者和受其委派并为旅游者提供服务的导游或者领队人员依法应当承担的赔偿责任为保险标的的保险。《旅行社条例》第三十八条规定:"旅行社应当投保旅行社责任保险,拒不投保旅行社责任险的,可吊销其旅行社业务经营许可证。"旅行社责任险属于强制保险。

2. 旅游意外保险

旅游意外保险,是指旅游者向保险公司支付保险费,一旦旅游者在旅游期间发生意外事故,由承保的保险公司按合同约定,向旅游者支付保险金的保险行为。多数保险公司规定,中华人民共和国境内的旅行社组织的旅游团队的全体成员,包括旅游者及旅行社派出的为旅游者提供服务的导游、领队人员,均可作为被保险人参加旅游意外险保险。《旅行社条例实施细则》规定:"为减少自然灾害等意外风险给旅游者带来的损害,旅行社在招徕、接待旅游者时,可以提示旅游者购买旅游意外保险。鼓励旅行社依法取得保险代理资格,并接受保险公司的委托,为旅游者提供购买人身意外伤害保险的服务。"

3. 航空旅客意外伤害保险

航空旅客意外伤害保险,简称"航意险",属自愿办理的个人意外伤害保险。根据中国保险监督管理委员会公布的《航空旅客意外伤害保险条款(行业指导性条款)》的解释,意外伤害,是指外来的、突发的、非本意的、非疾病的使身体受到伤害的客观事件。航空人身意外保险的保险期限一般在几小时到几十小时之间,即从被保险人踏上保险单上注明的航班始发站飞机舱门,至目的地的飞机舱门(不包括舷梯及廊桥)。在飞机未到达目的地之前的停留、绕道过程中,只要被保险人一直跟机行动,其间所遭受意外的伤害均在保险责任范围内。在旅客已经进入舱门后,由于民航方面原因,飞机延误起飞又让旅客离开飞机,在此期间遭受的伤亡,保险公司也负责。航意险对投保人或被保险人无选择要求,凡是购买了航空公司机票的乘客,无论其年龄、性别、职业、身体情况如何,均可自愿购买一份或多份航空保险。

4. 中国境外旅行救援意外伤害保险

中国境外旅行救援意外伤害保险,属附加性保险,即附加在主保险合同上的保险险种。

(二)旅游保险的主要内容

1. 保险责任

(1) 旅行社责任保险。旅行社责任保险的保险责任,包括旅行社在组织旅游活动中依法对旅游者的人身伤亡、财产损失承担的赔偿责任和依法对受旅行社委派并为旅游者提供服务的导游或者领队人员的人身伤亡承担的赔偿责任。具体包括:因旅行社疏忽或过失应承担的赔偿责任;因发生意外事故旅行社应承担的赔偿责任,以及国家旅游局会同中国保险监督管理委员会规定的其他情形。

(2) 旅游意外保险。在保险合同的保险责任有效期间内,旅游者(指作为被保险人的旅游者,下同)因急性病或者遭受意外伤害,保险公司根据约定给付保险金。在下列情形之一发生后,保险公司应承担保险责任:旅游者自急性病发作之日起7日内因同一原因死亡的;旅游者自意外伤害发生之日起180日内因同一原因死亡的;旅游者因意外事故下落不明,经人民法院宣告死亡的;旅游者自意外伤害发生之日起180日内因同一原因身体残疾的;旅游者在县级以上(含县级)医院或者保险公司认可的医疗机构诊疗所支出的、符合当地社会医疗保险主管部门规定的可报销的医疗费用;旅游者因急性病或意外伤害死亡后的死亡处理及遗体遣返所需的费用。

(3) 航空旅客意外伤害保险。意外身故保险金:旅游者(被保险人,下同)自意外伤害发生之日起180日内因同一原因身故的,或旅游者因意外事故下落不明,经人民法院宣告死亡的,保险公司按保险金额给付身故保险金。

意外残疾保险金:旅游者自意外伤害发生之日起180日内因同一原因身体残疾的,保险公司根据相关规定,按保险金额及该项残疾所对应的给付比例给付残疾保险金;如旅游者经过治疗仍未结束,保险公司按在第180日的身体情况对旅游者进行残疾鉴定,并据此给付残疾保险金;旅游者因同一意外伤害造成一项以上身体残疾时,保险公司给付对应项残疾保险金之和。但不同残疾项目属于同一手或者同一足时,保险公司仅给付其中一项残疾保险金;如残疾项目所对应的给付比例不同时,仅给付其中比例较高一项的残疾保险金。旅游者因遭受意外伤害在保险公司指定或者认可的医院住院治疗所支出的、符合旅游者住所地社会医疗保险主管部门规定可报销的医疗费用,保险公司在保险金额的10%的限额内,按其实际支出的医疗费用给付医疗保险金。

(4) 中国境外旅行救援意外伤害保险。紧急救援保险责任:在保险合同有效期内,旅游者(指被保险人,下同)在中国境外旅行遭受意外伤害或突发急性病,保险公司通过救援机构承担救援服务责任及由此产生的费用:提供24小时援助热线电话服务;安排就医并承担医疗费用;转院治疗费用;转运回国费用;安排未成年子女回国费用;遗体或骨灰运送回国和安葬费用;行政援助事宜。

紧急门诊和牙科门诊保险责任:本项责任属于可选择的保险责任,但不可单独选择投保本项责任。旅游者在投保"紧急救援保险责任"的前提下,可选择投保本项保险责任。在保险合同有效期内,旅游者在中国境外旅行遭受意外或患突发性疾病时,保险公司通过救援机构的授权医生根据其专业知识向旅游者提供医疗咨询,在确认旅游者需要医疗救助时,保险公司通过救援机构承担下列责任及费用:紧急门诊责任、紧急牙科门诊责任。

2. 保险期间

(1) 旅行社责任保险。旅行社责任保险的保险期限为一年,旅行社应当在保险合同期满前及时续保。

(2) 旅游意外保险。入境旅游:入境旅游的保险期间自被保险人入境后参加旅行社安排的旅游行程时开始,至该旅游行程结束、办完出境手续出境时止;国内旅游、出境旅游:国内旅游和出境旅游的保险期间自被保险人在约定时间登上由旅行社安排的交通工具开始,至该次旅行结束离开旅行社安排的交通工具止。被保险人自行中止旅游行程:被保险人自行中止旅行社安排的旅游行程,其保险期间至其中止旅游行程的时间止。

(3) 航空旅客意外伤害保险。《航空旅客意外伤害保险条款(行业指导性条款)》规定,航空意外伤害保险的保险期间自旅游者(被保险人,下同)持保险合同约定航班班机的有效机票到达机场通过安全检查时始,至旅游者抵达目的港走出所乘航班班机的舱门时止。旅游者改乘等效航班,保险合同继续有效,保险期间自旅游者乘等效航班班机通过安全检查时始,至旅游者抵达目的港走出所乘等效航班班机的舱门时止。

(4) 中国境外旅行救援意外伤害保险。中国境外旅行意外伤害保险的保险期间,以合同保险单中列明的时日为准。保险期间超过 90 日的,保险公司通过授权的境外救援机构承担每次旅行连续不超过 90 日的保险责任。

3. 保险金额

(1) 旅行社责任保险。旅行社责任保险限额可以根据旅行社业务经营范围、经营规模、风险管控能力、当地经济社会发展水平和旅行社自身需要,由旅行社与保险公司协商确定,但每人人身伤亡责任限额不得低于 20 万元人民币。

(2) 旅游意外保险。旅行社为旅游者办理的旅游意外保险金额不得低于如下基本标准:入境旅游,每位旅游者 30 万元人民币;出境旅游,每位旅游者 30 万元人民币;国内旅游,每位旅游者 10 万元人民币;一日游(含入境旅游、出境旅游与国内旅游),每位旅游者 3 万元人民币。

(3) 航空旅客意外伤害保险。每份保险金额为人民币 40 万元;同一旅游者(被保险人)最高保险金额为人民币 200 万元。

(4) 中国境外旅行意外伤害保险。保险金额由合同双方约定并于保险单中载明,保险金额一经确定,在保险期间不得中途变更。夫妻两人同行且均投保本保险,其随行的未满 18 周岁的子女(限 2 名)可免交本保险保险费参加本保险,但其保险金额以父母两人中保险金额较低一方为准。

4. 责任免除

(1) 旅行社责任保险。旅游者参加旅行社组织的旅游活动,应保证自身身体条件能够完成旅游活动。因下列情形之一,造成旅游者身故、伤残或财产损害的,旅行社不承担赔偿责任；旅游者在旅游行程中，由自身疾病引起的各种损失或损害；由于旅游者个人过错导致的人身伤亡和财产损失，以及由此导致需支出的各种费用；旅游者在自行终止旅行社安排的旅游行程后，或在不参加双方约定的活动而自行活动的时间内，发生的人身、财产损害。

（2）旅游意外保险。根据中国人寿保险公司的规定，因下列情形之一，造成旅游者（被保险人，下同）死亡、残疾或者支出医疗费用的，保险公司不负给付保险金责任：投保人、受益人对旅游者的故意杀害、伤害；旅游者故意犯罪或者拒捕；旅游者殴斗、醉酒、自杀、故意自伤及服用、吸食、注射毒品；旅游者受酒精、毒品、管制药物的影响而导致的意外；旅游者酒后驾驶、无照驾驶或者驾驶无有效行驶证的机动交通工具；旅游者流产、分娩；旅游者因整容手术或者其他内、外科手术导致医疗事故；旅游者未遵医嘱、私自服用、涂用、注射药物；旅游者从事潜水、跳伞、攀岩运动、探险活动、武术比赛、摔跤比赛、特技表演、赛马、赛车等高风险运动；旅游者患有艾滋病或者感染艾滋病毒（HIV呈阳性）期间；战争、军事行动、暴乱或者武装叛乱；核爆炸、核辐射或者核污染；旅游者健康护理等非治疗性行为；旅游者以家庭病床、挂床治疗等；旅游者洗牙、洁齿、验光、装配假眼、假牙、假肢或者助听器等；旅游者投保前已有残疾的治疗和康复；未经保险公司同意的转院治疗；旅游者离开旅行社安排的旅游地点或者乘坐非旅行社安排的交通工具。

（3）航空旅客意外伤害保险。因下列情形之一，造成旅游者（被保险人，下同）身故、残疾或支出医疗费用的，保险公司不负给付保险金的责任：投保人、受益人对旅游者的故意杀害、伤害；旅游者故意犯罪或拒捕；旅游者殴斗、醉酒、自杀、故意自伤及服用、吸食、注射毒品；旅游者受酒精、毒品、管制药物的影响而导致的意外；战争、军事冲突、暴乱或武装叛乱；核爆炸、核辐射或核污染；旅游者乘坐非本合同约定的航班班机遭受意外伤害；旅游者通过安全检查后又离开机场遭受意外伤害。

（4）中国境外旅行救援意外伤害保险。保险公司对于中国境外旅行意外伤害保险规定了较多的责任免除条款。保险公司除了对旅游意外保险规定的责任免除条款外，还规定下列任一行为、原因所导致的费用和后果包括旅游者（被保险人，下同）的治疗、身体残疾或身故，保险公司不负保险责任：

在（但不限于）建筑工地、矿场、油田或者石油及化学工业现场等地进行职业活动发生意外事故时所产生的费用；搜寻和营救行动造成的费用；旅游者因避孕引起的所有问题，但因遭受意外伤害所致不在此限；旅游者患精神病或精神分裂、先天性疾病（包括先天性畸形）、遗传性疾病、性传播疾病、获得性免疫缺陷综合征（艾滋病）或感染艾滋病毒（HIV呈阳性）；一般性体格检查、健康检查、疗养或康复治疗；旅游者住院后使用任何不被当地国家医疗机构认可有治疗价值的医疗或者护理手段以及产品而发生的费用；任何获取移植器官或者捐献器官所产生的费用；发生在保险合同保险单所列明的保险期间、范围和保险责任以外的保险事故；救援机构的授权医生认为可待旅游者返回中国境内进行的非紧急治疗请求；任何非紧急性住院或者已做住院安排，但救援机构的授权医生认为可以等到旅游者返回中国境内后再进行的住院；

未经救援机构的授权医生事先同意的转运和救护，紧急情况除外；无原始收据的费用；旅游者因任何疾病住院检查和治疗时间不足 36 小时的急救、转运和治疗费用；保险单生效日前旅游者已具有的，且已接受治疗、诊断、会诊或服用处方药物疾病或在保险单生效日前经主治医生诊断需在保险有效期内进行诊断和治疗的疾病；在把旅游者因病情需要转运到邻近国家的情况下，因办理所需签证或者在取得该国家授权过程中出现延误的责任；旅游者不能严格遵守救援机构所决定的援助程序，或旅游者拒绝救援机构所建议的救护程序所造成的后果；旅游者为从保险合同中获益而进行骗赔或者采取任何欺骗手段，保险公司不承担保险责任。

【扩展阅读】

全国旅游市场秩序综合整治"三项行动"

2017 年，为全面整治旅游市场秩序、净化旅游消费环境、维护游客合法权益，国家旅游局联合公安、工商等部门持续开展了全国旅游市场秩序综合整治"春季行动""暑期整顿"和"秋冬会战"，掀起了一场"延续时间最长、动员力量最广、监督力度最大、处罚企业最多、各方反响最好"的旅游市场整治风暴。

国家旅游局表示，将在全面总结 2017 年旅游市场秩序整治工作的基础上，根据新时代新要求，实施"鹰眼计划"，锁定全国旅游市场秩序存在的突出问题，组织开展更为精准的市场整治"利剑行动"，努力实现精准监管，同时还将开展对旅游领域严重失信相关责任主体的联合惩戒、发布旅游经营服务不良信息（黑名单）、依托全国旅游服务监管平台实施智能监管、深化旅游市场监管国际合作等工作，推动旅游市场秩序整治从"治标"向"治本"转变，为发展优质旅游保驾护航，彰显旅游业的民生价值，不断提升广大游客的获得感和幸福感。

（资料来源：文化与旅游部官方网站）

复习思考题

1. 如何理解旅行社质量管理的内涵？
2. 旅行社质量管理有哪些评价标准？
3. 旅行社怎样做好旅游者投诉的管理？
4. 旅行社经营有哪些主要风险？怎样进行风险管理？
5. 旅游保险主要有哪些险种？主要内容是什么？

课后实训题

以每组 5~6 人为单位进行分组练习，前往当地不同旅行社调查了解该社的服务质量管理的总体情况，内容包括导游队伍的建设、旅游投诉的处理，以及旅游安全事故防范管理，并合作完成调查报告。

第七章 旅行社人力资源管理

【学习目标】

理解旅行社人力资源管理的相关概念,了解其发展现状与战略趋势,重点掌握旅行社人力资源管理的核心内容,包括旅行社员工的招聘原则与方法、旅行社各岗位工作分析与工作设计、旅行社人力资源的职业规划、旅行社人力资源的主要培训方法、旅行社人力资源的绩效考核模式、旅行社人力资源管理中的薪酬福利设计、旅行社企业文化建设等。

【主要学习内容】

- 旅行社人力资源管理概述
- 旅行社员工的招聘
- 旅行社人力资源开发与管理
- 旅行社企业文化建设

◆ **【导入案例】**

罗森布鲁斯国际旅行社是一家大规模的旅行社,该公司在美国、英国及亚洲设有582个分支机构,雇用了3000名员工。1992年,该公司的营业额已达到150亿美元。该公司的成功主要取决于稳定的员工队伍。在旅行社这一行里,工作强度相当大,员工的流失率普遍高达45%~50%,而在该公司流失率仅为6%。

该公司认为,人才才是自己的竞争优势,所以员工对公司来讲至关重要。为了保留住员工,公司组建了一个"幸福晴雨表小组"。该小组由从各部门随机挑选的18名雇员组成,这些雇员将员工们对工作的感受反馈给总经理。调查问卷一年两次被派发给所有的员工,以了解他们对工作的喜好程度。调查问卷计算后的结果将告诉给每一位员工。

每一位职位候选人都会被仔细审查,以确保公司招聘到合格的人才。公司需要的是有良好的团队协作能力的乐观积极的人才。在挑选的过程中,公司把亲和力、爱心及对工作的狂热程度放在比工作经验、过往薪金等更重要的位置。合格的候选人会有一个3~4小时的面试。对于高层职位，公司总裁会亲自同候选人见面。例如，对于销售主管这个职位的候选人，他会邀请该候选人及其家人共度假期。

一旦被雇用，新员工会很快熟悉他的工作环境。上班第一天，新员工将在幽默剧中扮演一个角色，以让这些员工知道，公司希望他的每一位员工能从工作中获得欢乐。幽默剧的扮演也同样是一个学习的过程。

所有新员工都会进行为期2~8周的培训，在培训过程中，经理人员会评估这些新员工，了解他们是否适合罗森布鲁斯公司高强度的、注重团队合作的工作气氛。那些喜欢个人英雄主义的员工将被请出公司。

（资料来源：挂云帆，旅行社员工的招聘——旅行社经营与管理，2020年）

第一节　旅行社人力资源管理概述

随着人力资源管理理论的不断发展，旅行社也从设立人事部门转变为设立人力资源管理部门，并结合旅游企业的特点形成了市场经济条件下的新型旅行社人力资源管理制度，在旅行社人力资源的获取、选拔、规划和开发等方面发挥了巨大的作用。

一、旅行社人力资源管理的内涵及主要内容

（一）旅行社人力资源管理的内涵

人力资源（Human Resource）最早是由约翰·R. 康芒斯（J. R. Commons）提出的。在1919年的《产业信誉》和1921年的《产业政府》两本著作中，他首次使用这一概念，因而被认为是使用"人力资源"概念的第一人。"现代管理学之父"彼得·德鲁克（Peter F. Drucker）在《管理实践》中首次提出了现代意义上的"人力资源"概念。人力资本管理（Human Capital Management，HCM）理论最早起源于经济学研究。20世纪60年代，美国经济学家舒尔茨和贝克尔创立了人力资本理论，他们认为物质资本是指物质产品上的资本，包括厂房、机器、设备、原材料、土地、货币和其他有价证券等；而人力资本则是体现在人身上的资本，即对生产者进行教育、职业培训等支出及其在接受教育时的机会成本等的总和，表现为蕴含于人身上的各种生产知识、劳动与管理技能以及健康素质的存量总和。

人力资源管理（Human Resources Management）是指根据企业发展战略的要求，有计划地对人力资源进行合理配置，通过招聘、培训、使用、考核、激励、调整等一系列过程，调动员工的积极性，发挥员工的潜能，为企业创造价值，确保企业战略目标的实现。人力资源管理是企业的一系列人力资源政策以及相应的管理活动的总称。这些活动主要包括企业人力资源战略的制定、员工的招募与选拔、培训与开发、绩效管理、薪酬管理、员工流动管理、员工关系管理、员工安全与健康管理等。

旅行社人力资源管理是指旅行社运用现代科学管理方法，对人力资源的获取、开发、保持和利用等方面所进行的计划、组织、指挥、控制和协调等一系列活动，最终达到实现旅行社发展目标的一种管理行为。

（二）旅行社人力资源管理的主要内容

旅行社人力资源管理的主要内容包括以下几方面：

1. 旅行社人力资源管理的战略规划

旅行社人力资源管理的战略规划是指旅行社为适应内外环境的变化，依据旅行社总体发展战略，并充分考虑员工的期望而制定的人力资源开发与管理的纲领性长远规划。人力资源战略规划是旅行社人力资源开发与管理活动的重要指南，是旅行社发展战略的重要组成部分，也是旅行社发展战略实施的有效保障。

2. 旅行社人力资源管理的基本业务

岗位分析与岗位评价是旅行社人力资源管理的基础工作。岗位分析就是对旅行社所有工作岗位的特征和任职要求进行界定和说明，岗位分析的结果是形成每一个工作岗位的职位描述、任职资格要求、岗位业务规范。岗位评价是对旅行社各工作岗位的相对价值进行评估和判断，岗位评价的结果是形成不同工作岗位的工资体系。

3. 旅行社人力资源管理的核心业务

旅行社人力资源管理的核心业务包括招聘、培训、绩效考核、薪酬管理等。招聘是人力资源管理核心业务的首要环节，它是旅行社不断从组织外部吸纳人力资源的过程，它能保证组织源源不断的人力资源需求；培训是旅行社人力资源开发的重要手段，它包括对员工的知识、技能、心理素质等各方面的培训，它是企业提升员工素质的重要保障；绩效考核是指运用科学的方法和标准对员工完成工作数量、质量、效率及员工行为模式等方面的综合评价，从而进行相应的薪酬激励、人事晋升激励或者岗位调整，绩效考核是实施员工激励的重要基础；薪酬管理是企业人力资源管理的一个极为重要的方面，它主要包括薪酬制度与结构的设计、员工薪酬的计算与水平的调整、薪酬支付等内容，它是企业对员工实施物质激励的重要手段。

4. 旅行社人力资源管理的其他工作

旅行社人力资源管理还包括其他一些日常事务性业务内容，如人事统计、员工健康与安全管理、人事考勤、人事档案管理、员工合同管理等。本书重点分析旅行社人力资源管理中的核心内容，包括旅行社员工的招聘原则与方法、旅行社人力资源的职业规划、旅行社人力资源的主要培训方法、旅行社人力资源的绩效考核模式、旅行社人力资源的薪酬福利设计、旅行社企业文化建设等问题。

二、旅行社人力资源管理的特点

知识经济时代下，社会对知识和智力资本的需求比以往任何一个时代都更为强烈，导致知识创新者和企业家等人才短缺的现象加剧。人才的稀缺性、巨大的增值空间和人力资源的高回报性，使得人才的价值越来越突出，企业人力资源管理越来越重要。

同一般的人力资源管理比较，旅行社人力资源管理具有如下主要特点：

1. **一线员工占比较高，结合实际，独立管理**

旅行社业务的一个突出特点就是独立性强，这一特性在旅行社的接待业务中表现得尤为突出。独立性在业务操作方面表现为旅行社许多业务的开展依赖于个人，通常落实到员工个人，由员工个人独立完成。员工在各自独立地完成业务或任务时，各有独特的工作方式和特色，工作效果也大大不同，加上一线员工占比较高，数量庞大，由此造成人力资源开发和管理方面不能制定统一制度来处理各种问题。同时，从自身利益出发，员工间合作空间较小，还会构成对部分业务的不正常垄断。从博弈论的观点出发，员工试图最大化自己的期望效用，是一种个人经济理性行为，不牵涉道德观念问题，而这种理性行为有时是与旅行社企业的总体目标背道而驰的。旅行社人力资源开发与管理，就是要通过对员工经济理性行为的博弈分析，改变各环节的参数，设计出合理的制度，使员工个人目标与旅行社目标一致，既充分调动个人的积极性和创造性，又整合和优化配置各种资源，使旅行社的竞争合力不断提升。

2. **员工工作地分散，管理难度大**

旅行社的工作人员经常是独自与客户联系接洽，分散在各地为旅游者提供服务。比如，在销售业务、外联业务或接待服务中，员工往往没有来自管理者和同事的直接监督，工作弹性很大，工作效果难以衡量。因此，在旅行社人力资源开发与管理中，应注重调整和改变影响员工决策的内生变量，而非外生变量。应注重改善和提高员工的物质生活条件，建立合理有效的激励机制，确保服务质量和顾客满意度，从而维护旅行社的声誉和形象，确保实现理想的经济效益。

3. **一线员工流动性强，影响管理和评估效果**

目前，我国旅行社一线员工的流动是非常频繁的，这与旅行社的工作性质和业务特点分不开。旅行社如何在博弈过程中取得最大收益，如何在与其他旅行社争揽贤才中取得优势？旅行社通过博弈分析，在人力资源管理中科学合理制定招聘方案，采用多种绩效评估方式激励优秀人才，才能够保持队伍的相对稳定。

三、我国旅行社人力资源管理的发展现状

旅行社属于人力和知识密集型的服务产业，其投入主要是人力资源和知识，产出主要是服务。人才是旅行社最主要的资本。因此，加强旅行社人力资源的开发与管理，对于吸引和留住优秀人才，进而保证旅行社的稳定和发展，具有非常重要的战略意义。

（一）我国旅行社人力资源的整体状况

1. **旅行社人力资源队伍不断发展壮大，社会导游主宰旅游市场**

目前，我国旅行社队伍中，专业人员数量正在成倍增长，据国家旅游局监督管理司提供的数据，截至2015年，全国取得导游资格的人员已达80多万人，较2008年的13万余人而言，已经翻了7倍，其中社会导游占全国导游员人数的70%，已然成为各大旅游目的地的接待主体。

2. 旅行社人力资源结构得到逐步改善

在我国旅游从业人员中，旅行社经理队伍年龄结构逐渐趋于合理，以中青年为主，40岁以下的占80.19%，七成导游人员年龄在30岁以下；从学历来看，导游队伍中大专和本科以上学历者占比不断提高。

3. 旅行社人力资源素质有着明显提高

为解决人才供给与快速发展的旅游业不相适应的现状，不仅旅行社普遍加大了对从业人员的教育培训力度，国家层面也对旅游人才的培养提出了更新、更高的要求，各大高校在对旅游人才的培养上也更加注重专业素养与职业道德方面的教育，使近两年的旅游管理专业毕业生多以复合型人才为主，不仅拥有丰富的旅游专业知识和技能，还具备旅游开发和创新的能力。

（二）我国旅行社人力资源管理存在的问题

尽管如此，旅行社人力资源在开发和管理中仍然存在很多问题，具体如下：

1. 观念滞后，机构设置不完善

很多旅行社的人力资源管理意识较为淡薄。很多中小旅行社没有专门的人力资源部门，相关事务仅由办公室代为处理；对于人力资源管理的认识也仅仅停留在员工招聘、简单培训和工资待遇及劳动合同签订等方面，很少涉及职业系统培训；有些旅行社口头上说尊重人才，实际上却更加相信经验，对知识和人才缺少强烈的需求；有些旅行社虽然认识到了人才的重要性，但很少在人力资源管理方面下功夫，或只是把重点放在待遇的提高方面，不能把人才管理与旅行社的发展真正联系起来。

2. 员工参与程度低，能力素质培训不足

在我国，旅行社员工对管理的参与程度甚低，对企业情况了解甚少。而人力资源是旅行社最重要的资源，没有员工普遍的积极参与，要提高企业管理水平、实现稳健的持续发展是很困难的。早在20世纪50年代，美国就提出了目标管理和全面质量管理的理论和方法，其共同点就是都强调全员的参与意识。全员参与、提高全员的质量意识，才能用最少的投入为社会提供最满意的产品和服务。旅行社人力资源的培训存在很多问题，包括认识不到位，计划不合理，缺乏充足的培训经费等。

3. 绩效考核体系不严密，激励机制不健全

旅行社企业规模普遍较小，一人从事多项工作的现象大量存在；员工工作内容较灵活，尤其是导游人员和外联人员，其工作独立性强、流动性大、突发情况多，绩效考评难以操作，考核指标的设定与评价标准的确定不够科学、合理，考核流程不当，绩效考核没有和员工的绩效改进相结合，客观上削弱了绩效考核的意义。

4. 高层次的管理人才和专业技术人才缺乏

近年来，随着我国入境旅游业务的不断扩展和出境旅游业务的迅猛发展，通晓外语、能够熟练掌握出境游业务的经理人才，还有擅长同外国领事馆打交道、在海外有迅速处理突发事件能力的高端旅游专才难觅是业内不争的事实。在庞大的导游队伍中，持资格证和初级证者占绝大多数，持中级、高级和特级证者所占比例极低。

5. 员工流动性大，人才流失严重

旅行社间、行业间的人员流动现象突出。在其他行业，正常的人员流失一般为5%～10%，而旅游企业员工的流失率高达20%以上，有的甚至高达40%～50%。人才的高流动性和高流失率为旅行社的人力资源管理带来了很大的压力。

四、我国旅行社人力资源管理的战略趋势

人才是旅行社的核心竞争力，对人力资源进行更为有效的配置管理和利用，重视和加强人力资源管理，全面提高旅游业从业人员的素质，挖掘、培育更多的可用之才，是旅行社未来发展的必由之路。旅行社要靠人才竞争战略增强国际竞争力，促进旅行社行业持续、健康、稳定发展。

1. 树立强烈的人力资源管理意识

旅行社首先应摆正态度，树立"以人为本"的理念，将人力资源视为组织的核心资源，围绕人的积极性、主动性和创造性开展管理活动。旅行社企业还必须树立"双赢"理念，即坚持"企业、员工共同发展的双赢"，努力留住和用好现有人才，盘活现有人才存量，充分发挥其作用。

2. 完善旅行社人力资源管理制度

旅行社应努力建立健全人力资源管理制度，包括招聘、选拔和录用、合理激励与晋升、绩效考核与薪酬制度等。在旅游人才管理和使用中引入公开、平等、竞争、择优市场机制，用科学合理的制度去管理人才、吸引人才和留住人才，提升培训的效果与针对性，做好本企业旅游人力资源开发的调研、分析、规划工作，推动旅游人力资源的整体开发。

3. 建立健全人力资源激励机制

从目前很多旅行社的业绩评估和薪酬制度来看，评估体系不规范，评估标准不科学，评估结果不兑现等客观因素制约了员工的积极性，培养不了员工的工作成就感，满足不了员工的"尊重"和"自我实现"的需求。因此，旅行社要建立积极有效的激励机制，使员工分享到业绩奖励、年终利润、个人股份。此外，还应使员工能从工作本身获得激励，得到职业阶梯设计、职务晋升、业务培训及工作选择的机会，使员工有机会参与管理，增强荣誉感、集体感，为一些旅行社紧缺人才和优秀人才建立高质高薪、高风险高回报机制。对于职业旅游经理人，可实行以年薪制、配股制、期权制为中心的激励机制。

4. 建立健全员工创新培训机制

旅行社应根据企业的经营类型、经营方针和目标，以及员工工作性质和个人特点来确定员工培训计划和培训重点。在培训方法的选择上，在注重向员工传授服务知识和服务技能的同时，要重视培养员工在服务过程中的判断分析能力、沟通能力和处理问题的能力。应积极引进国外人才培训的先进理念、技术和现代管理机制，切实加大对紧缺、急需的应用型、复合型、创新型人才的培训力度。

5. 加强旅行社企业文化建设

企业文化建设就是通过塑造优秀的企业文化，潜移默化地增强对员工的号召力和吸引力，让员工在共同价值观的约束下，自主管理，自觉工作，增强对企业的归属感和忠诚心。旅行社企业只有建立具有稳定性、吸附性和包容性的企业文化，营造出一个愉快、和谐的工作环境，才能广招人才、留住人才。

第二节　旅行社员工的招聘

旅行社是知识密集型企业，人才的招聘是旅行社发展的关键。因此，招聘是旅行社人力资源工作的核心内容之一，也是旅行社人力资源工作的重中之重。

一、旅行社员工招聘概述

（一）招聘的含义

现代人力资源管理中的招聘，是指企业按照其经营目标与业务要求，以工作分析为依据，在人力资源规划的指导下，吸引人才，运用科学的手段选拔出适合企业的人才，并将他们放到合适的工作岗位上的过程，一般包括招募和甄选两个相对独立的过程。招募是招聘的基础性工作，包括招募计划的制定、招聘广告的发布、招募方式的选择等方面；甄选是招聘的关键环节，主要就是企业运用科学的方法选择合适人选并聘用的过程。

（二）旅行社招聘的特殊性

（1）员工流动性高。一般来讲，旅行社员工的忠诚度普遍偏低，人员流动较为频繁，所以旅行社不得不频繁招聘。

（2）员工需求量大，且淡旺季差别明显。旅游的淡旺季较为明显，导致旺季需要员工较多，淡季较少。

（3）高素质、精专业、多技能的人才较为匮乏。虽然相关的专业教育正在不断推进旅游人力资源市场的发展，但是大部分专业人才缺乏工作经验，适应工作程度参差不齐，导致新招聘高学历员工不符合旅行社企业的实际用人需求。确保员工队伍具备较高的服务水平和个人素质，是旅行社进行招聘时最为重要的问题。

（4）员工薪酬福利方面的要求难以满足。同行之间竞争激烈导致员工产生更多的比较，社会经济的飞速发展带来消费水平的日益提高，在生活有了基本保障以后，员工期待更大的发展空间。

（三）旅行社招聘人才的标准

正因为存在以上种种情况，旅行社在招聘人才时也会有特定的标准，一般来说，主要包括以下几点：

（1）爱岗敬业精神。爱岗敬业是对旅行社员工的最基本要求。一般来讲，从事旅游一线业务的员工都要求比较乐观开朗，可以快乐地享受旅游。

（2）团队协作能力。旅行社的工作需要销售人员、接待人员、计调人员、导游人员等的合作，只有合作才能够为旅游消费者提供更好的服务。

（3）对企业的忠诚。旅行社员工的高流失率不仅给旅行社带来直接的经济损失，还造成了大量人力资源的浪费，因此员工的忠诚度就变得越发重要。

（4）实际工作经验。旅行社一般喜欢在招聘启事中注明有工作经验者优先，事实也正是如此，旅行社更加青睐于招募有从业经验的人员。

（5）专业技能较强。这不仅要求旅行社从业人员有着扎实的理论基础知识，还要求他们具备较强的实践操作能力。

（四）旅行社招聘的原则

1. 公开招聘原则

公开招聘，就是将招聘单位、招聘种类和数量、条件、方法、时间、地点等加以公布，告知社会，形成社会舆论，造成竞争局面，达到广招人才的目的。公开招聘能使整个招聘工作处在社会监督之下，防止不正之风，同时使旅行社有充分的选择余地，有利于做到人尽其才，才尽其用。

2. 公平竞争原则

公平竞争，就是对待所有的应聘者，应当一视同仁，使其只凭着本身的能力和条件参与竞争，杜绝拉关系、走后门等腐败现象发生。同时，努力消除各种人为招聘障碍与限制，为一切有志之士、有才之士提供平等竞争的机会。

3. 全面考核原则

全面考核，是指对应聘者的体力、知识、智力、技能和思想素质等各个方面进行综合考察和测验。思想素质决定着劳动能力的使用方向，制约着劳动能力的发挥程度；知识、智力和技能与工作任务的联系最为直接；身体素质是员工的知识、智力和技能在劳动或管理过程中得以发挥的生理基础。

4. 择优录取原则

择优录取，就是根据应聘者的考核成绩、测试结果选择优秀者予以录用。择优录取是招聘成败的关键。为了保证择优录取，企业必须制订严格的招聘纪律，用以约束一切人，特别是领导者的个人意志和行为。

5. 成本效率原则

要努力克服因招聘不慎可能造成的不当支出或损失，包括重新招聘时所花费的重置成本，以及因员工离职给企业带来损失的机会成本。

6. 量才适用原则

招聘并不是要挑选最优秀的人才，而应该挑选最合适的人才，并且能够做到量才适用。一方面，有些应聘者某些方面较为突出，导致整体上较为优秀，但实际上并不符合岗位要求；另一方面，把能力远远超出岗位要求的人员安排到现有岗位会影响其工作积极性，并造成人才的浪费。

7. 遵纪守法原则

遵守相关法律法规要求是招聘工作人员必须具备的基本意识。在每一个环节都要遵守相关法规，特别是劳动法、合同法等，杜绝各种违法违规行为的出现，保证就业公平。

二、旅行社员工招聘的方法

（一）旅行社员工的招聘程序

在程序上，招聘通常由用人标准及人数确定、信息传播、交流沟通、考核考评、比较选择、试用、录用等环节构成。具体如下：

（1）根据旅行社人力资源规划，确定人员的净需求量，并制定选拔、录用政策，在中期经营规划和年度经营计划的指导下制订不同时期人员的补充、调配、晋升计划。

（2）得到职位分析报告后，确认空缺职位的任职资格以及选拔的内容和标准，然后，再确定招聘的渠道、方法和技术。

（3）拟订具体招聘计划，上报旅行社领导批准。

（4）人力资源部门进行招聘宣传及其他准备工作。

（5）审查求职申请表，进行初次筛选。

（6）进行面试或笔试，以及测验。

（7）录用人员体检及背景调查。

（8）试用。

（9）做出录用决策，签订录用合同。

（10）对招聘工作进行评估。

（二）旅行社员工的招募途径

招募主要是为了吸引适量的应聘者前来旅行社应聘，旅行社有必要采取一定的招募策略。招聘通常有内部招聘和外部招聘两种途径，见表7-1。

表7-1 旅行社内外部招募途径

招聘	内部招聘	外部招聘
来源	内部晋升 内部调用 重新聘用	求职者 同行业在职人员 毕业生 进城务工人员
招聘方法	内部公告 人才储备 内部推荐	推荐 求职者登记 公开招募 校园招聘 招聘外包 招聘会 网络招聘

资料来源：张满林，旅游企业人力资源管理，中国旅游出版社，2009。

（三）旅行社员工的甄选方法

不管是内部招聘还是外部招聘，都要根据旅行社的实际情况选择其一或者合二为一，为旅行社进行人员甄选奠定基础。在人员甄选的过程中可以采用的方法很多，具体如下：

1. 履历分析

可以根据履历或档案中记载的事实，了解一个人的成长历程和工作业绩，从而对其人格背景有一定的了解。近年来，这一方式越来越受到人力资源管理部门的重视，被广泛地用于人员选拔等人力资源管理活动中。个人履历资料既可以用于初审个人简历，迅速排除明显不合格的人员，也可以根据与工作要求相关性的高低，事先确定履历中各项内容的权重，把申请人各项得分相加得总分，根据总分来决策。

2. 笔试

笔试主要用于测量人的基本知识、专业知识、管理知识、相关知识，以及综合分析能力、文字表达能力等要素。它是一种最古老而又最基本的人员测评方法，至今仍是企业组织经常采用的选拔人才的重要方法。笔试在测定知识面和思维分析能力方面效率较高，而且成本低，可以大规模地施测，成绩评定比较客观，往往是人员选拔录用程序中的初期筛选工具。

3. 心理测验

心理测验是通过观察人的具有代表性的行为，对于贯穿在人的行为活动中的心理特征，依据确定的原则进行推论和数量化分析的一种科学手段。心理测验是对胜任职务所需要的个性特点能够最好地描述并测量的工具，被广泛用于人事测评工作中。标准化的心理测验一般有事前确定好的测验题目和答卷、详细的答题说明、客观的计分系统和解释系统等，以保证结果的可信度。

4. 面试

面试是指通过与被试者面对面的交谈，收集有关信息，从而了解被试者的素质状况、能力特征、动机的一种人力资源测量方法。可以说，面试是人力资源管理领域应用最普遍的一种测量形式。各种组织在招聘中几乎都会用到面试。面试按其形式的不同可以分为结构化面试、非结构化面试和半结构化面试。所谓结构化面试，就是首先根据对职位的分析，确定面试的测评要素，在每一个测评的维度上预先编制好面试题目并制定相应的评分标准，对被试者的表现进行量化分析。不同的测试者使用相同的评价尺度，对应聘同一岗位的不同被试者使用相同的题目、提问方式、计分和评价标准，以保证评价的公平合理。非结构化面试则没有固定的面谈程序，评价者提问的内容和顺序都取决于测试者的兴趣和现场被试者的回答，不同的被试者所回答的问题可以不同。

5. 情景模拟

情景模拟是指通过设置一种逼真的管理系统或工作场景，让被试者参与其中，按测试者提出的要求，完成一个或一系列任务。在这个过程中，测试者根据被试者的表现或通过模拟提交的报告、总结材料为其打分，以此来预测被试者在拟聘岗位上的实际工作能力和水平。情景模拟测验主要适用于招聘管理人员和某些专业人员。

6. 评价中心技术

评价中心技术被认为是一种针对高级管理人员的最有效的测评方法。一次完整的评价通常需要两三天的时间，对个人的评价是在团体中进行的。被试者组成一个小组，由一组测试人员（通常测试人员与被试者的数量为1∶2）对其进行包括心理测验、面试、多项情景模拟测验在内的一系列测评。测评结果是在多个测试者系统观察的基础上综合得到的。

第三节 旅行社人力资源开发与管理

在现代企业制度下，旅行社管理人员越来越重视旅行社的人力资源开发与管理工作，并为此制定了一系列切实可行的办法。

一、旅行社人力资源的职业生涯规划

（一）职业生涯规划的含义

所谓职业生涯规划，是指将个人和组织相结合，在对一个人职业生涯的主客观条件进行测定、分析、总结研究的基础上，对其兴趣、爱好、能力、特长、经历及不足等各方面进行综合分析与权衡，结合时代特点，根据其职业倾向，确定其最佳的职业奋斗目标，并为实现这一目标做出行之有效的安排。员工在进入旅行社工作之后往往会在一段时间内不知所措，面对新的工作环境、新的工作任务、新的工作方式等会产生一系列的适应问题，这个时候员工应该首先问一下自己以下五个问题：

你是谁？

你想干什么？

你能干什么？

环境支持或允许你干什么？

你最终的职业目标是什么？

回答了以上五个问题，找到它们的共同点，就有了自己的职业生涯规划。

（二）职业锚理论及其划分

职业锚理论产生于在职业生涯规划领域具有权威地位的美国麻省理工学院斯隆商学院，是由美国著名的职业指导专家埃德加·H. 施恩（Edgar H. Schein）教授领导的专门研究小组，在对该学院毕业生的职业生涯研究中提出的。职业锚又称职业系留点，实际就是人们选择和发展自己的职业时所围绕的中心。1978年，施恩教授提出的职业锚理论包括五种类型：技术型职业锚、管理型职业锚、创造型职业锚、自主型职业锚、安全型职业锚。20世纪90年代，施恩教授经过研究，又给出了三种类型的职业锚：稳定型职业锚、生活型职业锚和服务型职业锚。综上所述，职业锚的类型主要有以下八种：

1. **技术型职业锚**

技术型的人往往出于自身个性与爱好考虑,并不愿意从事管理工作,而是愿意在自己所处的专业技术领域发展。在我国过去不培养专业经理的时候,经常将技术拔尖的科技人员提拔到领导岗位,但他们本人往往并不喜欢这个工作,更希望能继续研究自己的专业。

2. **管理型职业锚**

管理型的人有强烈的愿望去做管理人员,同时经验也告诉他们自己有能力达到高层领导职位,因此,他们将职业目标定为有相当大职责的管理岗位。成为高层管理人员需要的能力包括三个方面:①分析能力:在信息不充分或情况不确定时,判断、分析、解决问题的能力;②人际能力:影响、监督、领导、应对与控制各级人员的能力;③情绪控制力:有能力在面对危急事件时,不沮丧、不气馁,并且有能力承担重大的责任,而不会被其压垮。

3. **创造型职业锚**

创造型的人需要建立完全属于自己的东西,或是以自己名字命名的产品或工艺,或是自己的公司,或是能反映个人成就的私人财产。他们认为只有这些实实在在的事物才能体现自己的才干。

4. **自主型职业锚**

自主型的人更喜欢独来独往,不愿像大公司里的职员那样彼此依赖,很多有这种职业定位的人同时也有相当高的技术型职业定位。但是他们不同于那些简单技术型定位的人,他们并不愿意在组织群体中发展,而是宁愿做一名咨询人员,或是自主创业,或是与他人合伙创业或是成为自由撰稿人。

5. **安全型职业锚**

安全型的人最关心的是职业的长期稳定性与安全性,他们为了安定的工作、可观的收入、优越的福利与养老制度等付出努力。目前,我国绝大多数的人都选择这种职业定位,很多情况下,这是由于社会发展水平决定的,而并不完全是本人的意愿。相信随着社会的进步,人们将不再被迫选择这种类型。

6. **稳定型职业锚**

稳定型的人追求工作中的稳定感,他们为可以预测将来的成功而感到放松。稳定感包括诚信、忠诚以及完成老板交代的工作,尽管有时他们可以达到一个高的职位,但他们并不关心具体的职位和具体的工作内容。

7. **生活型职业锚**

生活型的人喜欢能允许他们平衡并结合个人的需要、家庭的需要和职业的需要的工作环境。他们希望将生活的各个主要方面整合为一个整体,他们需要的是一个能够提供足够的弹性让他们实现这一目标的职业环境,甚至可以牺牲他们职业的一些方面,如提升带来的职业转换。

8. **服务型职业锚**

服务型的人是指那些一直追求他们认可的核心价值,如帮助他人,改善人们的安全状况，通过新的产品消除疾病。他们一直寻求这种机会，这意味着即使变换公司，他们也不会接受不允许他们实现这种价值的工作变换或工作提升。

（三）制定职业生涯规划原则

职业锚强调个人能力、动机和价值观三方面的相互作用与整合。职业锚是个人与工作环境互动作用的产物，在实际工作中是不断调整的，但会在一段时间内维持。旅行社人力资源部门在引导员工对自己的职业生涯规划有了初步的认识之后，应该在试用期之后对员工进行职业锚问卷调查，定位员工的职业锚类型。职业锚问卷是一种职业生涯规划咨询、自我了解的工具，能够协助组织或个人进行更理想的职业生涯发展规划。职业锚倾向没有好坏之分，可根据第一感觉，不假思索迅速答题。因此，旅行社人力资源部门在确定了员工的职业锚类型后应该帮助员工制定职业生涯规划，并坚持如下原则：

1. 利益整合原则

利益整合是指员工利益与组织利益的整合。这种整合不是牺牲员工的利益，而是处理好员工个人发展和组织发展的关系，寻找个人发展与组织发展的结合点。每个个体都是在一定的组织环境与社会环境中学习发展的，因此，个体必须认可组织的目标和价值观，并把他的价值观、知识和努力集中于组织的需要和机会上。

2. 公平公开原则

在职业生涯规划方面，企业在提供有关职业发展的各种信息、教育培训机会、任职机会时，都应当公开其条件标准，保持高度的透明度。这是组织成员的人格受到尊重的体现，是维护管理人员整体积极性的保证。

3. 协作进行原则

协作进行原则，即职业生涯规划的各项活动，都要由组织与员工双方共同制定、共同实施、共同参与完成。职业生涯规划本是好事，应当有利于组织与员工双方。但如果缺乏沟通，就可能造成双方的不理解、不配合以至造成风险，因此必须在职业生涯开发管理战略开始前和进行中，建立相互信任的上下级关系。建立互信关系的最有效方法就是始终共同参与、共同制定、共同实施职业生涯规划。

4. 动态目标原则

一般来说，组织是变动的，组织的职位是动态的，因此组织对于员工的职业生涯规划也应当是动态的。在"未来职位"的供给方面，组织除了要用自身的良好成长加以保证外，还要注重员工在成长中所能开拓和创造的岗位。

5. 时间梯度原则

由于人生具有发展阶段和职业生涯周期发展的任务，职业生涯规划与管理的内容就必须分解为若干个阶段，并划分到不同的时间段内完成。每一时间段又有"起点"和"终点"，即"开始执行"和"完成目标"两个时间坐标。如果没有明确的时间规划，职业生涯规划会陷于空谈和失败。

6. 发展创新原则

发挥员工的"创造性"这一点，在确定职业生涯目标时就应得到体现。职业生规划和管理工作，并不是制定一套规章程序，让员工循规蹈矩、按部就班地完成，而是要让员工发挥自己的能力和潜能，达到自我实现、创造组织效益的目的。还应当看到，一个人职业生涯的成功，不仅仅是职务上的提升，还包括工作内容的转换或增加、责任范围的扩大、创造性的增强等内在质量的变化。

7. 全程推动原则

在实施职业生涯规划的各个环节上，要对员工进行全过程的观察、设计、实施和调整，以保证其职业生涯规划与管理活动的持续性。

8. 全面评价原则

为了对员工的职业生涯发展状况和组织的职业生涯规划与管理工作状况有正确的了解，要由组织、员工个人、上级管理者、家庭成员，以及社会有关方面对其职业生涯进行全面的评价。在评价中，要特别注意下级对上级的评价。

二、旅行社人力资源的主要培训方法

（一）旅行社员工培训的含义及分类

1. 旅行社员工培训的含义

员工培训是一种有组织的知识传递、技能传递、标准传递、信息传递、信念传递、管理训诫行为。为了达到统一的科学技术规范，实现标准化作业，通过目标规划设定、知识和信息传递、技能熟练演练、作业达成评测、结果交流公告等现代信息化的教育训练流程，让员工提升能力和水平。

2. 旅行社员工培训的分类

目前，大部分旅行社主要采用岗前培训和在职培训。按培训目的，培训一般可分为心态培训和能力培训。心态培训旨在调整员工个人（或其他社会关系）的心态，从而为完成某项岗位工作创造心理条件。心态培训应该作为培训的中心和重心，但却最容易被忽略。能力培训是培训的基础，其内容应包含对完成岗位工作的理解（内容掌握和控制）与支持（技术、管理、协调、辅助等）。按照培训主体的不同，培训分为个人技能培训和企业培训。个人技能培训种类繁多，包括外语、贸易、职业技能、资格认证等方面。

（二）旅行社员工培训的原则和作用

1. 旅行社员工培训的原则

为了更好地发挥旅行社培训的作用，调动员工的培训积极性，旅行社在对员工进行培训时要注意：①处理好旅行社近期目标与长远战略目标的关系；②强调针对性；③旅行社主要负责人亲自抓培训工作；④培训过程中要因材施教；⑤重视培训效果的反馈和结果的强化；以绩效考核促进培训。

2. 旅行社员工培训的作用

旅行社员工培训，不仅对员工个人是非常必要的，对旅行社也是非常重要的，主要表现在以下几个方面：①提高旅行社的市场竞争力。人才是旅行社发展的关键因素，高素质的人才是旅行社提高市场竞争力的保障。②提高旅行社员工的适应能力。岗前培训可以让旅行社员工迅速了解组织结构、公司制度等内容，尽快适应旅行社的工作。③提高旅行社员工的绩效水平。业务知识培训可以锻炼旅行社员工的业务处理能力和实际操作能力。④增强旅行社的吸引力与凝聚力。旅行社的员工越来越重视自我发展空间，良好的培训既可以培养员工的团队协作能力，又可以吸引更多优秀的员工参与到企业中来。⑤为旅行社员工个人发展创造条件。在职业生涯规划的过程中，对旅行社员工的培训和开发是必不可少的一个环节。⑥提高旅行社员工的服务质量，降低旅行社的成本损耗。

（三）旅行社员工培训的内容和方法

旅行社在对员工进行培训时不仅要涉及一般的企业培训，如职业道德的培养、企业文化的认知、业务知识的培训、操作技能的训练、心理减压的培训等方面，还因为旅行社工作的特殊性要特别注重一些其他要求，如重视服务意识、角色意识、团队意识、整体概念，强调标准化、全员化、外语化趋势等。此外，还应该加强对新员工的培训，特别是旅行社的发展历史、组织结构、部门职责、顾客理念、旅游产品、员工期望、薪酬福利、绩效考核、职业发展等方面的培训。

常用的培训方法主要有以下几种：

1. 集中讲授

集中讲授属于传统的培训方式，是培训师通过语言表达，系统地向旅行社员工传授知识，期望他们能记住其中的重要观念与特定知识。讲授法应用方便，可以同时对许多人进行培训，经济、高效，有利于旅行社员工系统地接受新知识，容易掌握和控制学习的进度，有利于加深理解难度大的内容。

2. 工作轮换

工作轮换属于在职培训方法，是指让旅行社员工在预定的时间内变换工作岗位，使其获得不同岗位的工作经验，一般主要用于新进员工。工作轮换法一方面能丰富旅行社员工的工作经历，增进他们对旅行社各部门管理工作的了解，为以后完成跨部门、合作性的任务打下基础；另一方面，旅行社能够通过工作轮换识别员工的长处和短处，了解他们的专长和兴趣爱好，从而能够更好地开发员工的所长。

3. 工作指导

工作指导是一种一对一的师带徒培训，由一位有经验的技术能手或直接主管人员在工作岗位上对旅行社员工进行培训。这种方法应用广泛，可用于旅行社基层员工，如导游人员的培训。

4. 小组研讨

小组研讨的费用较低，主要目的是提高能力、培养意识、交流信息、产生新知，比较适合旅行社管理人员的训练，或用于解决某些有一定难度的管理问题。

5. 视听技术

这是指利用现代视听技术（如投影仪、录像机、电视机、电影放映机、计算机等工具）对员工进行培训。这种方式直观鲜明，能给旅行社员工留下更深的印象，激发他们的学习兴趣,并且视听教材可反复使用,能更好地适应旅行社员工的个别差异和不同水平要求。

6. 案例研究

这是指为参加培训的旅行社员工提供一些棘手问题案例,让他们分析评价,提出解决问题方案。案例研究培训的目的是训练员工的决策能力,帮助他们学习如何在紧急状况下处理各类事件。

7. 角色扮演

这是指在一个模拟的工作环境中,让参加者扮演某种角色,借助角色的演练来理解角色的工作内容,模拟性地处理工作事务,从而提高处理各种问题的能力。这种方法比较适用于训练态度、仪容和言谈举止等人际关系技能,如旅游咨询、旅游产品销售、旅游线路介绍等基本技能的学习和提高。这种方法适用于新员工、岗位轮换和职位晋升的员工,主要目的是尽快使新员工适应新岗位和新环境。

8. 网络培训

随着旅游电子商务的不断发展,网络培训越来越重要。旅行社或相关行业组织可以将文字、图片及影音文件等培训资料放在网上,形成一个网上资料馆、网上课堂,供旅行社员工进行在线课程的学习。这种培训方式信息量大,新知识、新观念传递优势明显,特别为实力雄厚的旅行社所青睐,也是员工培训的一个必然发展趋势。

三、旅行社人力资源的绩效考核模式

(一)旅行社绩效考核的类型

绩效考核也称成绩或成果测评,是指企业为了实现生产经营目的,运用特定的标准和指标,采取科学的方法,对承担生产任务的各级人员完成指定任务的工作实绩和由此带来的诸多效果做出价值判断的过程。按照不同的划分标准,旅行社人力资源的绩效考核可以有不同的种类,具体如下:

1. 按考核时间划分

按考核时间划分,绩效考核可以分为定期考核和不定期考核。

(1)定期考核。旅行社考核的时间可以是一个月、一个季度、半年、一年。考核时间的选择要根据旅行社的企业文化和岗位特点进行。

(2)不定期考核。不定期考核有两方面的含义,一方面是指旅行社对员工的提升所进行的考评,另一方面是指主管对下属的日常行为表现进行记录,发现问题及时解决,同时也为定期考核提供依据。

2. 按考核内容划分

按考核内容划分,绩效考核可以分为特征导向型、行为导向型和结果导向型。

(1)特征导向型。考核的重点是旅行社员工的个人特质,如诚实度、合作性、沟通能力等,即考核旅行社员工是一个怎样的人。

(2)行为导向型。考核的重点是员工的工作方式和工作行为,如旅行社接待人员的微笑和态度,待人接物的方法等,是对工作过程的考核。

（3）结果导向型。考核的重点是工作内容和工作质量，如旅游产品的产量和质量、旅行社销售人员的销售业绩等，侧重点是员工完成的工作任务和设计的旅游产品。

3. 按考核方法划分

按考核方法划分，绩效考核可以分为客观考核法和主观考核法。

（1）客观考核法。客观考核法是指对可以直接量化的指标体系所进行的考核，如对生产指标和个人工作指标的考核。

（2）主观考核法。主观考核方法是由考核者根据用一定标准设计的考核指标体系对被考核者进行主观评价。

（二）旅行社绩效考核的方法模式

绩效考核包括两大部分：业绩考核和行为考核。现在很多旅行社都出现一种情况，即过分强调业绩，而忽略对行为的培养，导致业绩做得越好的员工，越不遵守纪律，越不尊重游戏规则，这样的员工在旅行社长远发展的过程中将成为阻碍，一旦他们被提拔成管理人员，影响就更大了。因此，旅行社员工的绩效考核应该包括勤、能、德、绩四个方面。结合以上四个方面，旅行社绩效考核采用的方法模式主要有以下几种：

1. 360度绩效考核

360度绩效考核是一种全方位的绩效考核方法，分为主管考评、自我考评、同事考评、下属考评和客户考评。旅行社通过对员工进行全方位的考核，可以做到全面、客观、准确的评价。

2. 关键事件法

关键事件法是一种通过员工的关键行为和行为结果来对其绩效水平进行绩效考核的方法，一般由主管人员将其下属员工在工作中表现出来的非常优秀的行为事件或者非常糟糕的行为事件记录下来，然后在考核时点上（每季度或每半年）与该员工进行面谈，根据记录共同讨论对其绩效水平做出考核。

3. 目标管理法

目标管理法是旅行社销售部门经常采用的方法。旅行社销售管理者通常很强调利润、销售额和成本这些能带来结果的指标，在目标管理法下，旅行社每个销售人员都确定有若干具体的指标，这些指标是其开展工作的关键目标，其完成情况可以作为评价员工业绩的依据。

除此之外，还有简单比较法、交替比较法、两两比较法、强制分配法、等级鉴定法、平衡计分卡等很多种方法，旅行社可以根据需要具体安排合理的绩效考核方法与模式。

绩效考核不是一个一步到位的过程，而是一个互动、循环、纠偏的过程，不断通过PDCA循环（Plan、Do、Check、Action 四个步骤）逐步完善和落实。其主要流程有：专业人员设计关键绩效指标；方案上报公司高层审议，并根据审议意见进行修订；将修订稿提交各职能部门讨论，收集讨论意见，再次修订；上报公司高层批准、下发执行。合理的绩效指标，可以防止极端的人际关系出现。

四、旅行社人力资源管理中的薪酬福利设计

（一）薪酬福利的概念及内容

薪酬泛指员工因工作关系而从企业获得的各种报酬，主要包括两大类：一类是货币性薪酬，包括直接货币薪酬、间接货币薪酬和其他货币薪酬。其中，直接薪酬包括工资、福利、奖金、奖品、津贴等；间接薪酬包括保险住房公积金、餐饮等；其他货币性薪酬包括有薪假期、休假日、病事假等。另一类是非货币性薪酬，包括工作、社会和其他方面。其中，工作方面包括工作成就、工作有挑战感、责任感等优越感觉；社会方面包括社会地位、个人成长、实现个人价值等；其他方面包括友谊、关怀、舒适的工作环境、弹性工作时间等。

1. 工资

在旅行社薪酬管理实践中，根据薪酬支付依据的不同，有岗位工资、职务工资、技能工资、绩效工资、工龄工资、薪级工资等薪酬构成元素。通常旅行社选择一个或两个作为主要形式，其他为辅助形式。主要工资制度形式有：①依据岗位或职务支付工资的体系，称为岗位工资制或职务工资制。比如，旅行社的职业经理人一般实行年薪制。②依据技能或能力支付工资的体系，称为技能工资制或能力工资制。比如，导游的服务费用因级别不同、语种不同而有差别。③依据绩效支付工资的体系。比如，旅行社销售人员的提成工资制。④依据岗位（职务）和技能支付工资的体系，称为岗位技能工资制或职务技能工资制。⑤依据岗位（职务）和绩效支付工资的体系，称为岗位绩效工资制或职务绩效工资制。

2. 福利

奖金是企业对员工提供的超出正常努力的劳动或劳务所支付的奖励性薪酬，具有很强的针对性、灵活性、差别性和激励性，其本质是通过物质激励手段使个人目标趋于企业目标。旅行社人力资源的奖金主要包括超时奖、全勤奖、建议奖、绩效奖、超利润奖、节约奖、特殊贡献奖等。津贴是对特殊劳动条件下工作人员的一种补偿，在旅行社主要包括午餐补贴、交通补贴、话费补贴、工装补贴等几种。保险是一种对长远利益的保证或者对突发事件的一种预防，社会保险还有强制性的意义，现代社会的社会保险主要是指"五险一金"。其他福利还有教育培训、带薪节假日、奖励旅游，等等。

（二）薪酬福利设计理论

旅行社薪酬福利设计的理论基础主要包括两大类，内容型激励理论和过程型激励理论。两者只是站在某一角度研究激励问题，而实际上人是很复杂的，因此在使用时要针对实际情况慎重选择。

1. 内容型激励理论

内容型激励理论重点研究的是影响工作动机的构成因素，研究如何满足人的需

求。主要理论有马斯洛的需求层次理论和赫茨伯格的双因素理论。

2. 过程型激励理论

过程型激励理论主要研究的是从个体动机产生到采取具体行为的过程，这些理论试图弄清人们对付出努力、取得绩效、获得奖励的认识，以达到更好地对员工进行激励的目的。相关理论主要有弗洛姆的期望理论、斯金纳的强化理论和亚当斯的公平理论。

良好的薪酬福利，可以在提高旅行社员工自由度的同时增强他们的责任感，既强调员工的能力和技能发挥，又增强员工对企业的认同感和团队意识。

（三）薪酬福利体系的建立

旅行社薪酬福利体系的建立，不是一蹴而就的，需要有计划、按步骤一步一步地实施，具体如下：

1. 梳理工作岗位

可从旅行社整体发展需要出发，基于工作流程的顺畅和工作效率的提高，梳理目前的工作岗位。分析不同岗位之间划分的合理性：工作职责是否清晰，各个岗位间的工作联系是否清晰、合理。工作分析的结果是形成岗位清单和各个岗位的工作说明书。

2. 岗位价值评估

选择某种岗位价值评估工具，并组织旅行社内部专家和外部专家逐个对岗位进行评价，这个过程中，如果企业认为自身力量不够，可以考虑请外部专家进行培训和指导。岗位价值评估的方法和工具有很多，分为量化的和非量化两类。

3. 划分岗位等级

首先对岗位进行横向的职系分类，然后根据评价结果按照一定的分数段进行纵向岗位分级，最后考虑不同岗位级别的重叠幅度。在划分岗位等级时应当考虑两个平衡：不同岗位的平衡和同类岗位的平衡，不同岗位和级别的岗位薪酬水平不同。

4. 设定薪酬福利

根据上一步划分岗位等级的结果，对不同级别的岗位设定薪酬福利水平。薪酬水平的设定要考虑企业薪酬策略和外部薪酬水平，以保证旅行社薪酬福利的外部竞争性和内部公平性，增强旅行社的吸引力和控制重点岗位员工的流失。

5. 确定薪酬结构

以设定的岗位薪酬福利水平为薪酬总额，根据不同职位性质确定薪酬结构，包括确定固定部分与绩效浮动部分比例，以及工龄工资各种补贴等其他工资构成部分。一般来讲，级别越高的浮动部分比例越大，对工作结果影响越大的岗位浮动比例越大。

6. 进行体系测算

基于各个岗位确定的薪酬福利水平和各岗位上员工的人数，对薪酬福利总额进行测算；针对岗位某些员工的薪酬福利总额和增减水平进行测算，做到既照顾公平又不能出现较大幅度的偏差。

7. 相关制度保证

从制度上规定旅行社员工的薪酬福利规则和调整规则。薪酬福利调整包括旅行社总体自然调整、岗位变动调整和绩效调整。

【案例7-1】

2020年初,新冠疫情突如其来,对于旅行社而言,无疑是严峻的挑战。回忆起除夕退票的那一幕,北京国都之旅国际旅游有限公司总经理麻丽丽忍不住哽咽。自2000年从旅游酒店管理专业毕业后,麻丽丽先在北京从事导游工作10年,2012年与朱旋创办国都之旅,至今已成为北京市单体接待量最大的旅行社之一。

那个晚上,狂风暴雨般的退单迎面而来,身经百战的麻丽丽在办公室也忍不住哭泣,然而,令人暖心的一幕发生了:除夕夜,有10多位员工主动放弃长假来到公司,并且无条件地以最快速的速度办理了1万多张退票,直到九点才吃上年夜饭;正月初一初二,他们又奔赴北京各火车站退火车票。

特殊时期,很多旅游企业因无法"开张",导致员工收入锐减,但国都之旅却没有,总经理麻丽丽明确表示:"虽然不少旅行社选择发放北京最低生活保障金的70%,但我知道这2000多元完全不能覆盖员工生活开销,仅仅是房贷、车贷都不够。如果公司不考虑员工的生存成本,他们自然而然也就不会顾及老板的感受。这一定是双向的,我们会扛下每个月130余万元全额工资,不能因为动用工资而被员工抱怨。"

疫情期间,在整个国都之旅,不仅是管理者,还包括基层员工,每人每天必须抽出至少三个小时进行线上读书,人人打卡。"虽然眼前不一定能带来营收,但我希望疫情过后,我们队伍各个板块都能获得提升,做好准备。"麻丽丽自我调侃,自己是一个永远都会感让人感觉有无限鸡血的人。

(资料来源:疫情未完,这些旅行社员工上班发全额工资,公司还扩张?新旅界,2020-02-13, https://baijiahao.baidu.com/s?id=1658398211659951118&wfr=spider&for=pc)

请思考:
1. 为何在疫情来临之际,国都之旅却有员工愿意无条件加班?
2. 你认为文中的麻丽丽在人力资源管理的工作中有哪些值得我们学习的优点呢?

第四节 旅行社企业文化建设

目前,我国的旅行社既有大型的旅游集团(比如中国三大旅行社:国旅、中旅、中青旅),又有私营性质的个体中小型旅行社。在如此众多的旅行社中,其部门结构组织形式是多种多样的,企业文化建设也千差万别。

一、旅行社企业文化的内涵与外延

(一)旅行社企业文化的内涵

20世纪80年代初,美国哈佛大学教育研究院的教授泰伦斯·迪尔和麦肯锡咨询公司顾问艾伦·肯尼迪在长期的企业管理研究中积累了丰富的资料，在1981年7月出版了《企业文化——企业生存的习俗和礼仪》一书，成为论述企业文化的经典之作。该书用丰富的例证告诉我们：杰出而成功的企业都有强有力的企业文化，即由全体员工共同遵守，但往往是自然约定俗成的而非书面的行为规范；并有各种各样用来宣传、强化这些价值观念的仪式和习俗。迪尔和肯尼迪把企业文化整个理论系统概述为五个要素，即企业环境、价值观、英雄人物、文化仪式和文化网络。所谓企业环境，是指企业的性质、企业的经营方向、外部环境、企业的社会形象、与外界的联系等方面。它往往决定企业的行为。所谓价值观，是指企业内成员对某个事件或某种行为好与坏、善与恶、正确与错误、是否值得仿效的一致认识。价值观是企业文化的核心，统一的价值观使企业内成员在判断自己行为时具有统一的标准，并以此来选择自己的行为。所谓英雄人物，是指企业文化的核心人物或企业文化的人格化，其作用在于作为一种活的样板，给企业中其他员工提供可供仿效的榜样，对企业文化的形成和强化起着极为重要的作用。所谓文化仪式，是指企业内的各种表彰、奖励活动、聚会以及文娱活动等，它可以把企业中发生的某些事情戏剧化和形象化，来生动地宣传和体现该企业的价值观，使人们通过这些生动活泼的活动来领会企业文化的内涵，使企业文化"寓教于乐"。所谓文化网络，是指非正式的信息传递渠道，主要是传播文化信息。它是由某种非正式的组织和人群，以及某一特定场合所组成，它所传递出的信息往往能反映职工的愿望和心态。

（二）旅行社企业文化的特征

事实上关于企业文化的概念，有许多不同的认识和表达。本书认为，企业文化（Corporate Culture）或者说组织文化（Organizational Culture），是一个组织由其价值观、信念、仪式、符号、处事方式等组成的其特有的文化形象。旅行社企业文化即在旅行社组织范围内形成的全体成员共同遵守的行为模式、信仰和价值观念，具体包括旅行社的经营理念、行为准则、企业形象，以及全体成员对旅行社的责任感和荣誉感，等等。它具有以下特征：

1. 独特性

旅行社企业文化具有鲜明的个性和特色，具有相对独立性。每个旅行社都有其独特的文化淀积，这是由旅行社的生产经营管理特色、企业传统、企业目标、企业员工素质以及内外环境所决定的。

2. 继承性

每一个旅行社都是在一定的时空条件下产生、生存和发展的，其企业文化的继承性体现在三个方面：一是继承优秀的民族文化精华；二是继承企业的文化传统；三是继承外来的企业文化实践和研究成果。

3. 相融性

旅行社企业文化的相融性体现在它与企业环境的协调性和适应性方面，它反映了时代精神，必然要与外部的经济环境、政治环境、文化环境以及社区环境相融合。

4. 人本性

旅行社企业文化是一种以人为本的文化，其本质内容是强调人的理想、道德、价值观、行为规范等在企业管理中的核心作用，强调在企业管理中要理解人、尊重人、关心人，注重全面发展，用远景鼓舞人，用精神凝聚人，用机制激励人，用环境培育人。

5. 整体性

旅行社企业文化是一个有机的统一整体，人的发展和企业的发展密不可分，要引导旅行社员工把个人奋斗目标融于旅行社整体目标之中，追求整体优势和整体意志的实现。

6. 创新性

创新既是时代的呼唤，又是旅行社发展的原动力。优秀的旅行社企业文化往往在继承中创新，随着国际环境和国内外市场的变化而改革发展，要引导大家追求卓越、追求成效、追求创新。

二、旅行社企业文化的功能及层次

（一）旅行社企业文化的功能

企业文化是企业的灵魂，是推动企业发展的不竭动力，它包含着非常丰富的内容，其核心是企业的精神和价值观。在旅行社发展的过程中，我们不难发现其企业文化具有多重功能，它为企业带来了宝贵的精神财富，并创造了很多物质财富。

1. 导向功能

所谓导向功能，就是它对旅行社经营管理者和员工起引导作用。经营哲学决定了旅行社经营的思维方式和处理问题的法则，这些方式和法则指导经营者进行决策，指导员工从事生产经营活动。旅行社目标代表着发展方向，没有正确的目标就等于迷失了方向。旅行社企业文化讲究从实际出发，以科学的态度去制定发展目标，员工会在这一目标指导下从事生产经营活动。旅行社共同的价值观念规定了价值取向，使员工对事物的评判达成共识，有共同的价值目标，并为他们所认定的价值目标去行动。

2. 约束功能

约束功能是通过完善管理制度和道德规范来实现的。有效的规章制度是旅行社企业文化的内容之一，不论是旅行社经营管理者还是普通员工都必须遵守和执行，从而形成约束力。道德规范从伦理关系的角度约束旅行社经营管理者和员工的行为。如果人们违背了道德规范的要求，就会受到社会舆论的谴责，心理上会感到内疚。

3. 凝聚功能

企业文化应以人为本，尊重人的感情，从而会在旅行社内形成一种团结友爱、相互信任的和睦气氛，强化团体意识，形成强大的凝聚力和向心力。共同的价值观念形成了共同的目标和理想，员工把旅行社看成是一个命运共同体，把本职工作看成是实现共同目标的重要组成部分，整个企业步调一致，形成统一的整体。

4. 激励功能

共同的价值观念使每个职工都感到自己的存在和行为的价值,自我价值的实现是人的最高精神需求的一种满足,这种满足必将形成强大的激励。在以人为本的旅行社企业文化氛围中,旅行社经营管理者与员工之间、员工与员工之间互相关心,互相支持。特别是旅行社经营管理者对员工的关心,会让员工感到受人尊重,员工自然会振奋精神,努力工作。

5. 调适功能

旅行社各部门之间、员工之间,由于各种原因难免会产生一些矛盾,解决这些矛盾需要各自进行自我调节;旅行社与顾客、同行、国家、社会之间也会存在不协调、不适应之处,这也需要进行调整和适应。企业哲学和企业道德规范使旅行社经营者和普通员工能科学地处理这些矛盾,自觉地约束自己。

(二)旅行社企业文化的层次

企业文化层次是指企业文化系统内各要素之间的时空顺序、主次地位与结合方式,是企业文化的构成、形式、层次、内容、类型等的比例关系和位置关系,表明各个要素如何连接,形成企业文化的整体模式。旅行社企业文化包括以下四个层次:

1. 企业物质文化

企业物质文化是由旅行社员工创造的产品和各种物质设施等构成的器物文化,是一种以物质为形态的表层企业文化,是企业行为文化和企业精神文化的显现和外化结晶,如旅行社名称、象征物、工作环境,等等。

2. 企业行为文化

企业行为文化是指旅行社员工在生产经营及学习娱乐活动中产生的活动文化,包括旅行社行为规范、旅行社公共关系规范等,如旅行社员工面带微笑进行旅游接待、细致周到地设计旅游线路、合理安排旅游人力资源、耐心处理旅游投诉,等等。

3. 企业制度文化

企业制度文化是由旅行社的法律形态、组织形态和管理形态构成的外显文化,包括企业目标和制度文化等方面。企业目标是以企业经营目标形式表达的一种企业观念形态的文化。制度文化是为了达到某种目的,维护某种秩序而人为制定的程序化、标准化的行为模式和运行方式。

4. 企业精神文化

企业精神文化是旅行社在生产经营过程中形成的一种企业意识和文化观念,是一种意识形态上的深层企业文化,包括企业哲学、企业价值观、企业精神、企业道德等方面。

【案例7-2】

康辉旅行社企业文化

康辉,寓意"健康、辉煌、快乐、光明、向上",词义富有民族特色,欢乐吉祥。

其蕴涵三层含义：一是预示着企业发展前途光明；二是通过企业发展，造福国家、社会和大众；三是让忙碌的人愉悦身心、放松心情，畅游世界。

康辉标志形似梅花，其含义为：

① 梅花代表康辉坚定不移的发展道路；

② 梅花变形为人手相连，象征康辉崇尚团结、合作的精神；

③ 梅花变形似五洲，象征康辉事业前途广阔，遍布五洲；

④ CCT 为中国康辉旅行社有限责任公司英文 China Comfort Travel 的缩写；

⑤ 上下半弧，分别代表天与地，象征康辉具天地之灵气，事业日新；

⑥ 深绿色为企业标准色，取海之碧绿，象征和平，体现康辉在天地之间传播生命之绿，点缀生活。

（资料来源：www.cntour2.com/viewnews/2007/10/3/2007103171346.htm）

三、旅行社企业文化的建设策略

企业文化作为一种当代企业管理理论，在于把企业价值观渗透到企业经营管理的各个方面、各个层次和全过程，用文化的手段、文化的功能、文化的力量，去促进企业整体素质、管理水平和经济效益的提高。因此，旅行社企业文化管理的首要任务是调动人的积极性，其激励方式有：目标激励、参与激励、强化激励、领导者言行激励。在旅行社企业文化管理上，一要处理好借鉴与创新的关系，把握旅行社企业文化的个性化、特色化；二要处理好用文化手段管理旅行社企业文化，坚持以文化引导人、培育人；三要处理好虚与实、无形与有形的关系，坚持内外双修、软硬管理相结合。

（一）旅行社企业文化建设误区

旅行社企业文化是在旅行社深层次中表现出来的，是独特的价值体系，可以使旅行社快速适应市场，同时也渗透着旅行社员工在社会化进程中形成的价值观及世界观，而将这些价值观念、经营理念等通过各种活动和形式表现出来才是真正的企业文化。因此，在建设旅行社企业文化中应该避免以下几方面：

1. 企业文化政治化

许多旅行社在走廊、办公室的墙上四处可见形形色色、措辞铿锵的标语口号，如"拼搏""奉献"等，这些词语真实地反映了旅行社的价值取向、经营哲学、行为方式、管理风格了吗？未必如此。

2. 企业文化口号化

把企业文化等同于空洞的口号，缺乏旅行社的个性特色，连旅行社经营管理者都说不清楚其所代表的具体表现，对员工自然无法产生强烈的凝聚力和向心力的作用。

3. 企业文化文体化

有的旅行社把企业文化看成是唱歌、跳舞、打球等文体活动，于是纷纷成立音乐队、球队，并规定每月活动的次数，将其作为企业文化建设的硬性指标来完成，这是对企业文化的浅化。

4. 企业文化表象化

有人认为，企业文化就是创造优美的旅行社办公环境，注重外观色彩的统一协调，花草树木的整齐茂盛，衣冠服饰的整洁大方，设备摆放的流线优美，但这种表面的繁荣并不能掩盖企业精神内核的苍白。

5. 企业文化僵化

有些旅行社片面强调井然有序的工作纪律，下级对上级的绝对服从，把对员工实行严格的军事化管理等同于企业文化建设，造成组织内部气氛紧张、沉闷、缺乏创造力、活力和凝聚力，这就把企业文化带到了僵化的误区。

（二）旅行社企业文化塑造方法

1. 树立"以人为本"的核心管理观念

21世纪的管理核心是发挥人的积极性和主动性。随着知识经济的到来，组织形式日益朝着灵活的扁平式方向发展，企业也将成为学习型组织，人的作用越来越重要。旅游企业在创建企业文化时要十分关注人的志趣，注重人的文化背景，尊重人的价值和尊严，满足员工物质和精神需要。必须以人为中心，想尽一切办法使人能够轻松、自如、愉快地工作，充分发挥员工的积极性。同时，要注重培养团队精神，最大限度地激发员工的积极性和创造性。

2. 提炼富有个性、特色鲜明的旅行社企业文化精神

培育与打造创新性旅行社企业精神是企业文化建设的核心和基石。旅行社企业创新精神是员工群体心理状态的外化，是企业基于自身的性质、任务、宗旨、时代要求和发展方向，通过长期精心培育而逐步形成和确立的思想成果和精神力量，是旅游企业赖以生存的精神支柱，是企业内部凝聚力和向心力的有机结合体。发扬光大企业精神是企业文化建设的重要内容。同时，还要注意培养和提炼既具有时代特色又符合旅游企业实际的社会主义企业精神，体现共性和个性的统一，具有艰苦奋斗的创业精神、共事合作的团队精神、务求实效的开拓精神和强化约束的自觉精神等。

3. 构建完善的创新制度文化

创新制度文化是指旅行社在生产经营管理活动中形成的与旅行社创新精神、价值观等意识形态相适应的企业制度、规章、条例组织结构等。良好的制度创新是旅行社创新的基本保证。当前，我国旅行社创新制度文化应该包括创新组织体系的设置、行业规范、管理制度、激励制度、考评制度和约束制度等。

4. 创建形神俱佳的旅行社品牌

旅行社品牌的形成，是产品、服务、环境、文化等多种因素的整合与营造，其基础是产品，以产品的品牌为支撑。品牌能否确立和保持，关键要依靠其产品质量的稳定。为此，旅行社应建立一套完整的产品质量保证体系，为高品质的服务提供保障。同时，旅行社品牌是企业整体素质的表现，是企业的无形资产，它通过各种方式将旅行社的宗旨、职工素质、产品质量、经营规模、服务特色，以及旅行社标志传播给客户和社会公众，从而形成特有的旅行社企业文化去支撑企业品牌。旅游企业应树立品牌意识、实施品牌战略,让其成为正确面向市场、适应市场、开拓市场的优势。

旅行社企业文化建设是一个长期的沉淀过程,形成的文化既有精神层面的内涵、也具有管理层面的内涵,它是共同的价值观产生的一种真正的企业形象、品牌、诚信、管理机制、服务质量及员工的凝聚力等的综合。如国旅的"CITS"、中旅的"CTS"、中青旅的"CYTS"等中国旅行社行业大品牌便是旅行社企业文化的一部分。

【扩展阅读】

语言无人懂:小语种导游人才稀缺

"来自韩国的游客数量是海外入昆客源的第二名,而整个昆明精于韩语的导游竟然只有5人。"昆明市导游协会近日表示,昆明旅游市场小语种导游人才比较缺。

据昆明市文化和旅游局统计,昆明市现有10325名持证导游,其中外语导游1235名。而这1235人中,英语和日语导游占绝大多数,英语(论坛)943人,日语166人;俄语、印尼语、葡萄牙语、老挝语、阿拉伯语、意大利语、西班牙语等小语种导游奇缺,除了西班牙和意大利语各1人外,其他语种竟"挂蛋"。东南亚国家是昆明主要海外客源地之一,但泰语导游也才54人,越南语导游12人。德语、法语种导游分别有29人和24人。

"昆明小语种导游还不能满足市场需求。"昆明市导游协会会长李鼎惠说,目前越来越多的海外游客来到昆明,特别是一些小语种国家的游客来昆后,很多地接旅行社都安排不出精通该国语言的导游,有时也只有让英语导游临时充当翻译,但是效果都不好。

"我刚开始并没有发现小语种导游的优点,但在工作中慢慢感受到了它的好处,除了能把云南的东西'卖出去',还可以从他们身上学到很多东西,丰富自己。"做了7年泰语导游的张方芳说,她每年都要接待很多来自东南亚国家的游客,因为东南亚小语种的导游比较少,只要是东南亚游客都会让她去接。"这样一来几乎就没有闲着的时候,收入也就上去了,同时还有小语种导游补助。"

昆明很多旅行社的老板也表示,小语种导游的前景比较好。在如今就业压力比较大的情况下,高校学生可以考虑考小语种导游。

但与之形成对比的是,高校学生不愿当导游。"当导游呀?这种职业不是我想找的。"在一二一大街记者走访部分大学生,他们大多表示,毕业后不愿去当导游。一陈姓女生说:"导游是社会上很多人都看不起的职业,并且还很累,经常受气。"

云南省旅游文化研究会秘书长朱海峰说,小语种导游的缺乏,实际上与近年来社会对导游职业评价的滑坡有很大关系。20世纪80年代,导游的经济地位和社会地位在社会上分别排到第3和第9位,而近年来导游地位每况愈下。据介绍,不仅社会对导游的评价下滑,导游行业的保障不健全也限制了这一职业的发展。

(资料来源:https://kaoshi.china.com/xyz/news/26269-1.html)

复习思考题

1. 旅行社员工招聘的原则有哪些?
2. 旅行社员工甄选的方法包括哪些?
3. 旅行社员工培训的方法有哪些?
4. 简述旅行社员工绩效考核的类型。
5. 旅行社员工的薪酬福利包括哪些内容?
6. 旅行社的企业文化包括哪些层次?如何构建旅行社企业文化?

课后实训题

以5~6为单位进行分组练习,走访当地几家旅行社,了解其在旅游人力资源招聘、培训、职业规划、企业文化等方面的情况,并进行旅行社员工模拟招聘。

第八章 旅行社财务管理

【学习目标】

通过本章学习，使学生能够对旅行社财务管理有比较综合的认识，了解旅行社财务管理的目标和基本程序，以及财务管理在旅行社管理中的地位与作用，掌握旅行社在筹资、经营过程，以及利润分配中涉及的财务知识，并能够结合旅行社实际情况分析旅行社利润最大化需要满足的条件。

【主要学习内容】

- 旅行社财务管理概述
- 旅行社的筹资管理
- 旅行社资产管理、业务核算和成本管理
- 旅行社的利润分配管理
- 旅行社的财务报告分析

◆【导入案例】

旅行社之间相互欠款已经成为中国旅行社行业的老问题，大难题。在目前的买方市场条件下，旅行社无法采用"先付款，后接待"的经营方式，不能一概拒绝旅游中间商的延期付款要求。严格的信用政策会影响旅行社的业务，宽松的信用政策虽然能使旅行社获得较多的客源，但是却会产生更高比例的坏账损失，一旦对方赖账或破产，则旅行社将蒙受更大的经济损失。我国不少旅行社都因此承受较大的财务风险和经营风险。

对此，康辉旅行社采取了下列措施，以加强对应收账款的管理：

① 总经理亲自过问客户的挂账和催讨事宜。要求每个部门汇报，检查他们催讨欠款的工作效果。

② 将催讨欠款同各部门的经济利益挂钩。

③ 制定切实可行的信用制度和标准。对于那些信誉好、付款及时、经济实力雄厚、送客量大且与本旅行社长期保持良好合作的旅游中间商，最多允许其在旅

游者结束后 3 个月内付款；对那些信誉较差的小的中间商，则不允许挂账，必须支付现金。

④ 将应收账款的回收效果与相关部门的经济利益直接挂钩，使各部门重视对应收账款的催讨和回收。

（资料来源：根据康辉旅行社相关资料整理）

第一节　旅行社财务管理概述

旅行社财务管理是指根据旅行社经营目标和经营需要，按照资金运动规律，对旅行社的财务问题科学有效地进行管理，并正确处理与其他相关企业的经济关系。简单讲，就是解决旅行社经营中遇到的一些财务问题。

一、旅行社财务管理的目标

1. 利润最大化

作为旅游市场竞争主体的旅行社要想在市场竞争中处于不败之地，就必须进行严格的经济核算，加强资金、成本、利润的管理，降低各种成本，并结合市场营销策略实现利润最大化。利润最大化是商品经济社会中人们分析和评价企业行为和绩效的主要标准。

作为一个企业，追求利润最大化的同时，需要考虑企业承担的财务风险、经营风险、机会成本，以及货币的时间价值和通货膨胀等影响因素。此外，这里的利润指的是旅行社在一定时期内经营收入和经营费用的差额，它是一个绝对数，并不能清晰地反映出旅行社的投资回报率，因而也就无法科学地说明旅行社经济效益水平的高低，所以不便于进行横向比较和纵向比较。（注：横向比较指的是不同旅行社在相同期间的比较，纵向比较指的是同一家旅行社在不同期间的比较。）

2. 资本利润最大化或每股利润最大化

针对利润最大化对企业行为和绩效评价的局限性，人们提出了以资本利润或每股利润作为考察财务效果的重要指标，并由此得出企业的目标就是使这一指标最大化。通常，在非股份制旅行社企业中多使用前一指标，而在股份制企业中则往往同时使用这两个指标。这两个指标的特点是将企业实现的利润额同投入的自有资本或股本股数进行对比，可以更好地说明企业的盈利水平（在一个企业中这两个指标的增减变动趋势是一致的），对财务分析、财务预测有着重要的作用。但是以这两个指标最大化为目标，也不能避免诸如企业行为短期化及不考虑财务风险、经营风险和资金时间价值等问题。

3. 企业价值最大化或股东财富最大化

企业价值最大化也就是股东财富或所有者权益最大化，这一目标考虑了上述最大化目标实现中无法顾及的资金时间价值和风险问题。一般情况下，企业所得的收益越多,实现收益的时间越近,应得的报酬越确定,则企业的价值或股东的财富就越大。这一目标还充分体现了对企业资产保值增值的要求,有利于制约企业追求短期利益行为的倾向。企业资产的保值增值,是企业兴旺发达的基本物质条件,也是增强企业发展后劲、保持企业长盛不衰的物质基础。为此,形成一种出资者对管理者(经营人员)的选择机制,保障出资者(不论是国有还是私有)的利益不受损害并稳定地保值增值,就显得格外必要。

需要指出的是,不论企业的财务管理目标是什么,企业必须要正确处理提高经济效益与履行社会责任的关系。旅行社在谋求自身的经济效益的同时,必须尽自己的社会责任:一是遵守起码的商业道德,保证服务质量,不搞欺骗性促销,不以不正当手段追求企业利润;二是要维护社会公共利益,不以破坏资源和污染环境(自然环境和社会环境)为代价谋求企业效益;三是积极资助公益事业。

二、财务管理在旅行社管理中的地位与作用

(一)财务管理在旅行社管理中的地位

从某种意义上说,经商就是理财,理财促进经商。理财就是加强财务管理,不断增收节支,改善经营管理,获取良好的经济收益。理财过程就是通过严格控制资金运动的操作与管理使企业增值的过程。

(二)旅行社财务管理的作用

1. 平衡作用

有效的财务管理有助于平衡资金,确保资金的及时筹集和合理使用,使企业的整体经营活动得以顺利开展。

2. 控制作用

资金的收支、进出,主要是通过财务管理来控制的,如严格控制旅行社旅游团接待中产生的直接成本和间接成本的比例等。通过财务管理的控制作用,企业可以降低资金成本,提高投资回报率,从而达到利润最大化的管理目标。

3. 计划预估作用

财务管理既要对当年的收益进行评估,还要对第二年的计划进行预估编制,特别是要对企业投资方向进行严密的可行性程度预测。

4. 核算作用

核算作用体现于财务管理和企业经营的全过程。如对下述内容的核算:今年与去年的收入对比,半年完成全年计划的程度,每年收入递增的幅度等,都将有效地促进旅行社经营管理水平的提高。

5. 分析作用

财务分析的结果是旅行社管理层了解本企业财务状况的重要依据。资金的筹集与投放、分布与耗费、收益与分配,都与企业生存紧密相关。通过财务分析,管理层可以随时掌握企业盈利情况、获利能力、资产增值情况、资金周转状况、负债水平、偿

债能力等重要信息，确保企业经营目标顺利实现。

6. 监督作用

财务监督贯穿于企业运营的全过程，从时间范围上讲，它既包括项目开始前的预算阶段，也包括项目进行中的控制阶段，以及项目结束后的评估阶段；从空间范围上讲，它既包括企业内部的相互监督，也包括国家相关部门对企业的外部监督。它是保证旅行社财务计划目标顺利实现、企业财产完整无缺的重要管理手段。

三、旅行社财务管理的内容

旅行社财务管理是指对旅行社从资金筹集到资金运用，以及业务收支活动进行的全过程综合性管理。具体来说，就是指旅行社按照国家方针、政策和企业决策要求，根据资金运动的客观规律，通过对资金筹集、资金运用、资产管理和资金分配等的管理，实现旅行社利润最大化和所有者权益最大化的目标，使旅行社财务状况处于最优状态，并对旅行社经营活动进行全过程综合性管理。财务管理区别于其他管理的特点，在于它是一种价值（包括时间价值及风险价值）管理。

四、旅行社财务管理的基本任务

1. 积极筹集资金，组织资金供应

旅行社经营活动的正常开展，必须以一定量的资金筹集为前提。因此，财务管理的首要任务，就是要通过各种渠道积极筹集经营所需的资金，及时组织资金供应，并努力降低资金成本，在保证旅行社经营活动顺利进行的同时，提高资金的投资回报率。

2. 合理使用资金，增加企业盈利

在一定条件下，一定的资金投入必须获得相应的经济收益，这是企业财务管理的基本要求。因此，旅行社财务管理中应当注意将筹集到的资金的资金成本以及所承担的风险，与投资中可能收到的投资收益进行比较。资金成本高、风险大的投资应该配比高收益的投资方案，以减少损失，提高利润率。

3. 妥善分配利润，协调各方关系

利润是企业经营的最终成果，它与国家、企业和职工的切身利益有着直接的关系。因此，在对旅行社利润进行分配时，必须注意协调好企业与各方面的关系。旅行社应按国家有关规定，正确核算经营所耗，及时上缴各种税金，然后依据规定程序对旅行社利润进行合理、妥善的分配，以便更好地协调旅行社与各方的利益关系。

4. 实行财务监督，提供经济信息

在正常情况下，企业的各项经营活动都会反映在企业的财务收支上。对财务收支进行控制，并用财务指标对之进行分析核算，即为财务监督。旅行社必须建立财务核算制度，并及时有效地编制财务报表，严格施行财务监督，发挥财务综合管理的作用，以便为旅行社经营决策的制定和正常业务的开展提供真实的数字依据及有效的经济信息。

五、旅行社财务工作的要求

旅行社财务管理的原则是旅行社组织财务活动、处理财务关系的准则，它是对旅行社财务管理所做的基本要求。在具体工作中，财务管理应遵循的基本原则为：

1. 系统原则

系统是由若干个相互作用、相互依存的部分有机结合而成的整体。财务管理从资金筹集开始，到货币资金收回为止，经历了资金筹集、资金投放、资金耗费、资金收回与资金分配几个部分，这几个部分互相联系，互相作用，组成一个完整的系统。为此，开展旅行社财务管理工作，必须从财务管理系统的内部和外部联系出发，从各组成部分的协调和统一出发，并注意企业财务活动的整体性、有序性和相关性。这就是财务管理的系统原则的内在要求。

2. 平衡原则

平衡原则要求旅行社在财务管理中不仅要追求资金占用和资金来源的静态平衡，还应力求使企业资金的收支在数量上和时间上保持动态的协调平衡。旅行社在财务管理中不但要保证资金循环的流畅性和快速性，而且要保证在资金循环过程中产生平稳的资金增值，以实现财务管理的平衡性。

3. 比例原则

财务管理若仅对企业财务的绝对量进行规划与控制，而不重视各因素之间的比例关系，就可能会增加财务风险。旅行社应该结合综合资金成本最低原则合理安排企业债务资本和权益资本的比例，结合经营成本最低原则合理安排固定成本和变动成本的比例，结合利润分配最优原则合理安排分红和留存收益之间的比例，通过优化各种比例提高资金的利用率。

4. 优化原则

企业财务管理过程是一个对企业经营活动不断地进行分析、比较和选择，以使其实现最优的过程。财务管理的优化原则就是要求旅行社在财务管理中力求科学地选择最优方案，确定最优总量和最优化比例关系，提高企业经营管理的水平，尽量以最少的资金投入获取最多的经济收益，最终实现企业的经营目标。

第二节　旅行社的筹资管理

筹资是所有企业工作的起点，旅行社也不例外。筹资方式有很多种，如债务筹资（银行短期借款、银行长期借款、发行债券等）、权益筹资（吸收投资、发行股票、启用留存收益等）。不同的筹资方式需要旅行社承担不同的资金成本及不同的风险。这就需要旅行社在筹资过程中结合资金成本及风险的综合分析来确定合适的筹资方案。

资金成本是指使用各种资金的成本，一般使用资金成本率来衡量资金成本，其计算公式如下：

$$K = D/(P - f)$$

式中，K——资金成本率；
  D——用资费用额；
  P——筹资额；
  f——筹资费用额。

注：用资费用在使用资金过程中产生，发生在拿到筹资额之后；筹资费用在筹资过程中产生，发生在拿到筹资额之前。

一、债务资金成本的计算

最常见的债务资本筹资方式是银行短期借款、银行长期借款及发行债券筹资。由于旅行社向银行借款的时间一般超过一年，所以本节主要讲授银行长期借款和发行债券筹资。以上两种筹资方式在使用过程中会产生用资费用，也就是利息费用，利息费用在财务管理中一般被记为财务费用，财务费用产生在纳税之前，有一定的抵税比例，所以在计算债务资金成本时需要将该部分扣除，具体如下：

1. **银行长期借款成本**

银行长期借款成本是指借款利息和筹资费用。

$$K = D(1 - T)/(P - f)$$

式中，K——资金成本率；
  D——用资费用额；
  T——企业所得税税率；
  P——筹资额；
  f——向银行借款的筹资费用额。

【例题 8-1】

某旅行社取得两年期长期借款 100 万元，年利率为 10%，每年付息一次，到期一次还本，筹资费用率为 0.5%，旅行社所得税税率为 25%。计算该项长期借款的资金成本。

银行一年利息费用 = 100 万元 × 10% = 10 万元

由于旅行社所得税税率为 25%，所以避税后产生的实际用资费用为每年 10 万元 ×(1-25%) = 7.5 万元。（注：收入 - 费用 = 利润总额；利润总额 × 25% = 企业所得税；利息费用产生 10 万元，则企业所得税减少 2.5 万元。）

旅行社的筹资费用 = 100 万元 × 0.5% = 0.5 万元

K = 7.5 万元 /（100-0.5）万元 = 7.53%

2. **债券资金成本**

发行债券的成本包含债权利息和筹资费用。债权利息可以在税前扣除一定比例，可以避税（与银行长期借款的利息处理方法相同），但是债券利息和债券的筹资费用一般要高于银行长期借款。债券资金成本率的计算公式为：

$$K = D(1 - T)/(P - f)$$

式中，K——资金成本，以百分率表示；

　　　D——用资费用额；

　　　T——企业所得税税率；

　　　P——筹资额；

　　　f——债券的筹资费用额；

其余含义同前。

债券在发行过程中会有平价发行、溢价发行、折价发行三种情况，发行价格不会影响债券的利息费用，但是会对筹资费用产生影响，下面通过三个案例来分析债券的资金成本。

【例题 8-2】

某旅行社发行总面额为 100 万元的 5 年期债券，票面利率为 11%，发行费用率为 4%，旅行社所得税税率为 25%，平价发行，则计算该债券的资金成本率。

　　　债券一年利息费用＝100 万元×11%＝11 万元

由于旅行社所得税税率为 25%，所以抵税后产生的实际用资费用为每年 11 万元×（1－25%）＝8.25 万元。

　　　旅行社的筹资费用＝100 万元×4%＝4 万元

　　　K＝8.25 万元／（100－4）万元＝8.59%

【例题 8-3】

某旅行社发行总面额为 100 万元的 5 年期债券，票面利率为 11%，发行费用率为 4%，旅行社所得税税率为 25%，溢价发行，发行价格为 120 万元。计算该债券的资金成本率。

　　　债券一年利息费用＝100 万元×11%＝11 万元

由于旅行社所得税税率为 25%，所以抵税后产生的实际用资费用为每年 11 万元×（1－25%）＝8.25 万元。

　　　旅行社的筹资费用＝120 万元×4%＝4.8 万元

　　　K＝8.25 万元／（120－4.8）万元＝7.16%

【例题 8-4】

某旅行社发行总面额为 100 万元的 5 年期债券，票面利率为 11%，发行费用率为 4%，旅行社所得税税率为 25%，折价发行，发行价格为 80 万元。计算该债券的资金成本率。

　　　债券一年利息费用＝100 万元×11%＝11 万元

由于旅行社所得税税率为 25%，所以避税后产生的实际用资费用为每年 11 万元×（1－25%）＝8.25 万元。

旅行社的筹资费用=80万元×4%=3.2万元

K=8.25万元/（80-3.2）万元=10.74%

对比以上三个案例的债券发行状况，可以看出，折价发行的资金成本最高。我们国家为了防止恶性竞争，一般不允许折价发行。

二、权益资金成本的计算

比较常见的权益资本的筹集方式有发行股票和启用留存收益。这两种方式都需要派发股利和支付发行费用，但与债务资本最大的不同在于权益资本派发的股利产生于纳税之后，不能抵税，需要全额计入用资费用中。

1. 发行股票的资金成本

旅行社发行的股票类型和其他企业一样，分为优先股和普通股，优先股的股利是固定不变的，而普通股的股利是随着旅行社的盈利情况在发生变化的，其他基本相同。发行股票的资金成本率计算公式如下：

$$K=D/(P-f)$$

式中，K——资金成本率；

D——股利；

P——股票价格；

f——发行费用。

【例题 8-5】

某旅行社拟发行一批普通股，发行价格为 20 元，每股发行费用为 3 元，预计每年派发现金股利为每股 2 元，计算该普通股的资金成本率。

$$K=D/(P-f)=2元/(20-3)元=11.76\%$$

2. 留存收益的资金成本

旅行社的留存收益是企业税后利润形成的，即利润分配过程中经过大多数股东同意留存下来尚未分配的利润，属于权益资本。在旅行社需要资金时，经过股东同意可以启用，并且不用支付筹资费用，只需要按照规定派发股利即可。所以，留存收益的资金成本相对于发行股票比较小。其资金成本率的计算公式如下：

$$K=D/P$$

式中：K——资金成本率；

D——股利；

P——留存收益启用额。

三、综合资金成本的计算

旅游企业一般不会采用单独的债务筹资方式或者权益筹资方式，在实际操作中会从多种渠道，采用多种方式（如将债务资本和权益资本按照一定比例综合）的组合来筹集资金，这种情况下就需要进行综合资金成本的计算来控制资金成本。

综合资金成本率需要结合各种筹资方式的资金成本以及它们在筹资总额中所占的比例来计算,其计算公式为:

$$K = K_1W_1 + K_2W_2 + \cdots + K_nW_n$$

式中,　　　　K——综合资金成本率;

$K_1,K_2,\cdots,K_n$——各种筹资方式的资金成本;

$W_1,W_2,\cdots,W_n$——各种筹资方式的筹资额在筹资总额中所占的比例。

【例题 8-6】

某旅行社打算投资一个项目,投资预算为 2000 万元,拟采用银行借款、发行债券、发行股票三种方式进行资金筹集,各种筹资方式的资金成本率分别为 8%、10%、15%。有三种可供选择的资金结构比例:(1) 1∶3∶5;(2) 2∶3∶5;(3) 2∶4∶4。试结合综合资金成本最小化原则分析哪一种方案最合理?

方案一:$K=8\%\times(1/9)+10\%\times(3/9)+15\%\times(5/9)=12.549\%$

方案二:$K=8\%\times(2/10)+10\%\times(3/10)+15\%\times(5/10)=12.1\%$

方案三:$K=8\%\times(2/10)+10\%\times(4/10)+15\%\times(4/10)=11.6\%$

由计算结果可知,应该选择综合资金成本最低的方案三。

从以上例题中可以看出,不管是单个资金成本还是综合资金成本,都是可以精确计算出来的,所以旅行社在筹资过程中财务管理的重点是:在保证筹资额的前提下,尽可能地将资金成本控制到最低,以提高资金的利润率。

第三节　旅行社资产管理、业务核算和成本管理

旅行社的经营管理主要体现在旅行社筹资过后需要购买资产,开始为正常经营做准备,这一阶段的财务管理主要体现在资产管理、业务核算和运营成本管理上。本书接下来就主要分这三个部分进行讲解。

一、旅行社的资产管理

资产不是仅指货币资产,而是指旅行社所拥有的全部资产的具体化形式,包括流动资产、固定资产、无形资产、递延资产等。

(一)旅行社流动资产的管理

流动资产管理是指旅行社可以在一年内或者长于一年的一个营业周期内将其转变成为现金或者耗用掉的资产。该类资产流动性非常强,是旅行社业务经营活动不可缺少的重要条件之一。

与其他企业相比,旅行社的流动资产在总资产中占有较大的比例。控制流动资产的规模和内部构成比例、加速流动资金周转是财务管理的重要内容。流动资产的构成主要有:货币资产、生息资产、债权资产、外汇资产、存货资产等。

1. **货币资产的管理**

旅行社货币资产主要包括现金和银行存款,它是最具有流动性的一种资产。

现金用于向旅游供应部门和企业采购各种旅游服务,支付各类劳务费用及其他费用,偿还到期的债务。现金具有较强的支付能力。但是在使用前不能产生利润,还要承担一定筹资成本(利息)。应尽可能缩短现金的周转时间,减少现金的实际占用总量。

银行存款用于旅行社的各种经济往来与结算、发放工资和补充旅行社的库存现金。银行存款相对于现金来讲,在使用过程中机会成本较小,不使用时在银行可以产生相应的利息来冲减财务费用。另外,在现代社会,现代化的支付方式越来越便捷,旅行社对于银行存款的需求远大于现金。

旅行社在现金和银行存款方面的管理措施有:

(1)确定旅行社的现金库存限额。根据会计准则的规定并结合本企业日常经营活动的需要,合理确定库存现金的数量,既要保证需要,又不致造成闲置和浪费。

(2)严格控制现金使用范围。现金主要用于个人劳动报酬、差旅费、结算起点以下的零星支出、确需现金支付的其他支出。

(3)严格现金收支管理。现金收入于当日送存开户银行。不得坐支(从收入中直接支付)。

(4)加强银行存款管理。在当地银行开立账户。银行需保证旅行社所需款项,负责其经济往来结算,定期编制对账单,列明旅行社在一个会计周期内通过银行实际收付的资金。旅行社应该做到定期与银行对账,编制银行存款余额表,保证旅行社可以随时获取可用银行存款余额的真实信息。旅行社在与银行进行合作的时候,要坚持三不准的原则,即不准出租、出借账户,不准套取银行信用,不准签发空头支票或远期支票。

(5)严格控制现金支出。尽量避免在应付账款到期日之前支付现金,减少不必要的开支,推迟支付时间。

2. **生息资产的管理**

生息资产是指短期有价证券或金融资产,如一年以下的国库券、商业票据、银行承兑汇票、可转让定期存款单等。生息资产的特点是能够在短期内变成现金,产生较多的利息;有时因货币市场上供应关系的变化会出现价格波动,个别情况下有些票据存在违约的风险,但总体而言风险较小。为了减少现金在使用过程中的机会成本,旅行社对于超出日常开支所需的货币资金应用来投资于短期有价证券,以获得一定的利息。但是购买生息资产会产生交易费用,而且需要承担一定的风险,所以投资需要谨慎。

3. **债权资产的管理**

债权资产主要是指应收账款。组团社或接待社从事接待业务时,由于大多采取先接待、后结算的形式,中间商占用的资金就形成应收账款。旅行社应收账款在流动资金总额中比重较大。对其管理的措施主要有:

(1) 制定和执行正确的信用政策。根据自身所处的市场条件及客户的资信状况，制定适当的信用政策。对信誉不佳的合作者重点控制，及时催收。

(2) 选择适当的结算方式。在旅行社急需收回应收账款时，可以给出适当的现金折扣。如"2/10，1/20，n/30"分别表示：如果对方在10天内偿还，则给予2%的折扣；如果对方在20天内偿还，则给予1%的折扣；如果对方超过20天后偿还，则不享受任何折扣。现金折扣虽然会增加财务费用，但是财务费用可以起到一定的避税作用，另外现金折扣会鼓励债务人加快还款。

(3) 做好应收账款的催收工作。设专人负责催收工作。定期编制应收账款账龄分析表，列出欠款单位、欠款时间，将欠款明细清单寄往相关单位核对确认。对欠款额大、信誉差的单位，派专人上门催收。设立应收款催收岗位责任制，并与奖惩制度挂钩。

(4) 建立坏账准备金。为弥补坏账损失，可在年终从旅行社管理费中提取坏账准备金，发生坏账损失时，可冲减坏账准备金。当年的坏账损失超过上年计提的坏账准备金部分，计入管理费用。如果收回已核销的坏账，划归坏账准备金。不设坏账准备金时，坏账损失计入管理费用。

4. 外汇资产

外汇资产是指旅行社对外接待时收入的外汇。无论旅行社拥有几种外币，都以人民币为记账本位币。要采取外汇保值措施，并做好对外汇变动的预测和分析。

此外，还有对存货资产的管理。存货资产是指旅行社日常消耗所用的物品，数量较少。

（二）旅行社固定资产的管理

旅行社固定资产是指使用年限在一年以上的房屋建筑、交通工具、通信设备等。有的虽不属于生产经营主要设备，但单位价值较大，或者使用年限超过一年的物品也属此类。

1. 旅行社固定资产的计提折旧

计提折旧的固定资产分为五类：房屋和建筑物；在用的机器设备、运输车辆；季节性停用、修理停用的设备，如空调；融资租入的设备；以经营租赁方式租出的固定资产。

不计提折旧的有四类：未使用、不需使用的房屋及设备；以租赁方式租入的设备；已提足折旧仍在使用或提前报废的资产；国家规定不提折旧的固定资产，如土地。

旅行社适用的计提折旧的方法主要有平均年限法和工作量法。

平均年限法又称直线法，是最常用的计提折旧方法。它是以固定资产的原始成本扣除净残值，然后按预计使用年限进行平均分摊，计算每年或每月的折旧额或折旧率。大多用于房屋建筑和贵重办公设备的折旧计提。其计算公式为：

$$年折旧率 = （1-预计净残值率）/固定资产的预计使用年限 \times 100\%$$

$$年折旧额 = 固定资产原始价值 \times 年折旧率$$

工作量法是一种以固定资产的具体使用时间或使用量为自变量，与使用年限无绝对直接依存关系的折旧方法。这种方法主要适用于使用程度不均衡的固定资产，如汽车。计算公式为：

单位工作量折旧额 = 原值×（1-预计净残值率）/预计使用年限内可以完成的工作量

2. 旅行社固定资产修理费用与盘亏、盘盈和报废处理

固定资产的修理费用，计入当期成本费用。数额大的，可以分期摊入成本费用。

旅行社一般不会出现固定资产盘盈的现象，而对于盘亏及毁损的固定资产，应按原价扣除累计折旧与过失人及保险公司赔款后的差额，计入营业外支出。

对于出售或清理报废的固定资产，如果处置后有净收入，则余额在"资产处置损益"的贷方；如果处置后有净亏损，则余额在"资产处置损益"的借方。

二、旅行社业务核算

（一）组团业务核算

1. 审核报价

审核报价的内容主要是：报价的淡季、旺季价格正确；报价单上的各项价格是否准确、全面；报价在时间上、空间上是否一致等。

2. 核算组团收入

（1）旅游客源地组团社。坚持"先收费，后接待"的原则，要求旅游者在出发前的规定时间内交付全部旅行费用，否则取消其参加旅游团的资格。

（2）旅游目的地组团旅行社。可以允许客源地组团社在旅行团的旅行活动结束后再付款，但要防范坏账损失的风险。在核算组团收入时，应该根据与旅游者或旅游客源地组团旅行社达成的旅游协议，认真审核其所付的旅游费用或付款承诺。

3. 核算组团成本

检查重点是所采购的旅游服务是否按照采购合同上双方同意的价格进行结算的。在实际工作中，为了便于操作，旅行社往往采用下面的方法来计算其营业成本：

营业成本＝营业收入－毛利

毛利＝旅游团（者）的人数×停留天数×人天计划毛利

旅行社在核算其组团成本时，还应该根据接待计划和全程陪同填写的各地支出情况预先逐团列支，待各地接待社将结算单寄到后再分别列入各结算单位的结算账户。

（二）接待收入核算

1. 审核结算通知单

审核的重点是：组团社名称、计划号码、旅游者人数、等级、抵离时间、活动项目、计价标准等与接待计划和变更通知是否一致；各项费用计算是否正确；填写项目是否齐全；有无陪同人员的签字确认。

2. 核算接待收入

接待旅行社在计算各项费用时应注意旅游团所属的等级和接待的季节，以避免出

现诸如少要款项、错算旅游者接待标准、等级和季节差价以及错算金额等差错。

3. 核算成本费用

在核算成本费用时，接待旅行社可根据自身业务的特点，采用单团成本核算、批量成本核算等方法。

（三）旅行社结算业务

1. 正常情况的结算业务

一般情况下，许多旅行社采用以下方法结算综合服务费：

（1）综合服务费＝实际接待旅游者人数×实际接待天数×人天综合服务费价格。

（2）当旅游团内成年旅游者的人数达到16人时，免收1人的综合服务费。

（3）旅游者所携带的2～12周岁（不含12周岁）的儿童，应按照成年旅游者标准的一定比例收取综合服务费。

（4）12周岁（含12周岁）以上的儿童、少年旅游者按照成年旅游者标准收取综合服务费。

（5）2周岁以下的儿童在未发生费用的情况下，不收取综合服务费。如果发生费用，由携带儿童的旅游者现付。

2. 特殊情况的结算业务

旅行社在组团或接团过程中往往会遇到一些特殊的情况，并相应地反映到会计核算中，例如：

（1）跨季节的结算。我国的旅行社多以每年的12月初至转年的3月底作为旅游淡季，其余的月份作为旅游旺季或平季。旅游者在一地停留的时间恰逢旅游淡季与旺季交替时，旅行社应按照旅游者在该地停留日期的季节价格标准分段结算。

（2）因分团活动导致等级变化。旅游团在成行后因某种特殊原因要求分团活动，并因此导致旅游团等级发生变化时，应按分团后的等级收费或结算。结算的方式有两种：一种是由旅游者现付分团后新等级费用标准和原等级费用标准之间的差额；另一种是接待旅行社在征得组团旅行社同意后按新等级标准向组团旅行社结算。

（3）因部分旅游者中途退团造成等级变化。参加团体包价旅游团的旅游者，在旅行途中因特殊原因退团，造成旅游团队人数不足10人而发生等级变化时，原则上仍按旅游团的人数和等级标准收费和结算，个别旅游者离团后的费用由旅游者自理。

（4）晚间抵达或清晨离开的旅游团队结算。包价旅游团队在晚餐后抵达或早餐后离开某地时，接待旅行社按照人数和等级标准向组团旅行社结算接送费用。

三、旅行社的成本费用分析

（一）成本费用分析

1. 单团成本分析

（1）在综合分析市场状况和旅行社自身经营状况的基础上编制成本计划，制定出一套分等级的计划成本并以此作为衡量旅行社经济效益的标准。

（2）将单团的实际成本与计划成本进行对比，找出差异。对于差异较大的旅游团，要逐项进行分析，找出导致成本上升的原因并加以改进。

（3）加强信息反馈，把在成本分析中发现的差异及其原因及时报送有关领导和部门，以便加强对成本的控制。

2. 部门批量成本分析

（1）编制各部门接待一定批量旅游者的计划成本及计划成本降低额（率），并核算出实际成本及实际降低额（率）。

（2）按照部门接待旅游者数量变动、产品结构变动、成本变动三方面进行因素替代分析，找出各因素的影响程度。

（3）将信息反馈给有关部门，采取措施，扭转不利因素的影响。

（二）成本费用核算

1. 单团核算

单团核算是指旅行社以接待的每一个旅游团（者）为核算对象进行经营盈亏的核算。单团核算有利于考核每个团队产生的经济效益，有利于各项费用的清算和考核，有利于降低操作成本。但单团核算的工作量较大，一般适用于业务量较小的旅行社。

2. 部门批量核算

部门批量核算是指旅行社的业务部门以在规定期限内接待的旅游团（者）的批量为核算对象进行的核算。部门批量核算从不同的侧面反映出旅行社经营的盈亏状况，为开拓市场、改善经营管理提供依据。这种核算方法适用于业务量较大的旅行社。

（三）旅行社成本费用的控制

旅行社成本费用控制的主要方法为：

1. 制定成本费用标准

旅行社必须根据本企业的实际情况和经营目标，并参照其他旅行社的成本费用水平，制定出本旅行社的成本费用标准。

2. 成本费用的日常控制

成本控制信息系统主要包括三个部分：成本指标、标准、定额等输入系统；核算、控制、反馈系统；分析预测系统。三个系统构成一个整体，对成本信息发挥提供、传递与反馈作用，成为成本控制的有效手段。

3. 实行责任成本制

为了加强成本控制，旅行社应实行责任成本制度，把负有成本责任的部门作为成本责任中心，使其对可控成本负完全责任。

4. 进行重点控制

旅行社管理者应在日常成本费用控制中对占成本比重较大的部门或岗位、成本降低目标较大的部门或岗位，以及目标成本实现较难的部门或岗位进行重点控制。

5. 检查与考核

旅行社管理者应着重做好以下几项工作：检查成本计划的完成情况，查找和分析产生成本差异的原因；评价各部门和个人在完成成本计划过程中的成绩和缺点，给予应有的奖励和惩罚；总结经验，找出缺点，提出办法，为进一步降低经营成本提供资料总结和推广先进经验，为修订标准提供可靠的参数，把成本控制的科学方法标准化。

第四节 旅行社的利润分配管理

一、营业收入的管理

1. 确认营业收入的原则

根据权责发生制，旅行社在符合以下两种条件时，可确认其获得了营业收入：

（1）旅行社已经向旅游者提供了合同上所规定的服务。

（2）旅行社已经从旅游者或者组团旅行社处收到价款或取得了收取价款权利的证据。

2. 界定营业收入实现时间的原则

（1）入境旅游。旅行社组织境外旅游者到境内旅游，以旅游者离境或离开本地时作为确认其营业收入实现的时间。

（2）国内旅游。旅行社组织国内旅游者在国内旅游，接团旅行社应以旅游者离开本地时、组团旅行社应以旅游者旅行结束返回原出发地时，作为确认其营业收入实现的时间。

（3）出境旅游。旅行社组织中国公民到境外旅游，以旅游者旅行结束返回原出发地时作为确认其营业收入实现的时间。

二、利润分析与管理

（一）利润总额分析

利润总额分析主要是将利润总额做纵向比较、将实际利润与计划做比较。相关计算公式有：

$$利润增长（减少）率 = \frac{利润增长（减少）额}{上一期利润总额} \times 100\%$$

$$完成计划百分比 = \frac{本期实际利润总额}{本期计划利润总额} \times 100\%$$

超额或未完成计划百分比 = 完成计划百分比 - 100%

（二）利润总额构成因素分析

旅行社在分析其利润总额总体情况后，还应对利润的构成因素进行分析，以便发现导致本期利润变化的主要因素，并采取相应的措施。

在营业收入一定的情况下，影响营业利润高低的因素是营业成本、营业费用、税金及附加、管理费用和财务费用。尽可能降低成本费用，特别是严格控制费用的支出是增加营业利润的有效途径。

（三）净利润的核算与分配

旅行社所有的收入减去所有的成本费用，余下的就是旅行社的利润总额。一般旅行社要按照利润总额的25%来缴纳企业所得税，缴纳完企业所得税剩下的就是旅行社的净利润。

旅行社要按照企业会计准则的规定，先按照净利润的一定比例计提法定公积金，再根据企业需要计提任意盈余公积，最后给投资者分配利润。

所涉及的公式如下：

所有收入−所有成本费用＝利润总额；

利润总额−所得税费用＝净利润；

所得税费用＝利润总额×企业所得税税率（一般为25%）

净利润×一定比例＝法定盈余公积（法定必须提取）

净利润×一定比例＝任意盈余公积（可根据旅行社需要提取或不提取）

前面提到，留存收益的资金成本比较小，所以旅行社在分配净利润时可以适当增加本年的留存收益，一则可以用于满足以后的资金需求；二则该笔资金的资金成本较小，也可以降低成本。

第五节 旅行社的财务报表与财务分析

一、旅行社的主要财务报表

旅行社的财务报表是反映旅行社财务状况和经营成果的书面文件，主要包括资产负债表、利润表、现金流量表、股东权益变动表及附注等。

（一）资产负债表

资产负债表是反映旅行社在一定时点的财务状况的静态报表，它以"资产＝负债＋所有者权益"这一会计基本等式为依据，按照各种科目的流动性强弱来排序，进而反映旅行社在某一时点上资产、负债和所有者权益的基本状况。

资产负债表主要包括以下内容：

（1）资产状况：分为流动资产、长期投资、固定资产、无形资产及递延资产等。

（2）负债类部分：分为流动负债、长期负债、长期应付款等。

（3）所有者权益部分：包括实收资本、资本公积、盈余公积、未分配利润等。

资产负债表揭示了旅行社的资产结构、流动性、资金来源、负债水平、负债结构等方面的状况，反映了旅行社的变现能力、偿债能力和资产管理水平，为旅行社的投资者和管理者提供了重要的决策依据。

（二）利润表

利润表是反映旅行社在一定时期内的经营成果的一种动态报表。基本等式为：收入-费用=利润（利润可能为正，也可能为负）。

利润表的内容包括营业收入、营业成本、营业利润、利润总额和净利润五部分。

其主要作用是为旅行社的投资者和管理者提供有关旅行社的获利能力、利润变化原因、企业利润发展趋势等方面的大量信息，是考核旅行社利润计划完成情况和经营水平的重要依据。

（三）现金流量表

旅行社现金流量表反映旅行社在一定期间内现金流量的变动情况，从中可以清晰地看到旅行社的现金流入与现金流出状况，帮助管理者更好地管理和控制旅行社的现金流。

二、旅行社的财务分析

财务分析，是在财务报表的基础上对旅行社在一定时期内的财务状况和经营成果进行的一种评价。通过对财务报表的分析，旅行社管理者能够了解本企业财产的流动性、负债水平、资金周转情况、偿还债务能力、获利能力及其未来发展的趋势，从而对旅行社的财务状况和经营风险做出比较合乎实际的评价，避免因方向性决策失误给旅行社带来重大损失。常用的财务分析方法有增减分析和比率分析。

（一）增减分析

增减分析是将两个会计期间的财务报表数字加以对比，计算两个期间的增减变动差额并编制成比较对照表，通过对差额的分析对企业的经营状况和经营结果进行评价。比较对照表通过比较旅行社连续两年财务报表的历史数据，分析其增减变化的幅度及变化原因，判断旅行社财务状况发展的趋势。目前，我国多数旅行社在采用增减分析法分析财务报表时，主要的分析对象是资产负债表和利润表。

1. **资产负债表增减分析**

旅行社对资产负债表进行增减分析的目的，是为了了解本企业资产、负债和所有者权益等方面的发展趋势及所存在的问题。在分析前，旅行社财务人员先把连续两期或数期的资产负债表编制成一份工作底表或比较资产负债表，然后对不同时期的资产、负债和所有者权益的差异进行比较和分析，从中发现存在的问题和变动趋势，从而把握旅行社的经营状况和经营成果，预测今后的发展趋势。

2. **利润表增减分析**

利润表的增减分析，是指通过对旅行社在不同时期的经营情况进行比较分析，找出经营中存在的问题，分析产生问题的原因，并提出解决问题措施的一种财务分析方法。比较利润表的编制方法，基本上与比较资产负债表相同。

（二）比率分析

比率分析，是指在同一财务报表的不同项目之间，或在不同报表的有关项目之间进行对比，以计算出来的比率反映各项目之间的相互关系，据以评价旅行社财务状况和经营成果的一种方法。旅行社分析和评价本企业财务状况和经营成果的主要财务指标包括：流动比率、速动比率、应收账款周转率、资产负债率、资本金利润率、成本费用利润率。

1. 流动比率

流动比率，是反映旅行社短期偿债能力的一项指标。它表明旅行社偿还流动负债的保障程度。其计算公式为：

$$流动比率 = 流动资产 / 流动负债 \times 100\%$$

2. 速动比率

速动比率是速动资产（流动资产−存货资产）和流动负债之间的比率。它反映旅行社在最短时间内偿还流动负债的能力。速动比率的计算公式为：

$$速动比率 = 速动资产 / 流动负债 \times 100\% = (流动资产 − 存货资产) / 流动负债 \times 100\%$$

关于速动比率，国际上一般认为速动比例越大，企业的短期偿债能力越强。

3. 应收账款周转率

应收账款周转率，是旅行社赊销收入净额与期初期末应收账款平均值的比率。它反映应收账款的周转速度。

目前，我国旅行社行业已进入市场经济，商业信用的使用日趋广泛，应收账款成了旅行社的重要流动资产。旅行社的管理者应该合理运用应收账款周转率这个工具，对企业应收账款的变现速度和管理效率进行了解和分析。应收账款的周转率越高，则旅行社在应收账款上冻结的资金越少、坏账的风险越小、管理效率越高。

4. 资产负债率

资产负债率又称举债经营比率，是旅行社负债总额（短期负债+长期负债）与其资产总额之间的比例关系。资产负债率是反映旅行社偿债能力大小的一个标志。其计算公式为：

$$资产负债率 = 负债总额 / 资产总额 \times 100\%$$

资产负债率越高，旅行社偿还债务的能力就越差；资产负债率越低，偿还债务的能力就越强。在经营状况比较好的时候，较大的资产负债率会产生较高的财务费用，从而有减税的效果；但是在经营状况不理想或者经济衰退的时候，较大的资产负债率会增加企业的财务风险，有可能引起旅行社破产清算。

5. 资本金利润率

资本金利润率，是指旅行社利润总额与资本金总额的比率，用以衡量投资者投入旅行社资本金的获利能力。其计算公式为：

$$资本金利润率 = 利润总额 / 资本金总额 \times 100\%$$

资本金利润率说明旅行社每投入 1 元的资本金可以获得多少利润。这个比率越高，说明资本金获利水平越高。当资本金利润率高于同期银行贷款利率时，旅行社可适度运用举债经营的策略，适当增加负债比例，优化资金来源结构。如果资本金利用率低于同期银行贷款利率，则说明举债经营的风险大，应适度减少负债比例以提高和保护投资者的利益。

6. 成本费用利润率

成本费用利润率反映的是旅行社在营业过程中为取得利润而消耗成本和费用的情况。它是利润总额与成本费用总额之间的比率。

$$成本费用利润率 = 利润总额/成本费用总额 \times 100\%$$

成本费用是旅行社为了获取利润而付出的代价。成本费用利用率越高,说明旅行社付出的代价越小、获利能力越强。旅行社管理者运用这一比率,能够比较客观地评价旅行社的获利能力、对成本费用的控制能力和经营管理水平。

【扩展阅读】

某旅游企业财务报表分析

下面是某旅游企业近年的财务资料:利润表简表(表8-1)和资产负债表简表(表8-2)是从公司季度报表当中选取的主要部分,时间是从2019年6月到2020年9月。由于2020年疫情影响,旅游企业的相关数据非常具有代表性。

表8-1 利润表简表

报告日期	2020-09-30	2020-06-30	2020-03-31	2019-12-31	2019-09-30	2019-06-30
营业收入(万元)	917791	431345	134094	183950	25842	18003
营业成本(万元)	903937	424083	131311	180870	26409	18219
营业利润(万元)	9495	5677	2061	65	-2279	-1266
利润总额(万元)	9502	5683	2061	70	-2424	-1981
所得税费用(万元)	-79	-29	-46	262	569	568
净利润(万元)	9581	5712	2107	-192	-2993	-2549
基本每股收益(元)	0.12	0.07	0.03	0.03	-0.02	-0.01

表8-2 资产负债表简表   单位:万元

报告日期	2020-09-30	2020-06-30	2020-03-31	2019-12-31	2019-09-30	2019-06-30
货币资金	111734	105948	108967	105432	159363	165199
应收账款	42931	15568	15342	3003	5770	7329
存货	33519	19091	13197	4301	90	563
流动资产合计	361663	282496	252437	221108	211469	214728
固定资产净额	755	609	584	578	442	515
资产总计	362418	283105	253021	221686	211911	215243
流动负债合计	134111	58665	44181	14952	8246	11246
非流动负债合计	—	0	6	6	221	110
负债合计	134111	58665	44187	14958	8467	11356
所有者权益(或股东权益)合计	228308	224440	208835	206728	203444	203887

根据财务报表中的数据计算出相关的指标数据及分析如表8-3、表8-4、表8-5所示。

表8-3 流动比率和速动比率

时间	2020-09-30	2020-06-30	2020-03-31	2019-12-31	2019-09-30	2019-06-30
流动比率（%）	2.70	4.82	5.71	14.79	25.64	19.09
速动比率（%）	2.45	4.49	5.42	14.50	25.63	19.04

表8-4 利润指标

时间	2020-09-30	2020-06-30	2020-03-31	2019-12-31	2019-09-30	2019-06-30
总资产利润率（%）	2.64	2.02	0.83	-0.09	-1.41	-1.18
成本费用利润率（%）	1.05	1.34	1.56	0.04	-7.99	-9.27
资本金利润率（%）	4.40	2.69	1.01	0.99	-0.62	-0.41

（1）由表8-3可知，从2019年6月到2020年9月，该公司的流动比率和速动比率在逐渐减小，主要原因是流动负债的增长速度快于流动资产的增长速度，短期偿债能力随之减弱，公司应该注意提升流动比率和速动比率。但公司的流动负债增长较多，从另外一方面也说明企业的融资环境相对较好。

（2）从表8-4可以看出，从2019年6月到2020年9月，该公司由亏损转为盈利，并且各项利润率指标逐渐提高，说明企业的经营状况和经营环境得到了改善。主要由于2019年年底和2020年年初受到疫情影响，公司经营受到了重创，2020年下半年，我们国家疫情得到了较好的控制，旅游回暖，公司的经营状况好转，利润率得到了提高。

表8-5 应收账款周转率

时间	2020-09-30	2020-06-30	2020-03-31	2019-12-31	2019-09-30	2019-06-30
应收账款周转率（次）	39.96	46.45	14.62	13.24	1.69	1.12

（3）从表8-5可以看出，除了2020年9月，该公司的应收账款的周转率提升较快，说明公司应收账款的周转天数在减少，应收账款的收回增快。

（资料来源：根据新浪财经相关资料整理。）

复习思考题

1. 旅行社财务管理的基本要求有哪些？
2. 旅行社资产管理的具体形式有哪些？
3. 旅行社的经营核算中组团业务的核算内容是什么？
4. 简述旅行社成本费用分析的内容。

5. 旅行社的财务分析类型有哪些？

课后实训题

以每组 5~6 人为单位进行分组练习，调查了解当地一家大型旅行社财务管理模式，并结合实际情况分析信息技术对旅行社财务管理带来的影响。

第九章 旅行社信息化管理

【学习目标】

了解旅行社信息系统的概念、主要特性、功能及其应用领域,熟悉我国旅行社信息化管理的主要内容,并掌握旅行社信息化管理体系的基本组成和建设实施,了解旅行社联合体及其网络化经营体系等基本内容,逐步培养在旅行社管理信息系统领域的动手能力。

【主要学习内容】

- 旅行社信息化管理的概念与功能
- 旅行社信息化管理体系
- 旅行社信息化管理对旅行社行业未来发展的影响

◆【导入案例】

携程旅行网是中国领先的在线旅行服务公司。携程借助技术创新,把酒店、消费者紧密联系在一起,创造出更大价值。2017年3月,酒店"Easy住"战略正式发布,推出包括在线选房、闪住2.0、自助入离机等多个微创新项目,这预示着国内酒店业开启了智能化服务新时代。通过酒店数字化室内地图、VR等技术手段,在线选房让消费者可以根据自身需求,挑选心仪的房间。这使得用户体验有了大步飞跃,从而促进了酒店预订量的大幅增长。在此基础上,携程还将上线升级版"空气清新房",展现出更加智能的一面。其最大亮点在于,消费者可以在携程APP上远程控制空气净化器,随时随地掌握酒店房间空气质量。

目前,消费者在携程旅行APP上最快只需7秒钟时间就能完成一张机票的预订。预订完成后,通过携程APP,还可以自助完成退票、改签、取消订单、在线值机等操作,消费者能更便捷地管理自己的行程。不止如此,随着越来越多家庭生育二孩,"四口之家"乘飞机去旅行已成新趋势,为解决国际机票成人票与婴儿票、儿童票需分开购买的痛点,携程进一步优化预订流程,全面升级"机票成人票+儿童票+婴儿票"一单预订功能,覆盖范围从国内机票扩大至国际机票,并支持预订往返机票，便于消费者亲子出行。

如今，不论是国内游，还是出境游，四口之家都可在携程体验到更便利的机票预订服务，出行更安心。携程大数据显示，自这一新功能推出以来，机票订单量环比大幅增长。

（资料来源：https://tech.sina.com.cn/roll/2017-08-29/doc-ifykiurx2513526.shtml）

第一节　旅行社信息化管理的概念与功能

一、旅行社信息化管理的概念

改革开放以来，随着中国旅游业的迅速发展，国内旅行社行业发生了翻天覆地的变化，特别是进入大众旅游时代之后，行业规模不断扩大，经营机制持续创新，经营环境也不断得到改善，旅行社行业俨然已是我国拉动经济增长、扩大就业渠道的重要的服务行业之一。对于旅游管理这类服务性较强的行业，服务的质量是吸引客户、提高经济效益的关键因素之一，因此，越来越多的旅行社采用管理信息系统来对日常工作进行管理，提高资源配置的合理性及管理水平，从而在市场竞争中进一步取得优势。

旅行社管理信息系统是指利用计算机技术和通信技术的结合，对旅行社经营范围内的所有信息进行综合管理和控制的系统。旅行社管理信息系统的职能是对旅行社生产服务过程的管理实现信息化，从而提高旅行社的生产率和管理效率，同时提高旅行社的市场竞争能力，满足现代人旅游的个性化服务需求。

二、旅行社信息化管理的主要特性与功能

（一）旅行社信息化管理的主要特性

1. 聚合性

旅游活动本身涉及交通、住宿、餐饮、游览、购物、娱乐等多个消费环节，客观上要求旅行社信息系统同样涉及旅游活动的各个层面。信息化管理可以实现在一个旅游交易网站平台上集合成千上万条旅游咨询服务信息，包括价格、线路、品质以及相关服务等，这些信息又通过数据链接使得词条裂变式铺开，商家还可以根据市场需求设计声、像、图、文并茂的展现平台。

2. 有形性

以前，人们了解旅游地信息主要是通过亲朋好友的介绍、本身对旅游地的简单认知以及旅行社的宣传资料，这些方式使旅游者对旅游地的了解一直处于模糊状态。而旅行社信息化管理通过网络多媒体赋予了旅游产品生动的展现形式，给人们提供了仿佛身临其境的体验，使无形的旅游产品变得有形。

3. 服务性

旅行社组织旅游活动，为旅游者提供旅游服务，这本是旅游的过程中才能体现出来的，但旅行社信息系统的应用使得人们了解旅游信息、认识旅游产品的过程也具有了强大的服务性。这主要体现在售前咨询服务、旅游过程中的综合服务及质量监督服务、售后跟踪反馈服务等都可以借助网络平台来提供服务渠道。

4. 便捷性

旅行社信息系统最大的优点莫过于便捷、高效。对旅游者来说，只要有上网条件，随时随地都可以通过网络终端去搜索海量的旅游资讯，特别是随着手机上网功能的不断加强，这一特性体现得更加淋漓尽致。对商家而言，旅行社信息化管理所带来的高效率以及由此产生的巨大经济效益，更是其他方式所不能替代的。

5. 优惠性

旅行社信息化管理与传统的硬件商务操作模式不同，后者受宣传促销、中间商倒卖等因素影响，经营成本难以降低，旅游产品的最终销售价格很难下调。而旅行社信息平台可以直接把信息传递给旅游者，绕过一些花费较高的中间环节，极大地降低了各种经营成本，旅行社可以根据自身的实际情况和市场的需求变动，推出各种优惠的旅游产品供旅游者选择。

6. 个性化

不同的商家可以设置并拥有自己独具特色的网络交易平台，或突出地方文化特色，或侧重当地品质景点，抑或是根据旅游者的喜好打造时尚潮流，使得旅行社信息平台展现出鲜明的个性化特征。

（二）旅行社信息化管理的功能

1. 发布旅游信息

随着网络的普及，旅游者越来越多地通过网络搜寻了解自己需要的旅游信息，而旅行社信息化管理最基本的功能就是通过网络平台发布自己的旅游产品信息。当今网络时代，传统的报纸、电视、宣传册等信息的渠道已经黯然失色。另外，经营者还可以在产品信息中附加旅游者的评价记录、产品质量和信誉保证等有利于产品促销的相关信息，更能体现旅行社的经营品质。

2. 电子数据交换

旅行社信息化管理其实是一个庞大的电子数据交换系统。现代信息化企业从生产到销售的各个环节都需要实现数据化，并通过网络渠道进行数据的信息化流通转换，这样一来，经营者与经营者之间、经营者与消费者之间便可通过网络，频繁地进行电子数据的交换，最终使客户终端都能获取自己需要的数据信息，并据此处理各种经营业务。

3. 网上订购

网上订购是旅行社信息化管理的重要功能之一，它创造出了新的产品销售平台与方法，不仅可以极大地为客户提供方便，还特别有利于促成交易的实现，对于买卖双方都有好处。为了确保收到真实可靠的订购信息，旅行社需要专门的数据管理系统对客户的订购数据进行确认和管理,并负责信息数据的安全性。

4. 电子账户与网上支付

信息化管理开拓出了新的网上市场流通渠道,通过数据终端处理,旅行社可以与每一个客户建立起专门的数据交换通道,这一通道需要买卖双方提供身份确认、密码等必需的条件数据,最终使得网上支付功能得以实现。

5. 意见征询与咨询洽谈

旅游经营者还可以开设专门的端口,进行客户意见征询和旅游咨询洽谈。例如,通过在线一对一交流或论坛社区交流等多种方式,广泛征询旅游者的意见和建议,不仅可以帮助旅行社改进产品质量、了解市场需求,还可以树立旅行社的诚信形象。

6. 交易管理

借助电子信息技术,旅行社可以有效地进行资金、账目等交易管理。通过网络平台进行交易管理,不仅可以提高管理的效率,还可以获得更加真实的信息。例如,旅行社可以通过后台操作,记录产品信息的网上点击量,从而了解市场需求状况、网络建设情况以及产品的吸引力等,从而为经营和决策提供可靠的市场信息。

三、旅行社信息化的应用领域

随着旅游业不断趋于多元化发展,信息化管理越来越广泛地被应用到旅游的各个领域中,特别是旅游电子商务。现在已经有很多传统电子商务网站都开辟了旅游这一功能,甚至连淘宝网都有许多旅游同业者的特约商家。我国自 1996 年开始出现旅行社信息系统网站以来,至今已有 5000 多家具有一定旅游资讯能力的网站,主要包括地区性网站、专业网站和门户网站的旅游频道三大类。比较成功的专业网站主要有携程网、去哪儿网等。这些网站可以提供比较全面的服务,主要涉及旅游的食、住、行、游、购、娱等方面的网上资讯服务,成为旅游服务的重要媒介。可见,虽然信息化管理运用于旅游业的时间并不长,但已呈现出强劲的发展势头,电子商务已经成为信息时代旅游交易的新模式。

旅游类信息网站正逐步向多元化发展,在为广大旅游业同行提供互联网交易平台的同时,已经发展成为专业的旅游买卖交易场,各类旅行社网站不再是单一的订购门票或旅游线路查询渠道,而是逐渐变成提供出行一站式服务的平台。例如,网站可以支持预订酒店、代办租车、购买特产,乃至观看民族歌舞表演、参加旅游文化展会等一些文娱活动的优惠预约等。再如,通过旅行社信息系统提供旅游电子地图及网上导游,旅游者可以通过在地图上划定范围来查看该区域的旅游资源,也可以通过选定名称在地图上定位,电子地图能够随意放大、缩小及移动,按需要动态选择旅游资源(酒店、景点、旅行社、商场、饮食、文化娱乐等)、交通场所(机场、港口、火车站、汽车站、口岸、边检站等)、标志性建筑、道路等,极大地方便了旅游者。随着 21 世纪旅游业的深入发展,人们的旅游消费观念、旅游出行模式和旅游心理需求等都将发生深刻变化,旅游类电子商务网站也将为人们的出行、住宿、餐饮、游览、购物等提供一系列更加完善和便捷且实惠的服务。

第二节　旅行社信息化战略分析

以往，我国旅行社都是以旅游线路的包装组合、旅游交通票的代理、旅游酒店的代订、旅游文娱项目的穿插搭配等多项业务串联在一起的模式运作，许多旅行社的业务往来也主要依赖电话、传真联络。这使旅行社的整个业务都停留在一种较低层次和较低效率的水平上，很难扩大业务范围。信息化给旅行社带来了全新的经营理念，让旅行社从根本上摆脱传统落后的经营模式。事实上，在中国旅游信息化发展的过程中，旅行社的作用极为重要，推动中国旅游信息化发展的中坚力量必然是旅行社。从总体上说，目前我国旅行社信息化管理已经开始普及，但实现完全的信息化管理还需要各方面大力推动，我国旅行社行业在规划信息化战略方面，优势和劣势并存，机会与挑战兼有。

一、我国旅行社信息化具有的优势

1. 政策优势

早在 2000 年年底，国家就启动了"金旅工程"，为我国旅游部门参与国家旅游业信息化建设奠定了基石。之后，2015 年开始制定并实施的旅游"515"战略以及 2016 年的《"十三五"全国旅游信息化规划》，皆在推动着信息技术在旅游业中的应用，进一步满足游客和市场对信息化的需求，助力旅游业蓬勃发展。同时，这也要求当下的旅游经营管理人员不仅需要掌握科学的管理知识，以合理配置和高效运用企业资源，而且还应该掌握先进的信息技术和网络技术，以处理日益复杂的信息资源，使信息的快速交换成为旅行社优质服务的基础。

2. 信息技术基础设施优势

随着移动互联网的兴起，特别是近年来，智能手机、iPad 等移动设备凭借便捷、高效的特点风靡全球，同时各类 APP 的快速发展进一步降低了移动互联网的接入门槛，越来越多的网民开始从传统 PC 端转移至移动终端上，信息化的观念已深入人心，加之移动支付的普及，一方面为网上消费者带来了便利，另一方面也为旅行社信息化的发展提供了有力的支持。

3. 资源优势

顺应时代潮流，国内许多院校开设了信息化管理类的课程，越来越多的年轻人选择从事旅行社工作，并具备信息化管理的基本技能。近年来，我国旅游信息化取得了长足的进展，旅游信息化管理初见成效，旅游公共信息服务设施建设也取得了阶段性的成果，旅游在线初具市场规模，大部分旅行社都开始使用信息化系统对日常工作进行管理。

二、我国旅行社信息化存在的劣势

1. 安全问题

网络在带给人们便捷的同时，网络安全问题也备受人们关注，如钓鱼网站、金融诈骗、病毒入侵等。特别是个人信息泄露问题，由于信息化管理过程复杂，会使旅游者的个人信息在传递环节被各合作企业接收。这一系列问题导致旅行社和旅游者都对信息化管理有戒备之心。

2. 法律问题

旅行社信息化还属于较为新兴的事物，且涉及面广，涉及人群多样，目前我国只有个别城市对信息化管理推出了地方性的法规，但是并不具备全面性，还有一定的完善空间。同时，在全国范围内还没有旅行社信息化管理方面的专项法律，在法律、法规上还很不健全。

3. 标准问题

我国在制定有关旅行社信息化管理的安全、保密、认证法律等技术手段和标准规范方面的欠缺，制约了旅行社信息化管理的发展。制定旅行社信息化管理标准，如设定旅行社信息化管理的准入门槛、明确监管部门和机制等，不仅有利于规范旅行社信息化管理的发展秩序，同时也有利于促进公平竞争。

4. 人才问题

旅行社信息化管理在中国虽小有成就，但普遍来讲仍旧处于探索阶段。国内目前还比较缺乏精通旅行社信息化管理方面的专业人才。比如，精通旅行社信息化管理技术的人才不一定了解旅行社的业务运作，熟悉旅行社业务运作的人又不一定掌握旅行社信息化管理技术。

5. 效益问题

由于互联网络兴起时间不久，各方面还没有在建设、利用互联网络、开发信息化管理上形成有效的分工协作。一方面，网络重叠建设，却很少能形成规模经营，导致宣传力度小、形象不突出；另一方面，各级政府旅游管理部门和各旅行社建立的网站多数内容简单，信息不能及时更新或扩充，对浏览者回访缺乏吸引力。这些原因导致除了少数旅游电子商务大平台外，许多旅行社的信息化工作难见效益。

三、我国旅行社信息化面临的机会

1. 以旅游法制建设的快速发展为铺垫

在我国旅游业发展的进程中，从国家到地方政府不断加强旅游法制建设，特别是2017年修订的《旅行社条例》及其实施细则，对旅行社行业中的不正当竞争、肆意承包挂靠、降低服务质量标准、强迫旅游者购物等深层次问题均做了禁止性规定。另外，于2013年出台、2018年修订的《中华人民共和国旅游法》则对旅行社行业的正当竞争提供了详细的法律保护依据。这些都为旅行社行业的信息化发展做好了法律的铺垫。旅行社信息化管理系统必须在规范的法制环境下才能得到健康有序的发展，实现多种功能。

2. 旅游需求旺盛

自"入世"以来，我国旅游热潮一浪高过一浪，目前已逐步发展成为国内游、入境游、出境游三大旅游共发展的格局。据世界旅游组织预测，中国未来数年将成为世界第一大国际旅游接待国和世界第四大客源国。旅游业的快速发展，使旅行社旅游业务量大幅度增加，传统的旅行社商务手段已不能满足时代需要，旅行社发展信息化经营已成为旅游业发展的迫切要求。

四、我国旅行社信息化面临的问题

1. 中小型旅行社信息化建设水平不高

虽然大部分旅游企业在工作上已普及了计算机的运用，但其中部分中小型旅行社仅使用计算机进行文案编辑和简单的财务处理，并没有将旅行社信息化管理的理念深入贯彻，导致了一些不良的后果，如客户信息反馈滞后、无法提高售后服务质量、重复工作、效率并没有得到较大提高等。

2. 缺少宏观规划

旅行社信息化管理的建设是一个系统的工程，从软件的开发到投入应用及使用期间的不断改良，还有相关执行标准的制定都必须立足于旅行社的规模及发展状况，是一个需要不断完善的过程，但是大多实施信息化管理的旅行社会偏向于短期目标的实现，而忽略长期的战略规划。

3. 专业人才稀缺

旅行社信息人员除了熟悉专业知识以外，还应当具备一定的研究能力。由于旅行社企业涉及的领域范围较广，所以技术人员还应当具备一定的市场感知力，对行业动态保持较高的敏感度，掌握信息管理的同时还应具备信息分析的能力。但是，目前该类人才在旅行社企业中较为稀缺。因此，对于信息化人才的培养是目前各旅行社信息化发展的首要目标之一。

4. 旅行社信息化投资比例略显失调

为了响应国家的号召，大多旅行社开始对信息化管理做出各方面的投入。不过，虽然部分旅行社已经采购了科技含量较高的硬件设施，但是对于软件的开发和专业人员的培训方面还有很大的不足，造成"有设备，没人用"的局面，导致采购的硬件设备无法发挥真正的效用，造成资源的浪费。

综上所述，中国发展旅行社信息化劣势大于优势，机会大于威胁。劣势主要集中在技术落后、法律法规不完善和缺乏专业人才等方面。旅行社要走出一条符合中国国情、顺应时代发展潮流的信息化管理道路，需要政府、企业等多方面的共同努力。

【案例9-1】

去哪儿网，要靠智能和低价征服"90后"

为省钱"90后"热衷囤酒店、囤机票

囤物资是"60后""70后"才做的事？并不！

对于机票、酒店这种价格波动较大、波动没有具体规律的产品来说，囤机票、囤酒店成了"90后"的消费新趋势。去哪儿网大数据显示，"90后"最常用的功能往往和价格有关。例如，机票的"低价推荐"、酒店的"降价提醒"，都是最受90后用户欢迎的工具。机票的低价搜索功能瞄准了时间自由、财务不自由的"90后"。去哪儿旅行APP会在用户点入"低价机票"频道后，推荐手机定位地出发的低价航线。

不止机票价格会随时波动，酒店要想抢低价，也要"稳、准、狠"。去哪儿网的酒店降价提醒功能就帮了大忙。数据显示，通过这一功能，不少"90后"成为"囤酒店"一族。最夸张的"90后"提前一年就预订好了心仪的酒店，锁定低价。

信息要求高、大、全，能自己动手绝不求人

去哪儿网数据显示，相对于购买流程、报销凭证等体验式问题的关注度，去哪儿网"90后"用户对于旅游产品基础信息的展示完整度更为关注，占到总体的近6成。"宁可自己找寻边边角角的信息，也不愿张口请教他人"是"90后"用户的一大特点。这就要求平台展示的产品信息要尽可能地详尽。有更多的信息就有更多的选择。去哪儿网一系列创新功能为价格敏感的"90后"提供更智能化的服务。例如，国内航线搜索结果由分别在两个页面显示变成在同一个页面显示，而且选定去程航班后，右侧的返程航班票价按"补差价"而不是总价来显示，清晰直观，记性不好或者不常坐飞机的人能够更清晰地比对所有选择。

不爱打电话偏爱服务"无感知"

数据显示，在众多年龄段中，"90后"是最厌恶"过度服务"的群体。相比较电话沟通，这一人群选择自助服务、在线咨询的占比远超其他年龄，达到96.54%。

对于伴随互联网成长的"90后"，无感知的服务才是最好的服务。快递存储柜、连锁快餐的自助点餐机都迎合了"90后"的这一服务喜好。去哪儿网也将复杂的旅行产品通过技术拆解成不同的步骤，从而实现标准化。为了节省退款审核和钱款流转的时间成本，去哪儿网启动了智能审核流程和严苛的风控系统，智能系统自动审核退款的时效最快只需10秒，用户只需一键点去即可，全程无感知。除了严格遵守标准化流程外，去哪儿网还用各种技术手段提升用户服务质量。为了让人工客服能够在最短的时间内帮助旅客解决问题，去哪儿网通过智能系统快速地将旅客语音变成纯文本，并加以语义分析、计算机处理，辅助人工客服精准、直接地判断旅客意图。精准的语音识别在提高服务效率的同时，也大大缩短了用户解决问题的时间。

（资料来源：劲旅网，www.ctcnn.com）

第三节　旅行社信息化管理体系

一、旅行社信息化管理体系的基本组成

1. 网络信息系统

旅行社信息化管理体系的基础是网络信息系统，它是旅行社发布旅游信息、提供

旅游服务并最终实现网上交易的平台。旅行社信息化管理中涉及的信息流、资金流都和网络信息系统紧密相关。网络信息系统由旅游机构和信息化管理服务商在计算机网络基础上开发设计，旅行社与旅游者之间跨越时空进行信息交换的平台就是在它的基础上搭建的。在信息系统的安全保障和控制措施到位的前提下，旅行社可以在网站上发布信息，旅游者可搜寻和查看信息；交易双方能便捷地进行在线交流，通过网络支付系统可进行网上支付；旅游预订和交易信息可指示旅行社组织旅游接待服务，最后保证旅游业务的顺利开展。

2. 信息化管理服务商

信息化管理服务商是旅行社信息化管理的技术支持者。旅行社信息化管理体系作为信息技术服务于旅游业的庞大体系，需要有专业化分工者相互协作，为旅行社和旅游者在网络信息系统进行商业活动提供支持。信息化管理服务商便起着这种作用，旅行社则需向服务商交付服务费以购买技术和服务。

3. 旅游目的地营销机构、旅游企业和旅游者

旅游目的地营销机构、旅游企业和旅游者是旅行社信息化管理的应用主体。在信息技术时代，信息化管理能为旅游目的地营销机构、旅游企业和旅游者的各种商业活动提供支持。旅游目的地营销机构是目的地旅游形象的整体宣传者和旅游企业营销活动的统筹者；旅游企业包括旅游服务提供商和旅游中间商，它们负责生产、组织和销售旅游产品，开展跨地区、跨国度的旅游经营活动；旅游者购买旅游产品并到目的地进行旅游活动，是旅游产品的最终消费者。

4. 旅游信息化组织

旅游信息化组织是旅行社信息化管理的推进者和规范者。旅游业的运作涉及旅游目的地营销机构、旅行社、旅游交通、旅游星级酒店、旅游景区（点）乃至汽车租赁、旅游购物点、文娱场所、展览企业等多种旅游、文化、信息传播机构，这些机构分布在不同的地域，规模大小不一，对信息化的认识和应用程度也不同。旅行社信息化管理在行业内的普及，需要有专业的引导者、服务者、推动者和规范者。这些工作通常由旅游政府管理部门、商务部门和旅游信息化方面的专业性机构来完成。

二、旅行社信息化管理的建设与实施

（一）旅行社信息化管理的建设

1. 服务端与客户端

（1）服务端。服务端是指为客户端提供服务的应用软件，主要运行在服务器上。服务端具备查询、存储、计算等功能，具有可靠性高、吞吐能力强、内存容量大、联网功能强等特点，是信息系统运行的主设备。旅行社在选择服务器时应着重从安全性、开放性、性价比、可扩展性等几个方面考虑。

（2）客户端。在信息系统中，客户端的主要功能是向使用者提供界面，从而使之能与服务器建立连接，与服务端进行交互。目前的客户端多种多样，移动客户端发展迅猛。

2. 操作系统

选择适合网络运行的操作系统在旅行社信息化管理中尤为重要。目前,能够满足信息化管理服务器要求的网络操作系统主要有:Linux、UNIX、Windows 等,详情可参考计算机相关书籍。

3. 数据库系统

数据库是存储信息的仓库,数据库的组织结构直接关系到数据操作的速度。因此,数据库的选择在旅行社信息化管理建设中是一件非常重要的工作。选择数据库系统时应考虑易用性、分布性、并发性、数据完整性、可移植性、安全性和容错性等原则。关系型数据库是一种功能完善、运行可靠的数据库系统,大多数商业应用都依赖于这些系统。目前最常用的几种关系型数据库有 MySql、SQL Server、Oracle Database 等,最近几年非关系型数据库也有开始流行的趋势,如 mongoDB 等。

4. 网络平台

旅行社信息化管理的运作离不开网络平台,包括旅行社的内部网络平台和外部网络平台。内部网络平台即旅行社内部网,外部网络平台主要用于连接因特网。这两个平台的建设直接决定着旅行社信息化管理系统的成功与否。信息化管理系统网络平台的建设关键是确定网络结构,需要重点考虑确定网络结构和选择网络设备、连接设备等问题。

5. 接入服务商

旅行社在选择因特网服务提供商(ISP)时,主要应考虑其出口带宽、接入用户数量、所提供的服务种类、技术支持能力、收费水平等。目前,国内较著名的 ISP 有中国电信、中国联通、中国移动等。

6. 网站建设和网页制作

网站是由一系列网页和它们之间的链接构成的。网站和网页是旅行社和旅游者交互的媒介,其设计和制作需要考虑前端后端、内部外部诸多问题,是复杂的系统工程,需要由专业的人来做。大型的旅行社可以自行开发网站、制作网页,中小旅行社则一般外包给专业的公司,但依然需要了解此方面技术和流程的专业人员承担沟通需求和后期运行维护的工作。在网站建设中,要有目标导向,衡量成本和效益。需要注意的是,由于目前移动商务的迅猛发展,旅行社在开发网站时,除了传统的面向计算机终端的网站开发,还要特别重视手机端应用程序的开发。

(二)旅行社管理信息系统的功能

旅行社管理信息系统是信息化管理体系中运行于旅行社内部的部分,其功能应当围绕旅行社的基本业务进行设置,如旅游产品开发和促销、旅游接待安排以及旅游的售后服务等环节,同时还应该具备收集市场信息的功能,便于开发与市场需求贴合度更高的旅游产品。因此,一个旅行社管理信息系统必须能够满足以下功能需求:

1. 团队功能

制订组团接待计划,建立团队旅游安排表,能够实时对团队人员信息进行调整,同时可以完成团队的地面接待工作，及时协调带团过程中出现的异常问题，并建立收集参团旅游体验感的渠道。业务大致流程为：根据客户的需求，对旅行日程及路线安排进行预算，将报价反馈给客户，待客户同意方案后确认订单，然后将计划下发到接待部门或旅游线路上的各个地接旅行社，并对报价及团队人数进行核算。

2. 散客功能

主要为海内外旅游者提供以小包价为主的旅游服务。它与团队功能效用相似，但需要从主体上将二者区别开来，便于后期对客体市场进行更为精准的分析。

3. 导游功能

根据客户要求及旅行社资源状况，设置并安排适合的导游人员进行具体的接待工作，并建立收集客户反馈的渠道，便于旅行社对本社导游人员综合能力的把控。

4. 交通功能

负责联系车辆及相关交通运输部门，保证出票的准时和团队行李的安全运送，明确相关工作人员的信息及交通接送计划的安排。

5. 住宿功能

负责联系与旅行社有合作关系的住宿部门，保证游客的入住体验和住宿调配，明确相关工作人员的信息及住宿工作的布置。

6. 计调功能

实施旅游者接待计划，具体落实行程中的票、房、车、餐等相关内容。具体包括：接收旅游者旅程计划书，安排交通票务系统出票，用车计划部署，确定餐饮、住宿点及相关配置；进行接待策划，接待完成后协助财务部门审查报销凭据等；确保接待过程的流畅，同时具备灵活的调配功能，应对接待过程中的常规性突发事件。

7. 财务功能

主要根据各业务部门送达的支出类单据和收入类票据做相关凭证，并根据会计周期内发生的资金运动分别将其记入明细账目及总账，会计周期期末再根据总账及各科目发生额制作相应财务报表。

8. 人事管理功能

以处理人事方面的事务为主，如入职、离职手续办理进度及确认，人事变动信息记录、培训记录、晋升记录、奖励记录等，也包括工资管理等内容。

9. 外联管理功能

用于处理和协调工作中需要其他企业配合的一些事务，并记录有关外部联系的一切数据信息。

（三）旅行社信息化管理的实施

1. 转变经营观念

面对激烈的市场角逐，传统的经营模式和观念已经使旅行社陷入了经营困境。在信息化加速发展的今天，旅行社必须实现信息化管理，以提高经营效率，而效率提高是旅行社获得经济效益的保障。信息化管理最大的优势主要体现在提高旅行社的经营效率方面，具体体现在信息资源、市场效益、经营成本三个方面。对此，旅行社要逐步转变经营观念,打破传统的经营模式,充分利用信息化管理来开辟全新的经营道路。

2. 树立网络品牌形象

品牌形象对商家而言无疑是发展壮大的关键因素。旅行社实施信息化管理,可以借助网络的强大宣传效应,树立自身的网络品牌形象。可以利用专业网络推广公司和自媒体平台做宣传和拓展营销渠道,这对于提高产品在消费者中的影响力、树立旅行社在旅游信息化管理领域的品牌形象,具有重大现实意义。

3. 精心打造网上预订和销售系统

消费者在网上进行购买,看重的是便捷、安全,必须做到这一点,才能占据市场优势。国内已有一些旅行社走在了前面。例如,上海春秋国旅的预订网络,不但可以实现预订,还能够利用计算机内部网络传输,实现企业的集团化管理。再如,招商国旅、邮电国旅等旅行社的预订系统也相对比较成功。旅行社要抓住商机,积极学习和借鉴兄弟旅行社的经验,并结合自身特点和周边环境,以多种方式建立专门的旅游预订和销售网络系统。

4. 积极联手各大支付平台

在发展信息化管理的过程中,网上预订、网上支付、网上结算等环节都必须有网络支付平台的支撑。旅行社建立的网上销售系统需要与支付平台对接,将消费者在旅行社网站上即时支付的费用,通过支付平台实现转账。旅行社在与各地旅行商或消费者进行网上销售时,支付平台在整个交易过程中发挥着信用担保和中介结算等重要作用。支付平台参与旅行社信息化管理的同时,其网络也成为一种优势,有利于旅行社的线上宣传与销售。因此,就现阶段而言,旅行社需要与各大支付平台积极联手,共同营造诚信、安全、高效、便捷的网上金融环境。

三、旅行社联合体与旅行社联合体网络经营体系

(一) 旅行社联合体

所谓旅行社联合体,是指由相互独立的多家旅行社为扩大经营规模而组建的联合经营团体,各家旅行社通过联合体章程和协议来维护共同的利益。随着国内外旅游业急骤变化和发展,市场竞争日益激烈,人民生活水平逐步提高,旅游者消费和维权意识不断提升,特别是"入世"以来,中外合资、外商独资旅行社的进入和出境组团社数量的增加,进一步加剧了国内旅游市场的竞争,随着我国旅行社行业初显的分工体系逐步形成,正处在变革转型的中小型旅行社面临新的生存危机和发展机遇,推动中国旅行社联合体健康有序的发展便成为应对挑战的必然选择之一。

1. 我国旅行社联合体发展的基本情况

自2000年前后以来,我国旅行社行业内先后已出现数十家全国性或区域性、规模不等的旅行社联合体,它们以联合体、联盟、联谊会、协作网、集团等形式存在和发展。各旅行社为提升市场竞争力,自上而下、自发自愿地组成联合体。各旅行社联合体在发挥行业优势、打造特色专项旅游产品、开拓细分客源市场等方面都起到了积

极推动作用。

(1) 我国旅行社联合体的组织形式。旅行社联合体自出现以来，依托不同优势，结合自身特点，在组织形式上呈现出多元化发展态势。较具代表性的有：部门主管型，如全国交通旅游协作网、全国风景园林学会旅游分会等；行业依托型，如全国森林旅游联谊会、中国山水旅游集团等；市场与产品型，如全国教育旅游集团、中国老年旅游联合体等；品牌与联号型，如中国天马旅游协作网、中旅假期等；资产纽带型，如中青旅联盟等。

(2) 我国旅行社联合体的基本特点。一是依托资产和品牌、行业和系统优势，形成了内合外联的外部组织发展模式。二是建立自我约束、自律发展的章程，通过公约、标准来规范本联合体各成员的经营行为。三是形成了以市场为导向，以资源和资产为纽带，以效益为中心的内部组织运行机制，实行自愿参加、自由退出、利益共享、风险共担的原则。

2. 我国旅行社联合体对旅游业的积极影响

(1) 旅行社联合体通过充分发挥行业系统、品牌效应、资源和资产等优势，开发各种特色旅游产品，有利于开拓特种旅游项目，进一步细分旅游市场，使得成员旅行社市场竞争力不断提升，并产生良好的经济效益。

(2) 各旅行社联合体成员单位恪守诚信原则，文明规范经营，热情提供优质服务，创造良好的业内合作经营氛围，取得了较好社会效益。

(3) 各旅行社联合体的形成，打破了行业、系统、区域、体制机制、规模大小等界线，积极打造内外核心竞争力，在管理、品牌、质量上下功夫，有利于促进中国旅行社朝专业化、规模化、网络化、信息化的方向发展。

(4) 以行业、资源和品牌为纽带，促进旅行社以单位独立经营、推销单一旅游线路向整体宣传、联合促销升华，推动我国旅行社向专业化经营、规范化操作、协作化运行和多样化发展。

3. 我国旅行社联合体发展中存在的问题

建立旅行社联合体的初衷是好的，但目前我国的旅行社联合体大多数都是松散型或默契式的联盟，仅有的章程和协议难以使各家旅行社形成"合力"。

(1) 联合体内部约束力不强。现有的旅行社联合体，无论采用何种组织形式，它们都是业务联合体，而非经济联合体，这就意味着联合体并不能从经济方面来约束成员的经营行为，也就导致部分成员旅行社为了自己的利益而损坏整个联合体的利益，产生"搭便车"现象和"机会主义"行为。同时，联合体成员之间质量不好统一，一家旅行社砸了牌子，便会影响整体，最终导致成员旅行社各自为营，联合体空有虚名而已。

(2) 联合体品牌难以保证。由于许多联合体不是法人，无法注册，从而也无法得到法律保护。例如，非成员旅行社模仿或冒用联合体的品牌，联合体难以通过法律的途径来维权。而且，这种非成员旅行社一旦发生质量问题，侵害旅游者合法权益，联合体的品牌形象便深受其害。

为避免上述问题，联合体要进一步深入发展，构建资本联系，走集团化发展的道路。旅行社集团是以产权为纽带建立起来的经济关系，集团的兴衰与每个成员旅行社息息相关，集团对各个成员旅行社的控制力也较强。

（二）旅行社联合体网络经营体系

1. 统一网络经营标志

由于旅行社联合体并不是以资产为纽带的紧密联系，容易解散，因此旅行社联合体必须要求所有成员旅行社使用统一的标志、标牌和标徽，并进行统一财务结算、统一名片、统一导游旗、统一旅游帽、统一旅游包等，并逐步带领联合体由初期的业务合作关系向产品统一、价格统一过渡，这是旅行社联合体网络经营系统能够维系的关键所在。

2. 构建网络经营区域框架

根据我国旅游业发展的实际，可将全国旅游片区分为华北旅游区、华东旅游区、华南旅游区、华中旅游区、西南旅游区、西北旅游区和东北旅游区七大片区。旅行社联合体可选择位于片区内的核心城市作为网络经营中心，在周边城市吸收成员旅行社，进而搭建由中心辐射周边的区域性网络经营构架。

旅行社联合体网络化经营的网络构建应该采取循序渐进、逐步完善的方式实施。国内旅游经营网络的构建一般情况下应先构建区域性经营中心，再由区域性经营中心根据零售与接待业务发展的需要有针对性地发展区域内的网络终端经营商；在某些不具备建立区域性经营中心但目前已存在业务的区域，可先行设立或形成控股旅行社或连锁店，在此基础上再逐步形成区域性经营中心。

第四节 信息化对旅行社行业未来发展的影响

日新月异的信息技术让全球经济信息化进入全面渗透、加速创新、引领发展的新阶段，深刻改变着人们的生产生活方式，也同样影响着旅游业的发展创新。信息技术不仅有助于企业实现科学管理、降低经营成本、提高劳动生产率、增强企业的竞争力，还是提高服务质量、开发新产品和服务、改革营销方式的重要手段。现代信息技术加快了全球经济一体化和国际贸易自由化的进程，扩大了旅游产品消费的需求，促进了旅游业的结构调整，使市场进一步细分，甚至引起旅游业的重组。

一、信息化对旅行社行业的积极影响

1. 提高旅行社运作效率

利用信息化管理系统，不仅可以节省大量时间、人力和费用，而且由于网上联络频率高、修正成本低，所以还能够大幅减少因计划采购量和实际采购量之间的差异而引发的不良影响。其次，旅行社的内部管理信息系统能够使旅行社内部管理信息畅通，管理透明度提升，这必然使经营管理水平提高。

2. 减少竞争劣势硬伤

网络的普及和信息的双向流动，让旅游者习惯在出发前通过网络搜索目的地相关信息和青睐的旅行社。传统旅行社往往需要通过优越的地理位置来吸引客流，而网络的广泛使用能够帮助旅行社实现无边界营销：世界各地的旅游者都可以通过互联网查询动态旅游资讯，预订心仪的旅游产品。因此，信息化的发展意味着对旅行社而言，将不再受门店地段的限制，在确保服务质量的前提下，任何旅行社都能够在激烈的行业竞争中脱颖而出。

3. 搭建对客沟通新平台

旅行社顾客流失的一大原因就是自助游的兴起和单体旅游产品销售的兴起。旅行社传统的包价产品本身就有一定的限制性，无法做到与每位顾客的需求百分百贴合。信息化建设可以通过多个渠道为旅行社搭建与游客沟通的新平台，在这些平台上，企业与旅客间的沟通方式和内容可以更加丰富、灵活，在传递产品信息的同时还能展示其他旅游者的体验过程，实现经验的分享，从而成为新一代旅客钟情和依赖的出游助理。

4. 优化旅行社市场竞争环境

旅行社行业的信息化，将会加快市场反馈信息的流通，形成对旅游业上下游各方面的评价机制，形成第三方机构对旅行社企业的"红黑榜"，为消费者的选择提供更透明的决策依据，进一步加快行业的优胜劣汰，反过来督促各旅行社通过提高服务质量来保证市场份额。

二、信息化对旅行社行业的消极影响

1. 旅行社经营成本增加

信息化系统的建设需要投入大量基础设施、软件并持续维护，所以实现旅行社的全面信息化需要大量的资金和专业人员的支持，这对于中小型旅行社企业而言无疑会产生经济上的负担。且在旅行社信息化建设过程中，若稍有不慎，不但达不到预期的效果，还会使旅行社企业因入不敷出而在财务方面出现问题的可能性加大。

2. 创新难度加大

旅行社信息化的建立从一定层面上来说将会削弱一些竞争劣势的硬伤，如旅行社地理位置及门店装修等方面产生的影响，同时也会加剧行业创新的步伐。就旅行社行业而言，创新是可持续发展的关键所在。不过，有效的创新虽然能够提高旅行社竞争力，但是创新本身就具备不确定性和随机性两个特点，在旅行社服务体系日渐成熟的今天，在服务技巧方面很难有进一步的突破，实现创新的难度越来越大。

3. 市场竞争活力弱化

旅行社的信息化建设需要付出一定的代价，特别是中小型旅行社企业，在转型过程中被淘汰的风险会更高。市场竞争的速度加快，最终有可能导致出现垄断的局面。市场一旦缺乏竞争活力之后，"市场寡头"旅行社企业拥有了议价权，将旅旅行社市场变为卖方市场，便能随意操控服务质量和产品价格。要警惕这种格局。

【扩展阅读】

携程新功能，你的"旅拍"可以在这里晒

2018年12月14日，携程宣布上线新功能：旅拍。用户可分享旅行中的文字、照片和视频等信息。"当旅行拍摄成为习惯，旅拍的诞生也就顺理成章。"携程CMO孙波在介绍携程旅拍产品时说，旅拍的定义是发现旅行、随手分享、社区互动。他希望每一位用户在这里找到想去的地方、旅行的知己和自我的释放。

新旅行种草机"旅拍"，让分享与发现更简单

几张旅行中的照片，或者是一段小小的视频，再配上当下的地点、心情和文字，只需要5分钟左右的时间，一条属于这段路程的旅拍就完成了。

旅拍项目负责人、携程社区产品部总经理陈渊浩认为：与传统的长篇游记相比，旅拍的编写完全不用大费周章，仅仅依靠照片或视频与故事的有机结合，就能诞生出一篇类似"微游记"的内容，"分享旅行"的方式更简单。相比朋友圈固定的受众，旅拍千万量级的用户群体能更好地满足分享与互动的需求；而另一方面，旅拍庞大的内容体量能帮助用户更轻易地"发现旅行"，找到灵感。在这里，用户可以通过其他人上传的旅拍内容感知到不同的旅行方式。比如，和墨西哥人一起狂欢舞蹈，感受亡灵节这场变装盛会的热情；或是坐在隅田川的夏夜星空下，体会日本花火大会的无尽浪漫。

对于未来旅拍为用户带来的价值，陈渊浩希望，旅拍不仅能成为用户旅行种草的新选择，还能成为用户记录自己旅行足迹的地方。

创造追星新模式，建立特色奖励机制

据陈渊浩介绍，自旅拍上线后，国内诸多明星先后实名入驻，相信在未来，粉丝们又将多出一个了解爱豆实时动态的新阵地。不仅如此，通过旅拍，粉丝可以随时知晓明星的"旅行动态"，欣赏他的旅行大片，还能够以给明星留言或者发布明星定制的旅拍话题内容的方式，与明星亲密互动。除此之外，旅拍所提供的优厚奖励机制也是其一大特色。据介绍，用户每上传一条旅拍就将获得一定的积分奖励，以此鼓励用户在社区里积极互动，寻找到志同道合的旅行伙伴；而被评为精选的旅拍内容还可获得100元/篇的现金奖励。值得一提的是，旅拍所使用的话题模式被认为是为用户提供旅行灵感和指导的新模式。从北极圈的极光酷体验，到网红美食探店记，有人说旅拍是旅行者的大型种草、分享社区，也有人认为它会成为旅游产业上下游企业的营销首选。

携程CMO孙波表示，"未来好的旅行内容对用户的出行决策将越来越有驱动作用。我们还有很多对于旅行内容和社交产品结构的设想，大家将会在携程APP陆续看到。"

（资料来源：www.heiguguang.com）

复习思考题

1. 旅行社信息系统的主要特性和功能有哪些？
2. 我国旅行社信息化面临的问题有哪些？
3. 旅行社信息化管理的基本组成包括哪些方面？
4. 谈谈你对旅行社联合体的认识。

课后实训题

以5~6名同学为一组，为某旅行社模拟制作（设计）一个电子商务营销网站。

第十章 旅行社战略管理

【学习目标】

掌握对旅行社的战略环境进行分析的方法,进而可以对旅行社的战略性计划进行合理的选择,并通过对战略实施过程的严格控制完成对旅行社经营的战略管理。

【主要学习内容】

- 旅行社战略环境分析
- 战略性计划选择
- 旅行社战略计划的组织实施

◆【导入案例】

伴随个性化旅游兴起和旅游业转型升级,时下不少旅行社、旅游公司、旅游网站一改以往打折促销的市场经营策略,转而依靠提升旅行质量吸引顾客。记者近日走访津城旅游市场发现,为游客量身定制旅游的旅行设计颇为受宠。

侯××是本市较早从事旅行设计的旅游业者之一,他目前经营一家专为顾客设计个性化旅行线路的户外旅行店。记者近日见到他时,门店恰好迎来客户———家外企的经理。原来,这家外企的51名员工计划下月出游,出行时间只有3天,经费有限,大家都想去草原,但询问多家旅行社也很难找到合适的旅游线路。最终决定求助旅行设计人员,量身定制旅行。

按照客户要求,旅行设计人员很快为客户定制出一份详细的"呼伦贝尔三日游"计划,包含班机、酒店以及游玩景点的顺序。"旅行设计看似简单,实则不易。需要设计人员到景点实地考察,熟悉情况,像呼伦贝尔我每年都会去一次。"侯××说,设计人员要精确测量出每个景点间的路程与所需时间,预判游客将会遇到的问题,使旅行服务更加精准,游客更为安全。记者了解到,目前,该门店推出的旅游设计颇受游客青睐,其中不乏企业单位员工旅游、家庭自助出游、蜜月旅行等,由此带动营业额保持每年30%以上的增速。

据记者走访调查发现，目前，为游客量身定制旅行计划逐渐成为行业发展的新趋势，不少旅行社、旅游网站纷纷开设专门的产品设计部门，吸引招募旅行设计人员，比拼设计产品，以招徕顾客，拓展市场。

（资料来源：天津北方网，记者：张蕾，马根）

第一节　旅行社战略环境分析

任何企业都是在特定环境中生存的，都必须接受环境的选择。旅行社也不例外。由于环境是处在不断的变化之中的，因此，在制订总体战略之前，旅行社必须对其所处的环境进行综合分析，以便适应未来环境的变化。一般来讲，旅行社环境主要是指两个方面：一是外部环境；二是内部能力。

一、旅行社外部环境分析

旅行社外部环境，是指存在于旅行社边界之外，与旅行社经营活动有关的各种因素。旅行社外部环境可以划分为一般环境、产业环境和运营环境三个层次。

（一）一般环境分析

1. 旅行社所处的一般环境

一般环境包括政治环境、经济环境、技术环境、文化环境和自然环境等五大类。

政治环境包括一个国家或地区的政治制度、政治体制、政治形势、方针政策、法律法规以及与国外的政治联盟等。旅行社必须分析和把握政治环境及其变化趋势，捕捉政府政策法令给企业带来的有利时机，同时准确判断政治环境对企业战略发展的限制。

经济环境是指旅行社经营过程中所面临的经济条件、经济特征、经济关系等客观因素。这是旅行社受影响最直接的环境因素，它一方面影响旅行社的发展速度和空间，另一方面影响旅行社的经营成本和盈利水平。旅行社的经济环境一般分为三个层次：一是国民经济的发展状况；二是人们的可支配收入状况；三是利率、汇率的变化情况。

技术环境是指一个国家或地区的技术水平、技术政策、新产品开发能力及技术发展趋势等因素。对于旅行社来讲，最直接的技术环境就是交通运输、旅游服务设施和旅游基础设施建设、信息技术方面的技术发展。技术环境对企业的影响一般是累积渐进的，但是，一旦出现重大的技术突破，技术环境就会对企业产生革命性的影响。比如通信技术、网络技术、交通工具的发展，都曾对旅行社的经营产生重大的影响。

旅游业作为一种与文化密切相关的产业，受社会文化因素的影响是非常深的。文化环境包含一个国家或地区的民族特征、文化传统、价值观念、宗教信仰、教育水平、社会结构、风俗习惯等情况。文化环境对旅行社经营的影响主要表现在两个方面：一是影响旅行社的经营战略，如一个地区的人口状况、消费方式、文化传统等会影响旅行社的总体经营战略；二是影响旅行社员工的价值观和工作态度。

自然环境包括地理位置、气候条件和资源状况等因素。由于旅游业的资源依赖性特别强，因而自然环境对旅行社经营战略有非常重要的影响和制约作用。地理位置直接影响旅行社的要素投入；气候条件主要影响旅行社的客源分析状况；资源状况影响旅行社的战略选择。

2. 一般环境的特征

在通常情况下，一般环境对旅行社的影响具有不可控性、非歧视性、非持久性、规律性等特点。

（1）不可控性。在正常情况下，单个企业对所处的一般环境是无法控制的，只能被动接受。因此，旅行社在制定总体战略时，应尽可能把握一般环境的特点及变化规律，以使战略能适应环境的要求。

（2）非歧视性。这是指一般环境对行业内的所有企业的影响是基本相同的。为此，旅行社必须主动适应环境的变化，同时注意扬长避短，发挥自身优势，才能在竞争中获得成功。

（3）非持久性。除自然环境相对持久外，一般环境因素具有非持久性的特点，即并非一成不变，而是处在不断的调整之中。旅行社必须注意总体战略的灵活性、适应性，在环境发生变化时，能及时进行相应的战略调整。

（4）规律性。一般环境具有自身的发展规律，但表现方式在不同时间和不同场合往往是不同的。旅行社在制订总体战略之前，必须充分收集环境信息，运用科学的分析方法和手段，寻找一般环境的规律性，这样才能制定出符合环境要求的总体战略。

（二）产业环境分析

产业环境与一般环境不同的是，产业环境只对处于产业内的企业及与该产业存在业务往来的企业产生影响。旅行社的产业环境主要包括行业性质、竞争者、消费者、供应商及潜在进入者等。

1. 行业性质

行业性质是指行业所具有的特点及发展前景，行业在国民经济中的地位和作用等。旅游业是永远的朝阳产业，旅游业在国民经济中的比重不断增加，旅游业已经成为国民经济新的增长点。随着社会的发展，人们生活水平的不断提高，旅游业还将断续发展，旅行社应抓住当前的有利时机，充分利用良好的产业环境，制订合理的战略规划，争取获得长期稳定的发展。

2. 竞争者

对旅行社的竞争者进行分析，主要应从两个方面入手：一是确定主要的竞争对手，即根据自己的业务范围及目标市场，将处于同类情况的企业作为自己的竞争对手。二是分析竞争对手的综合实力。分析竞争对手的综合实力主要有三个指标：一是竞争对手的发展能力，主要通过销售增长率来反映；二是竞争对手的竞争能力，主要通过市场占有率来反映；三是竞争对手的赢利能力，主要通过利润率、投资回报率等指标反映。

3. 消费者

旅行社对消费者的分析可以分为两个层次：一个层次是对消费者需求的分析，因为需求状况将决定产业的市场容量和市场发展潜力。需求分析主要从总需求、需求结构和购买力三个方面进行。另一个层次是买方的价值占有力的分析，价值占有力直接影响产业的获利能力。买方对产业的价值占有力受以下几个因素的影响：买方的集中程度和进货批量；买方产品成本结构；买方转移成本；产品的差异性；买方进入供应商业务领域的纵向一体化的可能性。

4. 供应商

供应商是旅行社经营活动得以进行的前提条件，旅行社的供应商主要由两部分构成：一部分是各个旅游景点的开发商，另一部分是旅行社开展经营活动所必需的物质设施的经营者。旅行社对供应商的分析主要从两个方面入手：一是分析供应商的供应能力，以决定旅行社从事某项业务活动的可能性，如旅游景点能够提供什么样的旅游产品及服务，旅行社经营所必需的劳动力、交通等设备设施的供应能力；二是分析供应商对产业价值的占有能力，包括供应商的集中程度，供应商进入其供应物的后加工领域的纵向一体化的可能性、供应物的差异性、供应物的替代情况、供应物对旅行社成功的重要性等。

5. 潜在进入者

对潜在进入者的分析应从两方面入手：一是行业本身形成的进入障碍，包括明显的规模经济作用、独特的产品差异、较高的转移成本、政府政策因素等。二是分析哪些企业最有可能成为潜在进入者。最有可能成为潜在进入者的企业是：具有克服进入障碍能力的企业；与产业内企业有协作关系的企业；有可能进行纵向一体化的企业。旅行社的产业环境是指对旅行社产、供、销、人、财、物、信息等发生直接关系的环境因素。

（三）旅行社运营环境分析

旅行社运营环境分析主要是指对其所处市场的分析。市场分析的过程其实就是市场细分过程。

二、旅行社内部能力分析

旅行社战略管理的基本任务就是在复杂的内外环境条件下，努力寻求外部环境、内部能力和经营目标三者之间的平衡。通过内部分析，旅行社可以了解自身用来创造或维持竞争优势的各种能力，了解企业的核心专长、需要改进的薄弱环节，明白企业战略变革的阻力所在。旅行社内部能力分析的内容主要有：经营能力分析、管理能力分析、营销能力分析、财务状况分析等。

（一）旅行社经营能力分析

旅行社的综合实力主要是通过经营能力来体现的。经营能力是一个综合性的指标，是指旅行社对资金、技术、财务、销售等进行运筹、策划和管理，通过市场交换，获取经济效益的能力。旅行社经营能力评价指标体系包括以下内容：综合效益指标、市场地位指标、生产能力和技术水平指标、质量控制和保证指标、员工素质指标、企业形象指标等，如表10-1所示。

表10-1 旅行社经营能力指标体系表

项目	具体指标
综合效益	资金利润率、销售利润率、总资金周转率、流动资金周转率
市场地位	市场占有率、产品畅销率、资金销售率、行业排名
生产能力和技术水平	人均净产值、人均创汇率、劳动生产率、产品寿命周期
质量控制和保证	服务质量投诉率、质量保证体系、各种规章制度
员工素质	年龄、受教育程度、知识结构、管理者能力
企业形象	知名度、美誉度、信用等级

资料来源：曹华盛，旅行社经营与管理，上海人民出版社，2010

（二）旅行社管理能力分析

旅行社管理能力是指旅行社综合运用各种资源，对其经营活动进行计划、组织、控制、协调及指挥的能力。旅行社管理能力分析可以从以下几个方面入手。

（1）管理体制。主要分析集权与分权是否合理，是否适应战略要求。

（2）组织结构。主要分析组织的效率高低，信息沟通渠道是否畅通，岗位设置是否合理，分工是否明确，每一个岗位的责权利是否正确。

（3）员工素质。主要分析现有员工的基本情况，员工招聘、员工培训是否及时合理等。

（4）企业文化。主要分析旅行社的价值观念、企业精神、制度建设等内容。

（三）旅行社营销能力分析

营销能力是指旅行社适应市场变化，引导顾客消费，提高产品销售量的能力。旅行社营销能力主要通过以下指标体系来反映。

（1）市场环境。分析的目的在于掌握旅行社的市场营销特征，预测今后市场变化对企业的影响。市场环境分析主要从行业动向、顾客行为、企业形象三个方面入手。

（2）市场强度。主要通过市场地位、收益性、成长性、竞争性以及产品组合等指标来反映。

（3）销售能力。这是指旅行社销售活动的组合、策划及管理能力。销售能力分析主要分析旅行销售组织的合理性、销售量的增长情况、销售渠道的管理、促销活动的开展情况、销售计划的制订与实施情况等。

（4）新产品开发能力。旅行社新产品开发能力分析主要包括分析新产品开发计划、开发组织与实施、开发效果等方面内容。

(5) 市场决策能力。市场决策能力是指旅行社在对市场和企业全面把握的基础上，分析研究企业在市场决策中的不足，并寻求企业长期发展战略的能力。分析市场决策能力有助于旅行社提高战略决策的准确性与合理性，有助于提高旅行社经营领导层的决策能力与决策水平。

【案例10-1】

玉龙雪山，这座全球少有的城市雪山，是丽江旅游的核心品牌之一。玉龙雪山景区在2007年成为全国首批66家5A级景区之一，升级后的第一个动作是整合周边六个景区的经营权，做大丽江旅游核心品牌。

从景区营销角度看，玉龙雪山的这种做法，本质上是一种品牌扩展策略。所谓品牌扩展，是指景区在成功创立了一个高品质的知名品牌后，将这一品牌覆盖到其他景区产品，形成共同拥有一个家族品牌的旅游产品集群。为此，玉龙景区特邀张艺谋导演及其创作团队创作了丽江山水实景演出大型舞台剧《印象丽江》，以捆绑"玉龙景区"品牌。

《印象丽江》自2004年3月20日正式公演之后，引起了巨大轰动。《印象丽江》为什么能取得这样优异的市场业绩呢？就节目本身而言，主要是三个结合：丽江品牌与张艺谋品牌的结合、民间生活元素与实景演出艺术的结合、少数民族文化与雪山特殊环境的结合。

《印象丽江》营销管理方面最棘手的问题有两个。一是如何制定门票价格政策，既要调动旅行社的积极性，又不能让利太多而减少演出收益。对此，《印象丽江》独辟蹊径，采取了一种超强势的、也是非均衡的门票价格政策。其基本思路是"抓大放小"，门票优惠政策和销售奖励措施向战略合作旅行社大幅度倾斜。比如，大型地接社全年团队人数超过5万人，就能享受逐级累进的门票优惠和销售奖励；中小旅行社全年团队人数低于5万人，就很少或不能享受门票优惠。这种把鸡蛋放在少数几个篮子里的做法，看似有很大的市场风险，但却成就了《印象丽江》的市场成功。

二是渠道控制。《印象丽江》的渠道模式是"有选择的分销"。所谓"有选择的"，是指景区并不针对所有旅行社实行分销，而是抓住旅游分销链上的某些关键环节，与少数旅游代理商合作，逐步建立多层次的分销渠道。景区这样做，是为了改变旅游市场的游戏规则，加强对客源市场的营销控制力。

（资料来源：百度文库）

（四）旅行社财务状况分析

旅行社财务状况分析主要应从三方面入手：偿债能力分析、资金结构分析、盈利能力分析。

1. **偿债能力分析**

偿债能力是指企业偿还各种到期债务的能力。企业偿债能力分析指标体系主要有现金支付能力、短期偿债能力和长期偿债能力三个部分。

(1) 现金支付能力分析。现金支付能力是企业用现金或支票，支付当前急需支付或近期内需要支付的款项的能力。现金支付能力是企业短期偿债能力和长期偿债能力的具体体现，也是判断企业应变能力大小的依据。企业现金支付能力或用如下公式求得：

$$企业现金支付能力 = 货币资金 + 应收票据 + 短期投资 - 短期借款 - 应付票据$$

(2) 短期偿债能力分析。短期偿债能力是指企业用流动资产和营业利润归还各种一年内到期或超过一年的一个营业周期内到期的流动负债的能力。短期偿债能力用流动比率、速动比率、存货周转天数、平均收账期和实现利润等指标来反映。

(3) 长期偿债能力分析。长期偿债能力是指企业在长期借款使用期内的付息能力和长期借款到期后归还借款本金的能力。长期偿债能力主要通过资产负债率、负债经营率、利息保证系数、经营还债能力等指标来反映。

2. 资金结构分析

资金是企业资产的价值表现。企业的资金结构是指企业资金的组成及比例关系。企业资金结构包括两个方面的内容：一是企业资金占用的结构，即资产结构；二是企业资金来源的结构，即负债和所有者权益的结构。因此，对企业资金结构的分析，实际上就是对企业资产结构和负债结构的分析。

(1) 企业资产结构分析。反映企业资产结构的指标主要有：流动资产率、存货比率、长期投资率等。企业流动资产率主要反映流动资产和结构性资产之间比例关系；存货比率主要反映企业销售状况及流动资产可变现能力；长期投资率主要反映企业依赖外部发展的程度。

(2) 企业负债结构分析。反映企业负债结构的指标主要有：资产负债率、负债经营率、自有资金负债率、流动负债率和积累比率等。资产负债率主要反映企业负债的总水平；负债经营率主要反映企业资金来源结构的独立性和稳定性；自有资金负债率主要反映企业自负盈亏的能力；流动负债率主要反映企业生产经营过程提供的资金来源占企业总资金来源的比例；积累比率反映企业留存收益与企业资本的比率。

3. 盈利能力分析

旅行社盈利能力是指旅行社利用各种经济资源创造利润的能力。反映企业盈利能力的经济效益指标主要有：销售收入增长率、实现利润增长率、成本费用利润率、销售利润率、主营业务利润率、内部资产收益率、对外投资收益率、资产利润率以及自有资金利润率等。

第二节 旅行社战略性计划选择

一、影响旅行社未来发展的主要因素

（一）旅游需求的变化

1. 旅游需求多样化

在总体发展趋势上，虽然近年来遭受到世界经济不振和国际恐怖事件等种种打

击,但旅游业发展的市场基础依然坚实,总体发展速度仍高于全球经济总体增长速度。在区域发展情况比较上,欧美的份额在下降,东亚太地区的份额在增长,中国旅游业的发展最为迅猛,被国际旅游界普遍认为是"未来最有发展前景的旅游目的地"。随着国家战略逐步转到以"民生"为主轴的发展方向上来,一系列惠及休闲发展的新政策陆续出台;受政策面的有力支撑,我国休闲发展正在走向内生性转型、机制性增长、资本性驱动、科技性引领和持续性发展的新路径;随着收入增长,我国国民休闲需求逐步多样,休闲消费呈现新高。

2. 旅游方式小型化

随着个性化消费时代的到来,散客游、自助游、委托代办式旅游越来越多,传统的团队旅游随之减少。在国际旅游中,散客旅游占到了70%,团队只占到了30%,近几年来这已形成一种趋势。就我国目前旅行社经营状况来看,外联人数没有减少,但团队客人越来越少。因此,旅游方式的小型化是一个长远趋势,而且这种趋势会越来越明显。

3. 旅游常年化

现在的状况是旅游时间相对集中,淡旺季比较明显。从国际旅游来说,淡旺季的区别已在逐步减缓,但国内旅游基本上还处在大起大伏、高峰低谷的状态,这与我国现行的节假日制度有关,并大体上表现为春节、清明、五一、国庆、中秋几个高峰期。高峰期时应接不暇,质量事故频出,淡季时门可罗雀。但这种现状不会长久地维持下去,今后应该会有新的政策出台,推动常年化旅游。例如,目前有个别单位已实施的奖励旅游、福利旅游等,如能逐步大力推行,就可使旅游常年化。

(二)旅游市场竞争的升级

1. 竞争手段多样化

如今,越来越多的消费者正倾向于使用互联网预订他们的假日旅程,他们希望个性化的需求得到满足,也更愿意自己设计旅游路线。在这种个性化旅游的趋势下,许多旅游企业纷纷把握数字化时代的契机,上网经营运作,向客户提供一条龙服务。相对于交互性弱、信息量有限的传统旅游销售,在线旅游销售拥有信息量大、更新快、自主性强和反应及时等优点,越来越多的人逐渐放弃了传统旅游产品的购买模式,开始利用互联网来选择更加多样化和个性化的旅游产品。

2. 市场竞争国际化

理念国际化是国际化旅游体系中最重要的一方面。只有思想开放、树立国际化发展意识,才能促进旅游产业的大发展。游客对目的地的选择是倾向于资源指向型的,旅游资源是一个城市发展国际化旅游的先决条件。宣传营销是提高城市旅游和品牌知名度、激发出游意愿的有效手段。信息是城市旅游发展的命脉,旅游市场流通领域的活动主要靠旅游产品信息传递引起游客流动。产业创新及结构优化关系到旅游业的竞争力,直接影响旅游的发展后劲。

3. 企业经营集团化

旅游企业的集团化发展,是时之所趋,势在必行。大集团、大旅游是旅游企业发展的必由之路。旅游企业集团，往往以一个控股企业为核心，通过建立资产关系，控制下属子公司和分公司。控股公司通常是集团企业的核心，其资产优良、规模庞大，具有资本经营的能力。控股公司通常用控股、兼并、收购、联合的形式建立起一个规模庞大、形式多样的企业群体。这样的公司具有规模特征、品牌特征、跨国经营特征，以及以主业为核心的上下游产品连锁经营的特征。

（三）网络技术的影响

1. 旅游业的信息密集性决定了旅游业的信息化发展道路

从旅游活动的方式看，"在旅游市场流通领域活动的不是商品，而是由有关旅游商品的信息传递引起的旅游者的流动"。从这个意义上讲，旅游业的核心是信息。因此，对旅游企业来讲，收集、整理、加工、传递信息是重中之重，这是由旅游商品的无形性、不可移动性和非储藏性决定的。无形的旅游产品在销售时无法展示，而且通常是远离消费地点被预先销售，因此，信息传播对旅游业而言至关重要。旅游者在旅游过程中所涉及的食、宿、行、游、购、娱并不是在物质上传递给旅游代理商，并将它们储藏及出售给旅客。相反，其交流和传递的是有关服务的可获得性、价格、质量、位置、便利性等方面的信息。同样，旅游经营管理者之间的联系也不通过产品而是通过信息资源交流，同时伴随着数据流和资金流。可见，信息是旅游业内部诸环节得以联结的纽带。

旅游业信息密集性的特点还可以从旅游业的脆弱性来分析。从外部原因看，旅游业脆弱性主要表现在受自然因素、政治因素和经济因素的影响较大。从内部原因来讲，由于构成旅游商品的元素多种多样，它们之间的比例关系错综复杂，这就要求旅游业内部各组成部分之间及旅游业同其他行业之间保持协调，否则，任何一部分脱节都会造成整个旅游业的失调。因此，不管是对旅游部门还是对旅游企业，有效地获取信息以辅助科学决策都显得特别重要。旅游决策对信息具有很强的依赖性，迅速、准确地获取、加工、传播、利用信息至关重要。现代旅游业涉及的信息技术种类繁多，如计算机预订系统、电子货币交易系统、电视会议、可视图文、计算机管理信息系统、航空电子信息系统、移动通信等。其中，计算机预订系统占据着支配地位，离开信息和信息技术的利用，旅游业将难以为继。

2. 旅游业的全球一体化发展趋势决定了旅游业的信息化发展道路

现代旅游业具有很强的国际化性质，是集外交、经济、文化于一体的产业。许多人真正了解外部世界就是从旅游开始的，旅游活动促进了世界经济、文化的交流和发展。通信和运输手段的现代化促进了世界经济的发展，改变了人们出国旅游的时空感，为国际旅游产生的三大因素（充足的时间、方便的交通、可供自由支配的收入）提供了保证。当前，国内国际市场趋于统一，无国界经济的大发展带来旅游活动的国际化和资本流向的国际化，这使得世界各国的旅游业越来越相互依赖，紧密联系，呈现一体化的无国界的旅游状态。信息技术作为生产力中最活跃的因素日益渗透和改变着现代旅游业，并从社会文化、技术力量、旅游市场结构等诸方面加速旅游业国际化发展趋势。任何游离于旅游业信息化发展道路之外的国家都将陷于"信息孤岛"的状态。

3. 旅游个性化也决定了旅游业要走信息化道路

传统的旅行社组团旅游，虽然可以让旅游者免去为交通、住宿等诸多琐事的操心，但一路走马观花，旅游者看到的几乎是相同的东西，谈起来的感受几乎是千篇一律，个人的喜好难以得到满足。另外，随着社会的发展，生活节奏的加快，人们很难有时间听从旅行社的统一安排，他们更愿意在旅游代理商的帮助下自己设计旅游路线，自己安排旅游时间，即通常所称的"网络自助游"。对于网络自助游的人来说，旅游过程都是一番不寻常的经历，没有既定的路线，没有专业的导游，它完全依靠网络介绍和指导完成在陌生环境下的观光、购物。这种方式或许会遇到一些问题，但它更多的是实现了现代人个性展示的满足，如现有的国外的徒步旅行即是展示个性的一种旅游方式。不管是网络自助游还是徒步旅游，均离不开旅游信息及互联网。

二、我国旅行社行业的发展趋势

我国现有成千上万家大大小小的旅行社，为我国旅游业在初期阶段的发展立下了汗马功劳，但在运行操作中还存在着盲目性大、竞争力弱等劣势。随着我国旅游业进一步对外开放，旅行社必将受到前所未有的冲击。旅行社要生存发展，就必然要迎接适合生存与发展的新潮流。未来旅行社的发展主要呈现以下几个方面的趋势：

1. 旅行社集团化

社会生产力的发展必然要求生产关系有所变革。当前，我国旅行社小型、分散、粗放、低效的小作坊、小企业生产方式必然向着大型、联合、精细、高效的大集群、大企业生产方式转化。这是社会化分工、专业化协作、网络连锁式服务的必然走向，是市场激烈竞争的必然结果，也是适应经济发展规律的必然产物。目前，国内旅游业初步形成旅游企业集团的有国旅、中旅、中青旅、招商、光大、山水等，各集团将在人员、物资、职权、职责、利益等方面进一步规范。我国旅行社总的发展趋势是，将由几家超大型的旅行社企业集团把握旅游业的经营、发展方向，由他们通过母公司、分公司、子公司、代理商层层控制，层层激活，充分发挥整体效应、整体优势。在各大旅行社企业集团中，你中有我，我中有你，互相竞争，互相依存，共同繁荣，共同发展。

2. 旅行社运作网络化

在日新月异的时代中，任何产业的发展都必须以高科技为依托，真正做到准确、高效。现在世界上流行的电子商务，在旅行社推广上能做到的是 **e-information** 和 **e-marketing** 的工作，也就是朝向 **e-tourism** 的方向发展。因此，旅行社要迅猛发展，就必须使用现代科技作为相互沟通的新工具，全面实行网络化运作，提高工作效率，为客户及合作商提供准确、及时的信息。但我们在注重网络化的同时，别忘了回归到最基本的服务上。因为任何运作方式只是争取客源的表面手段，而提供优质服务具有恒久的魅力。

3. 旅行社市场专业化

当前，在旅行社市场中，全包价旅游以价格便宜等优势正唱主角。而在未来的发展中，旅行社所面临的市场将更加专业化。随着我国经济的发展，个人收入的增加，人们对旅游有了新的认识，人们更希望通过旅游随心所欲地放飞心灵、陶冶情操，彻底达到休闲的目的。因此，不受束缚的自助式旅游将成为一种必然趋势，随之而生的小包价专项服务也必将受到青睐，如由旅行社专项代订车票、代订客房、代买旅游景点门票等。旅行社的作用将是充分发挥对外联络的优势，为旅游者节约尽可能多的时间、金钱，让他们通过徒步旅游等自助方式充分领略大自然的美妙。

4. 旅行社产品国际化

所谓旅行社产品国际化，是指旅游产品通过设计、包装，得到全世界游客的认可和接受，从而引导旅游业的时尚。旅行社将祖国大江南北的好山好水，规划包装成中外游客均能领略个中风味的产品，其中需要专业的旅游知识，还要深入了解游客属性，开发设计新路线，使产品设计国际化。这是对旅行社参与国际竞争的要求。例如，英国有一个"绿色英国"的计划，在许多国家走向绿色生态旅游产品包装的同时，他们开发了使用过去的老火车的旅游方式，带游客去探访整个英国的自然景观，这对世界各国的旅游者都是极富吸引力的。而当前我国旅行社在设计产品时就缺乏"大旅游"的概念，仍然处在初级的游玩设计，没有太多的理念传达给旅游者。

5. 旅游项目多元化

在项目开发中，旅行社将联合或单个推出多种专项旅游产品，由体育至美食，由主题至新景点等，项目包罗万象。这些必将成为旅行社吸引客源的新亮点之一。另外，旅游项目也将由多点转为单点，即明显由早期的"长天数、多省"转为"短天数、单省"的深度定点游程。因为人们不会把旅游活动仅仅安排在春节、国庆这样的大假期，相反，工作之余的休闲、放松将备受青睐。旅行社应充分认识到这部分市场的巨大潜力，积极开发相应的旅游项目。多元化的旅游路线，必然使游客探寻神州美景的意愿及热度愈趋升高，走过大城更想去小镇，游遍名胜还想逛逛乡村。因此，旅游路线也将随之由都市转向乡村。

6. 重视散客旅游

旅游发展的进程正由团体走向团散趋近，游客对游程规划的自主性相对提高。近年来，从国际旅游形势来看，随着人们旅行次数的增多，经验日渐丰富，旅游档次也随之提高，旅游的类型已从简单的观光旅游，逐步变化为有目的的参与型旅游。散客、组合式旅游、家庭式旅游必将快速发展。对欧美旅游者来说，由于民族的旅游习性，许多人倾向于以较自由的方式进行旅游。随着我国经济的发展，个人收入和自由支配时间的增加，散客旅行同样会有很快的发展。散客旅行作为一种旅行方式，个人可以自由支配时间，不受任何约束，深受游客的欢迎。目前，散客市场正日益扩大，在客源竞争十分激烈的情况下，开展形式多样的散客旅游势在必行。同时，散客旅游业务开展得成功与否，对旅行社业务的发展和经济效益的好坏将起到非常重要的影响作用。

7. 实现旅行社发展的良好趋势，必须依靠国家政策支持

旅行社发展中碰到的一大难处，就是地方保护主义还在某些地方盛行。有些地方从局部利益出发，采取一些具有地方保护主义色彩的措施，以致影响旅游质量和旅游事业的发展。对此，国家应加强法制建设，从法律上加以制约，从健全和完善法制上来保障旅行社应有的权利。另外，对一些旅游业落后的地区，国家也应从政策上切实支持，充分认识到旅游资源的可贵及可开发性，放宽投资条件，使穷乡僻壤尽快旧貌换新颜，通过旅游业带动其他产业的发展。未来的旅游市场竞争将愈演愈烈。新兴的客源市场，如亚太客源市场迅速崛起，老年旅游市场、家庭旅游市场也迅速发展，越来越多的青年人加入旅游者行列，个体旅游者人数继续呈上升趋势等。几乎所有的国家和地区都十分重视旅游业，他们在旅游宣传方面大做文章，采取积极措施，努力使交通、电信、旅游这三者紧密结合起来，并在签证、海关手续等方面方便旅游者。由此，可以感受到我国旅游业参与世界竞争的艰难性。我国应对各地，特别是贫困地区的旅游业发展给予切实支持，在全国对外统一促销的前提下，扶持落后地区，使旅游业成为它们的经济增长点，从而推动国家的整体发展。

第三节 旅行社战略计划的组织实施

随着国民收入的提高，人们的需求层次已经由最开始的解决最低层次的温饱问题上升到精神需求层次，旅游也成为人们日常生活中必不可少的一个部分。随着旅游市场需求的增长，旅游产品服务的主要供给方——旅行社也越来越多。旅行社在旅游市场上迎来了新的环境，面临着新的挑战，因此必须实施新的战略计划。

一、改变传统的经营模式

传统的旅行社经营模式采用的是单个旅行社面向单个的旅游者或者单个的旅游团队，这种经营模式已经逐渐被市场淘汰。传统的经营模式太单一，不适应大数据背景下的旅游市场。在大数据背景下，收集相关数据信息变得便捷，旅游需求者寻求旅游信息不再是传统模式下的依靠旅行社的旅游门市，也不再是依靠旅行社的市场营销人员。所以在这一新的变化之下，旅行社要采用新的经营模式。旅行社需要利用大数据的便捷方式，通过对新的环境、新的需求者、新的产品思路进行研究，从而推出更新颖的经营模式。

二、构建新的产业链

旅行社在传统旅游市场上充当的一直是中间商的角色，通过中间运营降低买家的成本、提高卖家的利润。但现在的旅游市场，由于信息的透明化以及政府的监管，旅游市场的买家和卖家对于旅行社的依赖性越来越低，这就给旅行社的战略实施带来了新的挑战。

旅行社面临新的挑战，需要构建新的产业链。一方面可以进行横向联合（与其他旅行社在旅游市场的相同环节上进行联合）；一方面也应该进行纵向联合（与其他公司在旅游市场的不同环节上进行联合）。

在大数据背景下，游客对于旅游产品的要求越来越个性化，旅行社如果各自为营，将会增加很多产品设计方面的成本，所以旅行社之间首先就应该进行横向联合。同一区域的旅行社不应该把对方看成竞争对手，而是应该当成合作伙伴，联合开展产品设计，提高旅游产品的质量，分摊产品设计的成本；联合进行产品营销，可以扩大营销面，扩大营销的影响力，同时也可以分摊营销费用；联合组团，把各自的散客根据年龄、性别、偏好等特点进行重新组团，一方面提高团队的质量，另一方面也可以降低带团成本。

从另外一方面来讲，在国际国内经济无法快速增长的时期，各个行业间的竞争压力同时增加，旅行社除了横向联合之外也需要进行纵向联合。旅行社从旅游市场的中间商角色变为旅游市场的组织者角色，可以增加旅游市场对旅行社的依赖程度，提高旅行社在旅游市场的地位。旅行社可以在交通、餐饮、景区等各个旅游不可或缺的环节与对应的企业进行联合，尤其是交通，以降低成本。

三、重新定位客源市场

传统的旅行社客源市场比较单一，已经无法满足新的旅游市场需求。随着人们生活水平的提高和科技的进步，对于有出游愿望的人们来说，获取信息的渠道越来越多，也越来越便捷，所以他们对旅游产品和旅游服务的要求也随之提高。旅行社面临新的挑战，同时旅行社的客源市场不再单一，这就需要旅行社重新定位自己的客源市场。例如，按照年龄段我们可以将客源市场分为老年人市场、中年人市场、学生市场，那么，旅行社可以按照这个年龄段来定位自己的客源市场。当然，不同的客源市场可以有针对性地设计与之相适应的旅游产品，做到精准营销，同时也能降低相应的成本。但是，旅行社同时也可以尝试将不同的客源市场进行结合。比如，将老年人市场和学生市场组合到一起，定位一个新的与众不同的客源市场，有可能会在新的组合中产生不一样的火花，从而受到市场的青睐。

四、提高对旅行社从业人员的要求

传统的旅行社从业人员入职门槛太低，导致旅游市场对于旅游从业人员的评价较低。隶属于第三产业的旅行社为了提高旅游服务质量，应该提高对相关从业人员的要求。

对提供旅游服务的从业人员，应该提供有针对性的培训和考核，严格执行培训和考核制度，对于无法完成人员应该予以转岗或者辞退，增加从业人员的危机感；对于完成程度较好的人员，应该给予鼓励和奖励，增加从业人员提高自己服务能力的信心。在从业过程中，也应该增加从业人员互换岗位的机会，让从业人员了解旅游服务的基本环节，为提高产品设计质量和提高旅游服务质量打下坚实的基础。

第四节　旅行社的经营战略管理

战略作为一个军事术语，是指对战争全局的策划和指挥，它是指挥官在战争中利用军事手段达到战争目的的科学和艺术。20 世纪 50 年代，战略一词被运用于企业管理当中，成为指导企业根据经营环境和企业自身实力确定经营目标、分配关键资源、组织企业活动的方针、政策和方法。

关于企业战略的概念，下面列举几种有代表性的说法。

美国哈佛商学院教授安德鲁斯认为，企业总体战略是一种决策模式，决定了企业的目的和目标以及关键政策和实现目标的计划。

美国著名战略学家安索夫将战略管理分为两大类：企业总体战略和经营战略。他认为，战略主要涉及组织的远期发展方向和范围。

对企业战略概念进行比较全面论述的是加拿大的明茨伯格，他提出的战略"5P"从不同的角度分析了战略的基本含义：

(1) 战略是计划（plan）。战略作为计划，表现为在特定条件下，为实现特定目标而进行的一系列连续的、有意识的行动。战略是组织的领导人为组织确定的方向以及为此需要采取的各种行动。

(2) 战略是模式（pattern）。战略模式的概念强调了战略的行为，战略反映企业长期行为的连贯性，由企业长期行为模式所导向，并强化企业的行为模式。

(3) 战略是定位（position）。战略定位概念强调了企业的开放系统特征。首先，战略是决定企业在环境中的位置的一种方法，是企业与环境之间的纽带；其次，战略需要确定在选定的业务领域内进行竞争或运行的方式。

(4) 战略是观念（perspective）。战略是观念的说法强调的是企业最高层管理人员，特别是企业董事会成员的整体个性对形成组织特性的影响，以及组织特性差别对企业存在的目的、企业的社会形象、发展远景的影响。

(5) 战略是计谋（ploy）。将战略视为计谋主要是指通过公布企业的战略或战略意图，向对手宣布企业的竞争意愿和决心，以及将采取的竞争性行动，以期造成对竞争对手的威胁。在这里，战略强调的已经不是竞争性行动本身，而是要阻止竞争对手的战略性行动。

归纳以上关于战略定义的几种观点，可以将旅行社战略定义为：所谓旅行社战略，是指旅行社为谋求长远的发展，在对外部环境和内部能力进行分析的基础之上，对关系自身发展的重大的、全局性的问题做出的整体安排和谋略。

一、旅行社经营战略的类型

（一）旅行社的总体战略

旅行社总体战略一般分为四大类：发展型战略、维持型战略、防御型战略和退出型战略。

1. 发展型战略

发展型战略是大多数企业普遍采用的战略，其目的是提高公司整体业绩。实施发展型战略需要投入大量的资源，调整企业组织结构和管理系统，它是一种从战略起点向更高水平、更大规模攻势迈进的战略态势。旅行社发展型战略主要包括集中型战略、一体化战略、多元化战略及国际化战略等类型。

（1）集中型战略。集中型战略是指企业集中全部或绝大部分资源用于最能代表自己优势的某一业务领域，力求取得该业务领域的最优业绩的战略。集中型战略可分为战略实现和战略扩展两大类：战略实现是指增加现有市场对现有产品的需求量；战略扩展是指对新市场或新产品的扩张。

战略实现的形式主要有：增加旅游消费者对现有旅游产品的需求量，旅行社可以通过旅游产品的升级换代、提高旅游服务质量来吸引旅游消费者增加购买；吸引竞争对手的用户，旅行社可以通过旅游产品和旅游服务的差别化来达到此目的；吸引新的消费者，通过强有力的营销策略，吸引新顾客的注意力，达到增加销售的目的。

战略扩张的形式主要有：市场开发策略、产品扩展策略和创新战略。市场开发策略是指旅行社在原有市场的基础上，寻找和开拓新的市场，扩大产品的销售，从而使企业不断扩张。如近年来兴起的青少年旅游市场、儿童旅游市场、老年旅游市场等就是旅行社开拓新市场的典型表现。产品扩展战略是指对现有产品进行大幅度调整，如改进已有的旅游线路、发展新的旅游线路、提高旅游服务质量等。产品扩展战略的目的是要延长旅游产品的生命周期，它要求旅行社具备较强的设计开发能力，有足够的财力支持和抵御风险的能力。创新战略是指向市场提供全新的旅游产品及线路组合，力争成为市场的领先者。近年来兴起的自驾车旅游、农家乐旅游、购物旅游、著名高校旅游等就是属于典型的旅游产品创新。创新战略的目的与旅游产品扩展战略的目的是有区别的，前者是创新全新旅游产品寿命周期，而后者只是原有寿命周期的延长。

（2）一体化战略。一体化战略是指企业利用现有资源，在现有业务的基础上，进行横向或纵向扩展，使企业业务不断地向更深和更广发展的一种战略。一体化战略分为横向一体化和纵向一体化两种类型。

横向一体化战略是指把性质相同、产品类似的企业联合起来，组成联合体，以促进企业实现更高程度的规模经营和迅速发展。这种战略主要通过兼并、购买、重组、联合等方式实现。其特点是：增强企业经营能力，扩大市场份额，提高资本利用率，减轻竞争压力，同时不会偏离企业原有的经营范围和核心技术，因而风险较小。

纵向一体化是旅行社业务链的一种延伸，分为前向一体化和后向一体化两种形式。前向一体化是指旅游景点的开发商根据市场需求，自己从事旅游线路组合及经营工作或与旅行社组成联合体，以促进自身的发展。后向一体化与此相反，是指旅行社在自身实力比较雄厚的前提下，依靠自己的力量开发旅游景点及线路组合，或与旅游景点开发商组成联合体，实现产销一体化。实施纵向一体化可以提高企业投入物的可靠性，或阻止潜在竞争对手的进入，但其风险是比较大的，它需要旅行社有较强的综合实力、较高的管理效率、承担更大风险的能力。

(3) 多元化战略。多元化战略是指企业增加不同的产品或事业部，即从现有业务基础上分离出新的、与原有业务存在着根本性差别的业务活动种类。多元化战略有中心多元化和混合多元化两种。

中心多元化战略是指旅行社充分利用自己的优势，以经营某一主要旅游产品为中心，开发与中心旅游产品相关的其他产品，提高企业竞争实力。中心多元化战略的实现方式主要有：经营与原有旅游产品相似的产品；利用现有条件开发其他产品；经营附加产品，等等。

混合多元化战略是指企业出于竞争的需要，发展与旅游产品没有直接联系的新事业，生产和销售不同行业的产品。采用这种战略可以避免风险，利用企业原有资源的优势，获得更高的投资报酬。实施混合多元化战略必须遵循的基本原则有三条：一是多元化应建立在专业化的基础之上，能充分利用专业化形成的核心专长和核心竞争力；二是多元化业务必须符合投资回报率指标；三是多元化业务的市场占有率应达到相应指标。

(4) 国际化战略。国际化战略是指企业将生产经营活动范围扩展到本国以外的区域，在其他国家或地区设立正式组织、从事正常经济活动的一种战略。旅行社实施国际化战略的模式主要有：企业集团主导战略、国际国内市场开放战略、管理体制与管理模式创新战略、政府扶持战略等。根据这些战略模式，旅行社要实施跨国经营，还必须选择相应的进入模式。旅行社跨国经营的进入模式主要有以下几种：①特许经营。所谓特许经营是指特许权拥有者授予特许经营者一种获得许可的特权，以便其从事相应的经营行为。这种获得许可的特权一般是指品牌、标准产品、操作系统和管理服务等内容。②合资公司。通过合资模式，旅行社可以向东道国提供部分资本投入，或与东道国的合作伙伴共同组建企业，实现跨国经营。③战略联盟。战略联盟是旅行社实现国际化战略的主要模式之一，它是指两个或两个以上的企业，在相互之间不进入对方企业边界的前提下，基于一系列可操作的平台，采取一种长期的、战略性的、稳定的联合与合作经营的战略行为。成立这种战略联盟的主要目的在于资源共享。④全资公司。旅行社可以通过独资设立或收购等途径，在国外拥有全资的子公司，从而实现其国际化战略。这种方式的优点在于母公司拥有全部的产权和对子公司的控制权，能够很好地实现自己的战略构想。⑤兼并和收购。旅行社为了更快地进入国际市场，便于迅速实施国际化战略，通常采用兼并和收购的模式，将国外公司变成自己的子公司，以此获得国外的市场份额。

2. **维持型战略**

维持型战略是指企业在新的战略期内遵循与过去相同的经营方向和目标，保持一贯的发展速度，不在战略上进行大的调整。

企业选择维持型战略是基于这样几种原因：一是企业的经营状况走向两个极端，要么是太好，暂时无法确定战略调整的可能性；要么是经营状况太差，无法满足战略调整的资源条件。二是企业的环境没有发生足以引起战略变革的变化，过去的战略仍然适用。三是企业经过一段时间快速发展后，为巩固成果，希望获得暂时的休整机会。四是企业决策层安于现状，不愿承担战略变革的风险。

通常情况下，企业选择维持型战略的机会不是很多，维持仅仅是一种短期行为，如果长期如此，企业就会发展缓慢，降低竞争实力，最终被淘汰出局。

维持型战略模式主要有：无变化战略、以盈利为主的战略、停顿战略、谨慎前进战略等。

3. 防御型战略

防御型战略是指企业在面临困难，无法采用发展、维持型战略时，退出某项经营业务前尽可能多地获取该项业务所能创造的收益，同时尽可能少地影响企业其他业务的正常进行。造成企业采取防御型战略的原因主要有：原本有利的业务环境发生了改变；产业进入了衰退期；企业为了进入某个新的业务领域而投入了大量的资金和其他资源；企业对业务组合进行重新调整。

企业的防御型战略主要通过调整组织、降低成本、减少投入和收回资产等方式实现。调整组织主要是指企业更换领导人、改变组织系统、重新分配责权利以及解雇员工等；降低成本是指降低劳动力成本、原材料成本、营销成本等；减少投入是指关闭相应的生产线、出售或出租某些资产等；收回资产是指处理存货、回收账款等。

4. 退出型战略

退出型战略是指企业出售整个企业或企业的某一部分，其主要目的是去掉那些与企业主要业务关系不大或根本无关的业务部分，以便更多地收回投资。退出型战略有以下几种形式：

（1）专营方式退出。专营方式退出是指向选定的专营商提供企业的主要无形资产和经营诀窍，专营商向企业支付一定费用。

（2）合同承包方式退出。合同承包方式退出是指企业通过合同的方式，让合同的另一方经营某项业务。其特点是企业虽然停止了该项业务活动，但仍然保持对该项业务的所有权。

（3）出售部分或全部业务。企业在出售了部分或全部业务后，便失去了对该项业务的控制权，一般情况下，企业出售的业务都是与企业核心业务关系不大的部分。

（4）资产置换。资产置换是指企业将需要退出的业务使用的固定资产与其他企业的固定资产对换，换入企业其他业务或新业务可以使用的固定资产。

退出型战略是一种被迫的选择，也可以说是一种以退为进的战略。一旦企业发现整个业务或某个业务不再具有继续经营的价值时，就应当机立断，果断退出。有效及时的退出战略，可以帮助企业实现战略转移，重新配置资源，建立新的业务组合，达到起死回生的目的。

（二）旅行社的竞争战略

竞争战略也叫业务层战略，它是企业实现业务战略目标的手段。旅行社基本的竞争战略主要有成本领先战略、差别化战略、集聚战略等三种类型。

1. 成本领先战略

成本领先战略是指企业在提供相同的产品和服务时，其成本明显低于市场一般业绩企业的成本或主要竞争对手的成本。经过长期的成本竞争，企业有可能将一般业绩企业或竞争对手赶出市场，从而扩大其市场份额。

（1）获得成本领先的方式。

① 规模效应。规模效应是指企业在合理的规模经济性范围内，通过扩大经营使固定成本在更多产出量上进行分摊，从而降低单位平均成本的方式。

② 提高服务运作效率。旅游服务是一个系统工程，各个子系统之间相互联系，只要每一个子系统之间紧密协作，就能提高整体工作效率，从而降低服务成本。

③ 以技术设备代替劳务。对于旅行社而言，在某些岗位，使用技术含量较高的机器比使用人力更稳定、更科学、更经济，如自动查询系统、网上预订系统等。

④ 对一体化的合理运用。企业可以通过对相关价值链环节的占有，实施一体化战略，增加资源的共享性，从而节约成本。

（2）成本领先战略的缺陷。成本领先战略有助于企业形成竞争优势，但成本领先是相对的、暂时的，同一个市场上不可能每一个企业都能够成本领先。相反，如果行业为了成本领先而同时进行价格竞争，就会造成不必要的价格战，导致行业平均利润的下降，最后的结局只能是两败俱伤。过分追求成本领先会产生以下的不良后果。

① 忽视其他竞争战略。过分关注成本竞争，会使企业忽视其他关键竞争因素，如服务质量。

② 忽视长期战略投资。对成本的过分倚重可能扭曲企业管理的重心，造成追求短期成本目标，而忽略长期战略目标的恶果。

③ 造成成本目标不协调。降低成本的目标在企业不同职能部门的要求是不同的，如果不分职能特点而统一要求低成本，有可能造成职能部门之间的冲突，甚至损害企业的整体利益。

④ 形成成本和价值之间的冲突。企业活动的根本目的是获取最大的价值，成本是形成价值不可缺少的部分，降低成本只是实现价值的基本手段。如果过分强调降低成本，有可能造成目标与手段的冲突，危害企业活动的根本目的。

2. 差别化战略

差别化战略是指企业通过提供独特的产出特性，以及技术、品牌形象、附加特性及特殊服务等来强化产品的特点，增加消费者价值，使得消费者愿意支付较高的价格。一般来讲，实行差别化的战略，其产品成本会高于一般产品，但由于其对消费者的附加价值较高，所以能以较高的价格出售而获得较高的利润。

（1）差别化的来源。差别化主要来源于两个方面：一是内在来源；二是外显来源。

差别化的内在来源主要包括产品质量上的可识别性、产品品种的可挑选性、附加的服务以及获取产品的及时性等。产品质量上的可识别性是指产品在使用可靠性、安全性等方面与同类产品的差别；产品品种的可挑选性是指产品与环境的适应性，即产品随消费者的需求变化而不断改进；附加服务是指消费者在享受产品的同时能得到的相应的额外服务；获取产品的及时性是指消费者能否在需要产品时及时得到产品。

差别化的外显来源包括企业形象、品牌知名度、产品外观特征及产品价格等。在现代成熟的市场竞争中，企业形象和品牌知名度是最重要的差别化特征，因为它体现出来的是企业与消费者之间的情感认同，是维持企业与消费者关系的牢固基础。价格也是基本的差别来源，在质量、款式、功能相近的情况下，价格往往是主要的差别表现。将产品外观作为差别化的来源，是一种暂时的行为，因为外观相对容易模仿，企业必须不断改进产品外观，才能达到差别化的目的。

（2）差别化战略的缺陷。差别化战略成功的基础是正确认识市场对差别化的要求，如果企业不能正确把握这一条件，就会导致差别化战略的失败。引起差别化战略失败的原因主要有以下几点：差别化不被市场认可；差别化的溢价过高；差别化被模仿；环境影响差别化的效果；不能持续地保持差别化。

3. 集聚战略

集聚战略是指企业在对市场进行充分调研的基础上，将目标市场细化，选定细分市场，集中企业资源为细分市场服务。集聚战略有两种形式：一是特定细分市场的低成本战略；二是特定细分市场的差别化战略。比如，有的旅行社专门经营针对中老年人的夕阳红旅游产品、针对年轻人的探险体验旅游产品等。实施集聚战略的企业必须对特定市场有充分的了解，并且要有较高的服务水平和良好的声誉，才能在狭小的市场范围内创建自己的特色，赢得特殊顾客群的喜爱。集聚战略在市场占有率方面是有缺陷的，所以企业在选择这种战略时，必须权衡得失，同时，还要在产品差别化和成本领先之间做出选择。

二、旅行社经营战略实施

旅行社战略实施是指以战略计划为依据，在资源的优化组合的基础上，开展各项战略活动的过程。

（一）旅行社战略实施的基本原则

1. **适度合理原则**

企业战略的制定，受到各种因素的制约和限制。比如，对未来的预测不可能非常精确，再加上外部环境的不可控性，选定的企业战略完全有可能不是最理想的战略。对于企业实际的战略管理而言，最理想的战略是不存在的。因此，企业在战略制定与实施过程中，必须有适度合理的原则，只要通过努力基本达到了战略目标，就应当认为战略的制定和实施是比较成功的。企业不应当也不可能追求完美的战略构想。

2. **统一性原则**

企业对战略的实施必须贯彻统一领导、统一指挥的原则。企业高层管理人员从宏观的角度出发，把握企业的总体方向，而企业的执行层人员或基层管理人员主要是从微观角度看问题。战略的实施必须贯彻一根主线、一种思想，这就要求企业内各个部门、各个层次、各个环节保持协调一致，以保证战略的顺利实施。

3. **权变原则**

权变原则是管理的基本原则。企业战略的制定是以一定的环境条件为基础的，但在具体的战略实施过程中，环境条件往往会发生意想不到的变化，如果环境的变化对企业战略的实施构成了较大的威胁，企业就不得不进行战略变革。因此，企业在制定和实施战略时，一定要留有余地，切忌满打满算、缺乏弹性。不顾环境的改变，一味追求固有的计划，只会给企业带来巨大的危害。

（二）旅行社战略实施的模式

1. 指挥型

指挥型战略实施模式是指由企业的总经理全权负责战略制定，计划人员向总经理提出经营战略和报告，经总经理批准后，强制下层管理人员执行。这种模式的优点在于权利高度集中，便于贯彻执行；缺点是把战略制定与战略执行人为分开，不利于调动下层管理人员的积极性，甚至有可能使下层管理人员产生抵触情绪。

2. 变革型

这种模式的特点是由企业总经理考虑如何实施企业战略。总经理主要负责根据企业战略的需要对企业进行一系列变革。变革型模式往往比指挥型模式更有效，但其缺陷仍然是无法解决战略实施的动力问题。

3. 合作型

合作型战略实施模式是指企业战略的制定不再是由总经理一人负责，而是把范围扩大到企业整个高层管理集体，即由总经理安排，让企业高层管理人员参与战略的制定与实施。这种模式基本上克服了前两种模式的弊端，但其缺点也是很明显的，即由不同观点、不同角度的人员来共同制定企业战略，有可能降低战略的经济合理性。

4. 文化型

这种模式的特点是由企业总经理考虑如何动员企业全体员工参与战略实施活动，主要是运用企业文化手段，向员工灌输战略构想，影响员工的价值观和行为准则。这种模式体现出来的是一种全员参与、共同努力的思想，能够调动员工的积极性和创造性，缺点是对员工的素质要求较高，一般企业难以达到。同时，不容易处理好统一指挥与发挥员工积极性的关系，容易使全员参与流于形式。

5. 增长型

这种战略实施模式强调的是如何调动下层管理人员制定和实施战略的积极性和主动性。这种模式的最大特点在于企业战略不是自上而下地推行，而是自下而上地推行。其优点是能充分调动下层管理人员的积极性，缺点是高层管理人员容易失去对战略实施的控制权。

在实际战略实施过程中，五种战略模式并不是截然分开的，企业往往是根据具体情况，综合使用多种战略实施模式，只是各有侧重。

【扩展阅读】

我国中小旅行社企业发展战略

一、提升品牌质量

我国中小旅行社应当根据企业自身发展需要，合理制定发展战略，科学设计企业的发展方向，采用规范的经营模式。应当依据企业内部的实际情况，结合我国旅游业的发展状况，制定出符合我国市场经济发展要求的经营模式。

（1）实现产品精品化经营，提升旅游产品的研发品质，加强旅游产品的特色化与精品化。我国中小旅行社要想改变产品种类单一、无特色的现状，寻求更好的出路，就要不断看清企业自身的优势与劣势，针对旅游市场进一步细分，明确产品在市场中的定位，完善产品的种类和特色。同时，开发产品的衍生品，对衍生产品进行深入挖掘，优化服务，打造属于企业自身的特色产品。当今社会，我国旅游者的需求已经由原有的单一化逐步转变为多元化。传统的旅行社营销模式已经远远无法满足旅游者的需求，新的出游方式将会成为未来旅行社业发展的机会。我国中小旅行社可以充分利用网络平台大力宣传旅行社的品牌产品，改变企业销售模式，提升企业销售水平。

（2）与国内外知名旅行社联合，通过大品牌效应提升自身企业的知名度。随着我国经济的快速发展，水平管理的体制将被垂直分工体系所代替。知名旅行社具有市场份额大、管理模式规范化、品牌影响较高的优势，中小型旅行社特别是小型旅行社可充分依靠知名旅行社的品牌效应提升营业额。这样，中小型旅行社可以有效地避免资金不足、产品研发层次低、技术水平不高、产品经营无知名度等劣势和收入低等经营风险，使其能共同发展。

二、实施科学管理

一是加快推进旅行社体制改革，设立旅行社股份制和旅行社公司制。中小型旅行社可以采用不同的持股方式：如与大型旅行社的法人相互持股、优秀职工持股、高层管理人员持股等模式，实现从产权主体的单一化到多元化的变革。

二是形成科学的旅行社运营体制，吸收企业员工与外部经验和资源，提升企业的管理水平。完善企业内部的组织结构，建立良好的决策和管理程序，建立提升全体员工工作效率的奖励机制等。三是注重内部企业文化建设。中小型旅行社要增强企业文化的推动力、凝聚力和约束力作用，加强团队合作，听取员工的意见，营造和谐美好的经营环境，为消费者提供优质的服务，提升企业的知名度。

三、实施旅行社网络创新发展模式

以旅游产品为主体的网络平台可快速推进全国各省市旅行社之间的合作，甚至可以联合同一省市、同一区域的旅行社共同创建城市旅游品牌，构建旅游城市的战略合作伙伴关系。这种变化不仅可以提高中小企业的发展速度，还可以增强企业之间的信任与沟通。而通过网络化平台构建中小旅行社企业之间的旅游城市联盟可以提升旅游市场环境的健康度，改善旅行社之间的信任缺失，形成良好的旅游城市利益共同体。

（资料来源：观研天下）

复习思考题

1. 简述中国旅行社业的发展趋势。
2. 列举中国旅行社行业所面临的新的挑战。

3. 简述旅行社战略管理的主要类型。

4. 仔细分析每一种发展战略，指出每一种战略适用的条件，结合当地旅行社实际进行调查，找出与之相对应的旅行社所采取的战略管理模式并讨论分析当地旅行社未来发展趋势。

课后实训题

以每组 5~6 人为单位进行分组练习，调查了解当地一家旅行社，分析其发展战略，找出该旅行社所采取的战略管理模式，并结合实际讨论当地旅行社业未来发展趋势。

第十一章 旅行社的产业融合与新业态发展

【学习目标】

理解产业融合,了解中国旅行社产业融合的发展特点,对文化产业与旅游产业融合的内容及特点有一个全面的认识,对旅行社新业态的发展有一个综合认知。

【主要学习内容】

- 产业融合
- 旅游产业与文化产业融合
- 旅游产业数字化
- 在线旅行社

◆【导入案例】

2016年8月初至2017年1月,浙江省旅游局和凤凰网以"诗画浙江·美丽乡村"为主题,合作开展了"浙江十大最美乡村"评选活动与"乡情""乡愁""乡味""乡韵"四支视频短片拍摄活动。这些活动全方位地展示了浙江生态美景、健康美食、人文历史、特色乡村等旅游资源,得到了社会各界人士的广泛关注。浙江省湖州市南浔区以发展文化旅游、休闲度假为重点,结合"凤凰洲"开发,形成与镇区联动发展的旅游产业区。荻港村是杭嘉湖平原一个典型的江南水乡古村,历史上因河港两岸芦苇丛生而得名,自古有"苕溪渔隐"之称,荻港四面环水,溪水相抱,环境优美;东靠杭湖锡旅游航道,西接湖菱公路,紧接318和104国道,水路交通方便;人文荟萃,古建筑众多,旅游资源丰富。因此,湖州南浔区荻港村结合文化创意与旅游产业发展做出了合理规划,展现太湖世家家族文化与河街风情。

(资料来源:https://www.sohu.com/a/129105512_124741)

第十一章　旅行社的产业融合与新业态发展

第一节　旅行社产业融合发展

1978 年，美国麻省理工学院 Nicholas Negroponte 最先用"三个重叠的圆圈"描述在数字化浪潮下计算机业、出版印刷业、广播电影业呈现出的交叠重合发展趋势，他指出三者交叉处将是成长最快、创新最多的领域，并称这种创新现象为"产业融合"。

一、产业融合

（一）产业融合的发展

20 世纪 90 年代，世界进入了由信息技术引领的高科技时代，以信息技术为代表的高新科技产生了迅速的影响，改变了人们生活、工作的方式。产业融合（industry convergence）就是在这样的时代背景下出现的一种新的产业演变模式。

产业融合最初发生在信息通信产业，今天的产业融合很大程度也得益于信息通信产业的快速发展。20 世纪 90 年代，以电信—计算机—有线电视为基础的"三网融合"开始出现；2000 年，"时代华纳"公司与当时全球最大的互联网服务提供商"美国在线"公司进行换股合并，这是产业融合的标志性事件，预示着产业融合时代的到来。

数字经济的快速发展，促使各种传统产业在技术的支持下迅速融合，产业间的交叉与融合逐渐成为产业发展趋势。随着现代科技和经济的发展，特别是互联网的快速发展，在大数据的支持和支撑作用下，产业融合已成为现代产业发展的重要特征，产业融合的内涵越来越丰富，外延越来越广阔，进程越来越快。

中国经济快速发展，步入到高质量的新阶段，互联网经济、文化创意产业、旅游产业，以及智能化的发展趋势快速推进，特别是信息技术催生的新业态不断涌现，成为产业的重要发展趋势。产业融合正逐步成为助推区域产业转型升级的重要推动力。通过产业融合，促进产业创新，能促使产业创新体系转换，赋予经济发展新活力。

（二）产业融合的概念

关于"产业融合"的研究从 20 世纪 90 年代就开始了，不过，经过 30 年的发展也没有形成对"产业融合"的一个统一定义。目前，对产业融合通常从技术角度、边界角度等方面进行阐述。当前，对产业融合的基本共识是：产业融合是从信息产业逐渐扩散，在互联网技术的支持下逐渐影响到其他产业的经济现象；是目前产业发展的一种趋势，是对传统产业的结构形态进行重塑。新兴产业对产业演变会产生广泛影响，边界模糊的产业会在技术的支持下率先进行产业结构的重组。故而，产业融合是指不同产业或同一产业不同行业相互渗透、相互交叉，最终融合为一体，逐步形成新产业的动态发展过程。产业融合可分为产业渗透、产业交叉和产业重组三类。产业融合已经不仅仅是作为一种发展趋势来进行讨论，当前，产业融合已是产业发展的现实选择。

二、产业融合的特征

(一)边界模糊

产业融合一般最先开始于产业边界处,原来各自独立的产业通过边界相互渗透、交叉,形成新的融合产业。而本身边界模糊的产业就更容易在产业边界处展开融合。一般这种产业不同于传统的产业,其中可能涉及多个行业,如旅游产业就包括"食住行游购娱"六个不同的领域。因此,产业之间的边界越模糊,越容易产生融合,并且融合后的新产业不是"混合物"而是整合后的"化合物",其具有原来多个产业的特征与功能,并使得原来属于不同产业的企业成为合作者。

产业涉及横向兼并和纵向一体化,同时具有动态性的横向边界和纵向边界,但产业融合不等于横向兼并或纵向一体化。横向兼并通常发生在同一个产业内部的各企业之间,而产业融合则有可能发生在不同产业之间;产业融合也不等于纵向一体化,有些前后相关联的产业的融合,既属于纵向一体化,又是产业融合,但那些关联性很弱、没有前后步骤衔接的产业之间的融合,不属于纵向一体化。

(二)产业融合是分工的结果

分工是指两个或两个以上的个体或组织去执行原本由一个个体或一个组织所执行的职能;融合是指由一个个体或一个组织去执行原本由两个或两个以上的个体或组织所执行的不同职能。从定义的角度来看,产业分工与产业融合是完全对立的。但分工是亚当·斯密分工理论的基础,分工带来专业化,而专业化会使产业生产细致化,并在产业边界产生融合。胡永佳指出,产业融合是产业分工的新路径和新起点,融合与分工不是简单的对立关系,只有当二者在同一层级或同一范围时,融合与分工之间的这种对立关系才能成立;在不同层级上,融合与分工可以同时发生,融合在取代本层级分工的同时,往往会带来更多其他层级上的分工。产业融合后,原有企业的经营范围扩大,可以获得范围经济,同时企业外部的社会化分工转化为企业内分工,外部成本降低。因此,融合与分工并不对立,产业融合只是将产业间分工转化成产业内分工。

(三)产业融合是一个动态发展过程

产业融合是产业构成要素整合和扩散的过程。产业系统的开放性、模块化分工演进、技术融合等要素在融合过程中起着关键作用。产业融合贯穿在整个产业发展中,从产业的出现直至消亡,融合起到了关键性的作用。在融合发生之前,各产业彼此之间是独立的,各自生产不同的产品,提供不同的服务。随着技术创新对产的影响,越来越多的企业选择利用多元化路径生产多种产品、提供多种服务,这时产业之间发生交叉,产业边界开始模糊,融合型产品开始出现,产业融合发生。当新的融合型产业、融合型产品成为市场主导时,产业融合得到实现,新的产业业态出现,一些产业退出市场。

三、旅游产业融合

（一）旅游产业融合趋势

当前，各产业与旅游产业的融合主要通过技术融合、资金融合、市场融合和功能融合四条路径。旅游产业融合虽然发展速度很快，但仍旧属于新的研究领域，目前主要集中在旅游业与其他产业融合的实际应用研究，特别是集中在个例中，缺少关于旅游产业一般融合的理论研究，对旅游产业融合关注较少。旅行社作为旅游产业的龙头，在产业融合浪潮的推动下，特别是在互联网的影响下，早已突破传统的入境、团队、观光和包价等商业模式，出现了各种类型与层次的融合现象。旅游产业融合是指旅游产业与其他产业或旅游产业内的不同类别产品相互渗透对接，在产业边缘地带激发出各种新的旅游服务产品和服务方式。

近年来，由于网络化及电子商务的快速发展，旅行社行业的线上线下组合营销模式得到了快速的发展，以提供旅游服务为主体的、介绍旅游产品和旅游信息的专业旅游网站、APP、公众号等大量出现，意味着传统的旅行社产业进入了信息化、技术化、数据化的时代。由于技术的创新和进步而产生的融合型产品的替代效应对产业融合的实现有着非常关键的作用，也体现了信息技术产业和传统旅游产业之间相互融合、相互渗透的趋势。

尽管当前旅行社发展中呈现出的融合发展趋势形态各异、方式方法多样，但在提高产业效率和实现经济效益最大化上却殊途同归，都是以获取最大的经济效益为目的。

（二）旅游产业融合的驱动力

产业融合是受多种力量相互作用形成的，这些驱动力基本可概括为内驱力与外推力两方面，两者相互联动、相互制约，共同促进着产业融合发展。因而，对旅游产业融合的驱动力分析也可以从这两个方面入手。

1. 内驱力

内驱力是推进旅游产业创新与发展的核心力量，对旅游产业融合发展起着基础性支撑作用，主要包括旅游融合创新主体、产业效益及旅游产业本身的特性等方面。首先，融合创新主体是推动旅游产业融合创新的核心要素，旅游企业的活跃程度、企业员工的规模与素质等，是推进旅游产业融合创新的基础力量。其次，产业效益是产业融合最直接的内驱力，旅游企业为了获得更多利润，会自觉地推动与科技的深度融合，挖掘文化的内涵、发挥科技的力量。最后，产业关联性为产业间交叉渗透与技术扩散奠定了基础，旅游产业与其他产业的关联性较强，产业本身的特性推进产业融合。

2. 外推力

外推力是承载内驱力发挥作用的各类环境因素，它们能为旅游产业融合活动提供配套服务，影响信息、技术的交换关系，加速产业融合的发生，主要包括硬环境（如旅行社整体经营业务的变化）与软环境（国家政策、技术支撑、游客需求多样化等）两个方面。首先，旅行社经营业务随着互联网的变化发展，发生了巨大的变化，旅行社的高渗透性使之与各个产业之间的关系得以加强，在旅游产业融合过程中发挥着要素集聚、创新研发等作用，是协同引导产业融合的助推器。其次，政府通过制定旅游发展规划等政策为旅行社发展指明方向，有效地推动旅行社将文化要素、旅游资源与科技要素相融合，同时也可通过知识产权保护和人才激励等手段建立政策保障机制。再次，互联网、5G移动通信、大数据、云储存等新媒体技术的普及正改变着旅游产业生产、传播与消费形态，成为旅游产业融合发展的重要技术支持。最后，随着旅游多样化消费需求层次的提升，消费者对影视、文化娱乐、旅游休闲等精神文化产品提出了更高的要求，这在一定程度上推动了旅游产业与其他产业的融合，改变旅行社发展进程，打造更多高层次、高质量的新型旅游消费品，而这又进一步推动了旅游产业的融合发展。

第二节　旅游产业与文化产业融合

一、文化产业

（一）概念

联合国教科文组织对文化产业的定义是：文化产业就是按照工业标准，生产、再生产、储存以及分配文化产品和服务的一系列活动。在这个定义里，重点是两个概念：产品；生产、储存、分配产品这"一系列活动"的主体——企业。

（二）文化产业的特点

文化产业是生产、提供同类或具有密切替代关系的文化产品、服务的企业的集合，它们以利润为追求目标。从产业功能来看，文化产业以满足市场的精神需求为主要功能。从产业内部结构来看，文化产业可以分为内容产业和媒介产业两个互为补充、相互交叉的产业门类。

文化产业属于创新密集型产业，具有内生的收益递增发展机制，文化产品生产和消费过程是文化创新的过程。文化产品的生存过程是技术创新的过程，文化产品价值实现和放大过程是商业模式创新的过程。

文化产业外部性强，产业追求目标多元化，文化消费不仅满足了消费者的效用，还是消费者学习知识、进行人力资本投资的过程。文化产业不仅具有经济的功能，同时还具有社会功能和文化功能。

二、旅游产业与文化产业融合的特点和趋势

（一）融合特点

旅游产业和文化产业都是以需求为导向、以消费活动为中心而形成的具有"产业

群"性质的"泛产业",它们的产业边界不同于界限清晰的传统产业。旅游产业与文化产业密切相关,文化是旅游产业竞争力的核心要素,旅游是文化产业化发展的重要载体,互生共融的关系决定了二者融合是产业发展的必然趋势。旅游产业与文化产业通过互相渗透、相互交叉而形成新产业或新产业价值链的动态发展过程就是它们的融合发展过程。旅游产业与文化产业的融合是在产业价值链模块化基础上发生的,融合的实质是旅游产业价值链与文化产业价值链的解构与重组。

随着我国经济的发展,旅游产业发展态势和环境也随之变化,正面临着旅游产业转型升级、将旅游产业建设成为战略性支柱产业的挑战,而要突破旅游产业发展的"瓶颈",就必须走出传统产业发展模式,因此旅游产业与文化产业的融合对旅游产业发展具有创新和促进的作用。

(二) 发展趋势

当前,我国旅游业处于黄金发展期。2018年,国内旅游人数预计达55.4亿人次,收入约5.13万亿元,同比分别增长10.76%和12.3%;入境旅游人数预计达1.4亿人次,收入约1270亿美元,同比分别增长0.5%和3%;中国公民出境旅游人数预计达1.48亿人次,同比增长13.5%;预计实现旅游总收入5.99万亿元,同比增长10.9%,远高于同期GDP年均增速。但是,随着我国经济转向高质量发展阶段,旅游业的超低价竞争、产品同质化、有效供给不足等结构性问题日益凸显,严重阻碍了旅游产业的质量变革、效率变革、动力变革。旅游产业转型升级不仅是旅游产业系统的自组织演化过程,也需借助旅游产业融合的有效推动。近年来,我国文化产业与旅游产业的关联度越来越高、协同性越来越强,融合发展已成为两大产业的重要特征,并且得到党中央、国务院的高度关注。从《中共中央关于深化文化体制改革、推动社会主义文化大发展大繁荣若干重大问题的决定》提出推动文化与旅游等产业融合发展,到十九大强调培育新型文化业态,再到国务院正式组建文化和旅游部,剖析文化与旅游产业融合机制已成为我国经济与文化领域的重大课题。

学术研究方面,国内外学者早期围绕文化与旅游产业的互动关系、文化旅游产品开发、文化旅游的市场效应等方面展开了定性探讨,之后逐步关注文化遗产与旅游的互动关联阶段、影视旅游的发展模式、节庆旅游的类型特征、文化演艺对旅游业的影响等研究领域。国内学者初期侧重于文化细分行业与旅游业的耦合关系、互动类型、融合概念等基础理论探讨,之后主要聚焦在文化与旅游产业融合的动力、过程、路径、模式、业态等研究领域。

(三) 旅游产业与文化产业具备融合条件

随着旅游消费市场的快速发展,消费者对于旅游的要求越来越高,高端旅游产品的市场需求日益提升,这就要求必须提升旅游产品的文化内涵。当地的文化与旅游消费相结合,催生了文化旅游新业态。在资源的利用上二者可相互融合的方面较多,具备融合条件。

1. 具有部分相同的产业功能和消费群体

旅游带给消费者最大的收获就是精神需求。传统的文化产业属于"感受型产业",

可以丰富提升人们的精神境界。但在经济社会发展的不同时期，文化消费者的消费方式和体验也不同。过去满足于从书本中吸取"精神食粮"，现在却要求从实物、实景中感受。通过文化的呈现，旅游者可以真切感受到异域、异地的文化传统。旅游业属于"体验型产业"，过去满足于单一的"游览山水、放松身心"，随着经济的发展，人们现在更多地追求"陶冶情操、享受生活、丰富阅历、实践梦想"。这二者虽然途径不同，但最终都可以满足消费者精神层面的需要。

2. 资源的相互利用

产业融合的关键是双方拥有可相互利用的资源，基础是产业间的关联度。从新制度经济学角度看，产业融合是将可多方面利用的资源进行重新组合利用。从产业关联度理论和实践看，产业关联度与资源相互利用率成正比。旅游产业体系包括"吃、住、行、游、购、娱"等方面，这些与文化产业关联度很高，文化产业与旅游产业融合可以从这些方面入手，寻找契合点。同时，文化产业与旅游产业可以相互配合，如在文旅融合的过程中通过"购"这一角度解决文化产品的销售问题；旅游业可以通过文化的注入，使旅游更具特色，提升旅游文化品位和内涵，实现互惠共赢的融合效果。

【案例11-1】

　　故宫文创产品开发能够得到如此迅猛顺畅的发展，主要得益于以下几个方面：一是开发的时间早。据陈非介绍，故宫文创产品的开发具有较长的历史，1952年就设置了专门的部门负责此项工作，产品开发一直没有中断过。二是具有完善的运行机制和管理模式。故宫博物院很早就注册了公司，负责图书出版、衍生品开发、建设投资等经营性方面的工作。公司具有独立法人资格与故宫博物院并行运营，这一点在国内同行中情况极为特殊也最为关键。很多文物文化单位的文创产品开发难于推进，就卡在这里。第三是故宫文创部门有一个很强的研发设计推广团队。故宫的文创产品早先主要由自己的研发设计团队开发，任何一件产品，在立项开发之前都必须先经过研究部门的内容审定，设计样稿出来之后，销售部门还要进行市场评估，确保新产品必须符合"元素性、故事性、传承性"三要素才能推向市场。这几年，由于开发规模不断扩大，范围也越来越广，文创产品分成了金属、玉石、玻璃、纸品等很多门类，设计研发部门的角色也更多变成了"把关人"，更加注重故宫文化品牌和文脉价值的延伸打造，努力把"高冷"的藏品转化成"接地气"的亲民产品。在开发模式上，故宫设计研发部门主要出创意、出思想、出标准、出蓝图，设计开发生产环节则由合作单位去完成。目前形成各类合作关系的单位有60多家，所以故宫的文创产品能够在设计风格、产品种类、质材物料等方面及时吸纳到社会研发力量的精华，能够应时应景推出呼应于市场的新产品，"卖萌"的、文人雅士手办礼类的、高大上的、限量版奢侈品等应有尽有，在风格、题材、价位方面能满足社会不同层次的购买需求。比如，故宫建院90周年纪念活动，特别推出了限量定制的"宫廷珐琅纯金纪念腕表"，采用故宫专属国宝级工艺"微雕暗刻度珐琅"纯手工打造，每只售价 50 万元，纪念大会当日推出即抢购一空。

（资料来源：刘海粟美术馆，北京考察之一：故宫文创为什么这么火？）

（四）旅游产业与文化产业融合的意义

1. 为优秀传统文化的保护和传承提供保障

我国许多城市将其独具特色的文化资源作为旅游规划的基础。对文化资源的旅游开发是旅游业核心竞争力的有效方式，是保护和传承我国优秀传统文化的有效途径。文化产业与旅游产业的融合，二者相互渗透，为旅游产品提供更高的文化内涵附加值，在推动旅游经济效益提升的同时也对文化的传播和保护提供了机遇和保障。旅游本身就是一种大规模的文化交流活动，融入了文化的旅游活动可以让更多的游客了解当地的优秀文化，为文化在更大范围内传播提供了条件，也有利于促进旅游产业的优化和升级。随着旅游业的发展，人们对旅游产品质量和品位的要求越来越高。而目前市场的旅游产品仍是观光型、简单性的产品占主导，缺乏富有文化内涵的休闲体验的高端旅游产品，这一市场需求为地方优秀传统文化的发掘保护和传承提供了市场推动力。

2. 促进旅游商品的开发，丰富旅游产品文化内涵

旅游商品的市场需求是十分大的，消费者寻求的旅游产品要求"新、奇、特"等，但现在市场上旅游商品的开发和销售在旅游业中一直处于比较尴尬的地位，市场上销售的旅游纪念品品种少，产品雷同，设计及制作工艺粗糙，与地方特色文化缺乏很好的融合，艺术品位不高。文旅融合在充分挖掘地方文化特色的同时，为深度开发富有地方特色和文化内涵的旅游纪念品提供了基础。在景点旅游中，通过有文化内涵的讲解，旅游者可以真正了解当地文化特色，而不仅仅是"走马观花"式的旅游。比如，旅游演艺类活动就是运用高科技手段把当地的文化资源与自然资源进行巧妙融合。用文化吸引旅游者可以改变销售方式，提高旅游产品的经济效益。

【案例 11-2】

泉州打造"海丝文化旅游"品牌，让"海丝文化"与"海丝旅游"融为一体。泉州把"海丝"（海上丝绸之路）申遗项目"古泉州（刺桐）史迹"的 16 个遗产点（均为国家级文物保护单位，只有德济门是古城墙遗址，其他 15 个遗产点均为活态传承，至今仍在使用）串联成泉州"海丝"文化旅游线路。还根据不同层次游客需要延伸产业链，补充相应"海丝"景点，如世界古船模型制作基地、蟳埔民俗文化村、阿拉伯人后裔的生活习俗（"陈埭镇"和"百崎乡"）、阿拉伯人后裔的制香技艺（永春达埔镇）、"世界瓷都"德化、中国茶都安溪等。香料、瓷器、茶叶曾经是古代海上丝绸之路的主要贸易商品，如今是打造泉州"海丝"文化旅游品牌的重要元素，有待不断创新开发。

（资料来源：周建标，文化产业与旅游业的产业链融合机制及实践应用）

3. 有利于形成文化产业与旅游业的产业链融合机制

产业的融合将生产业务上具有关联性的企业整合在一起形成链条式关系，在发展过程中发挥各自的优势，通过资源的合理配置和优化利用，实现各个企业的总产出的提高。文化产业与旅游产业在产业融合的过程中，正是利用了产业链的优势，通过产业间的"整合延伸、集聚互补"机制进行融合发展。旅游产业与文化产业的融合，对文化产业而言，拓展了文化产业的发展空间，为文化产业的发展提供了新的思路，拓宽了效益提升的渠道，提升了文化产业经济效益；对旅游产业而言文化元素融入旅游产品和旅游服务中，提升了旅游产品的文化内涵，提高了旅游产业的附加值（如旅游演艺、主题餐饮、主题住宿、旅游纪念品等），实现了旅游产品多元化，充分满足不同游客的需求。文化产业与旅游产业的融合对于形成互惠互利的产业链机制是非常可行的，二者有很多共同的利益点和资源重叠，可以找到更多的融合突破口。文化产业与旅游产业在发展初期从边界上看，是相互区别的不同业态，但随着旅游消费市场不断追求高端化旅游产品，文化产业与旅游产业便开始共享各自的资源，形成文化旅游产业。随着文化旅游产业不断发展壮大，需要配套企业和行业组织服务，逐步形成更大的产业集聚互补，往往集聚许多互补企业（如餐馆、酒店、交通企业、购物商店、娱乐设施经营企业等），完善价值链配套设施，实现多元化溢出效应。产业链集聚互补机制是通过产业链集聚具有互补功能的产业和企业，完善产业链而产生多元溢出效应。文化产业与旅游产业的融合将带来更高的效益，需要我们更多地去探索不同的融合模式。

【案例11-3】

甘肃省天水市是中华民族和华夏文明的重要发源地之一，是古丝绸之路重镇和国家历史文化名城，有八千多年的文明史、三千多年的文字记载史和两千七百多年的建城史，享有"羲皇故里""娲皇家乡""轩辕桑梓"的美誉。境内伏羲文化、大地湾文化、麦积山石窟文化、三国文化、秦早期文化博大精深，文化历史悠久灿烂，民俗风情文化特色浓郁，丝绸之路文化内涵丰富，历史遗迹星罗棋布，现有世界文化遗产点1处，各级文物保护单位450多处。天水市生态资源优美宜人，素有"陇上江南"之美誉，境内植被茂密，森林覆盖率达35.9%，是西北最大的天然林基地之一，是陇东南地区休闲、保健、养生、度假的理想胜地，是国内宜居宜业宜游及养生度假的优选城市。天水市旅游资源北雄南秀，横跨长江、黄河两大流域，北方雄奇山水与南方秀丽风景相互融合，旅游资源特色鲜明。现有旅游景区（点）228处，其中5A级1处，4A级7处，3A级7处。

天水市在加强旅游产业融合的过程中，一是发展思路日益清晰。2013年，甘肃省委、省政府在建设华夏文明传承创新区"一带三区十三板块"总体布局中，明确提出"天水市要以文化旅游深度融合发展来建设陇东南文化历史区"。2015年，天水市委、市政府编制出台了《天水市文化与旅游深度融合发展规划纲要》，从战略定位、空间布局、重点任务、实施保障等方面进行了方向性的部署。2017年，天水市委、市政府在《天水市华夏文明传承创新区建设"十三五"规划》中，再次指出"要把文化旅游融合发展作为天水经济社会发展调结构、转方式的重要手段"。这些都为文化旅游产业的融合发展指明了方向。二是发展基础日益夯实。"十二五"期间，天水市建立了文化旅游产业招商引资项目库，启动了麦积山大景区、伏羲庙大景区、大地湾大景区建设，实施了西部天水华昌城、秦州印象、甘谷大像山文化主题公园、青鹃山滑雪场等一批文化旅游项目；拍摄了《麦积圣歌》《一画开天》《麦积山的呼唤》等优秀文化影视精品剧目；开发生产了雕漆、玉雕、竹雕、木雕、丝毯、草编、麻编、陶艺、古琴制作等民间民俗美术工艺品，加大了文化旅游商品的挖掘、研发、策划、包装、展销力度。天水市形成了"羲皇故里——世界华人寻根祭祖圣地、人文天水——丝绸之路历史文化名城、陇上江南——中国休闲旅游生态家园"三大文化旅游品牌和五大县域品牌，打造了羲皇故里寻根祭祖游、百里石窟艺术走廊游、丝绸之路名城古韵游、陇上江南生态休闲游、天河沐浴温泉度假游、现代特色农业观光游六大特色旅游精品线路。通过大力实施"走出去、请进来"营销策略，天水市加强了区域联合营销，文化旅游业知名度和影响力显著提升。

（资料来源：雷晓峻，天水市文化旅游产业融合发展路径）

第三节 国内外旅游产业融合发展案例分析

文化产业与旅游产业的快速发展，在各个国家都创造了巨大的经济价值。旅游产业与文化产业的互动关系早就已经存在，世界各国不论对旅游产业和文化产业如何界定，但两者之间的融合与互动是显而易见的，并有深化发展的趋势。

一、国外旅游产业与文化产业融合发展案例

（一）英国：文化产品推动旅游产业的发展

英国的博物馆、王室文化、乡村旅游等是其旅游资源开发的重点，也形成了众多的文化旅游项目。博物馆在英国属于公共文化机构，在英国旅游，参观博物馆是一个重要内容。整个英国有超过2500家的博物馆和美术馆，占英国旅游景点的80%。综合博物馆、专项博物馆、小博物馆、名人故居等包罗万象地展现了英国的历史和发展，参观博物馆成为旅游者来到这里必不可少的文化、旅游体验。这些公共文化设施成为为旅游者提供文化旅游消费产品的直接机构。此外，英国还有数不清的戏剧、音乐、舞蹈演出和艺术节。英国的另一个旅游热点则是王室文化旅游。为满足旅游者的需求，英国王室领地对外开放的地方越来越多，特别是白金汉宫，旅游者参观王室有既定的路线，参观过程中，王室侍从们彬彬有礼地示意、指引，营造出独特的氛围。英国的乡村旅游也颇具特色，特别是英国的园林以自然田园为主，英国人浓重的乡村生活情节使园艺、DIY、下午茶、相关出版业等发展成为巨大的产业，经过英国人精

心保护和修饰的村庄颇具文化韵味,乡间漫游与徒步旅行备受追捧。乡村旅游资源中文化元素的充分开发利用使英国的乡村旅游具有浓厚的文化色彩,体验乡村成为英国旅游的重要组成部分。

(二)法国:文化遗产、博物馆与旅游相互推动

法国的旅游业,主要依托于法国历史上遗留下来的丰富文化遗产和当今风靡世界的创意时尚文化。法国的文化遗产产业主要围绕博物馆与历史建筑这两个领域展开。两者都是以"国家"为中心的产业,在国家政策保障的支持下,博物馆、历史建筑旅游持续发展。另外,适当的商业辅助,如发展衍生产品、举办主题展览等则促进了旅游经济的增长。作为拥有世界上顶级博物馆最多的国家,法国的博物馆一方面传承与传播本国文化,为民众提供多元化服务,另一方面与市场进行有效对接,通过旅游等方式实现经济价值。凭借强大的文化吸引力和行之有效的保护、运营措施,法国的博物馆、历史建筑一直以来都是赴法旅游游客造访次数最多的对象。

法国的时尚设计从来都是法国文化产业中最具特色与竞争力的领域,其创意设计产业具有强大的国际吸引力,并且已完全辐射到旅游业。旅游与创意设计的融合激活了法国的旅游纪念品市场,具有法国文化特色并融入时尚元素的旅游纪念品、文化旅游商品带有浓厚的浪漫气息,包括风靡全球的法国香水、化妆品、时装和葡萄酒,已经不仅仅是一种技术产品了,更是一种文化产品。同时,演艺产业也在时尚的影响下发展迅速,如"红磨坊"作为巴黎最知名的歌舞厅,许多旅游者都想去那里观看表演。

(三)美国:利用版权产业推动旅游发展

美国的文化产业被称作版权产业,美国最早实现了将版权产业与金融业、制造业、旅游业等行业的结合,形成了跨行业、跨国际的巨大文化产业链,对美国以及世界的影响极为深远。

美国旅游与文化产业融合最典型的案例是创意主题乐园,如迪士尼乐园。它把迪士尼动画世界现实地呈现出来,巨大、华丽的布景、卡通明星、摆设和各种旅游商品让游客能真实地体验动画场景和情节。动漫乐园这种融合的产业形态突出了旅游功能,与动画、电影等作品连成一条息息相关的消费链条。和迪士尼产业运营模式相似的环球影城也力图在主题公园内建立一个充满美国文化的,惊险、刺激的虚幻世界。美国这类型的创意主题公园以及它的产业形成均是基于美国文化产业在全世界的影响力,游客对它的消费简单而快乐,因此广受欢迎。同时,迪士尼在海外市场开拓中,还非常重视与本地文化的融合,通过文化的本土化,开拓市场,如上海迪士尼,"中国元素"随处可见,其标志性的景点"奇幻童话城堡"高处尖顶缀有传统中国祥云、牡丹、莲花及上海市市花白玉兰等元素;中式餐厅漫月轩更是继承了传统中式建筑风格,向游历中国大地、充满艺术创作情怀的文人墨客致敬,选择了高山、海洋、沙漠、森林和河流五大元素作为主题;而在"奇想花园",迪士尼标志性的旋转木马全由中国手工艺匠精心打造,72种绚烂颜色美妙地交织。上海迪士尼的演出中也同样充

斥着"中国元素"。唐老鸭会带你一起打太极,一招一式在不失憨态的同时也让人感受到上海迪士尼的那一份中国心。这些都凸显了美国产业融合中跨行业、跨国际的巨大产业链价值。

二、国内旅游产业与文化产业融合发展概述

(一)东部地区:利用经济优势推动产业集聚优势带动产业融合

文化旅游方面,位于长三角地区的上海凭借国际大都市的城市品牌,快速发展都市观光旅游、购物旅游、商务会展旅游和娱乐休闲旅游;江苏省和浙江省依托古越文化、江南水乡风情、园林游览、海洋海岛文化资源等,逐步构建了文化与旅游结合的经济带;安徽省主要依靠自然资源结合文化,推出黄山与徽文化旅游功能区、九华山佛教文化与铜文化旅游功能区等文化旅游功能区。珠三角区以深圳、广州为中心延伸,深圳借助现代文化都市资源,开发了华侨城等文化旅游目的地,主要发展主题公园等文旅项目。广州作为岭南文化中心,建设了"广东旅游之窗",利用博物馆、书画院等公共文化机构来体现岭南文化;福建省以武夷仙境、鼓浪屿、福建土楼等旅游品牌,提高了城市的文化品位和总体形象。东北地区因特殊的气候条件,特别是在2022年冬季奥运会的推动下,主打独特的冰雪文化。比如,吉林省以"冰雪世界,精彩吉林"为主题,打造冬季旅游特色项目,开展丰富多彩的旅游节庆活动,以带动旅游消费热潮,振兴东北老工业区。

(二)中、西部地区:利用资源优势推动产业融合

文化旅游方面,中部地区主要依托丰富的自然生态资源和历史文化资源推动产业融合。比如,江西省利用具有地域特色的红色文化资源,全力打造"中国红色旅游首选地"旅游品牌;河南省依托古都文化、中原文化、武术文化等历史文化资源,塑造了"文化河南,壮美中原"的旅游形象,同时借助少林寺在全国的影响力,加大文化与旅游的结合;湖南省借由张家界、凤凰古城等优势景区,以"人文湘楚、山水湖南"为主题,重点打造了一系列富有地域特色的旅游演出节目,形成了自然和人文旅游深度融合的系列文化旅游品牌。

西北地区主要分为黄河文化旅游、历史文化旅游、民族文化旅游三种类型。历史文化旅游以陕西、甘肃、内蒙古为代表。陕西省以丰富的文物古迹、文化遗址、古代建筑石刻等历史文化资源为基础,借力"一带一路"充分利用各类博物馆、纪念馆,形成了以文物博览业带动旅游业,以旅游业促进文物保护开发的良好格局;甘肃省形成了甘肃丝绸之路全景游与南部藏回风情草原风光游两大特色旅游干线。民族文化旅游以青海、宁夏、内蒙古、新疆为代表,青海省依托当地民族文化资源优势,将民族节庆产业与旅游业融合互动发展,构成了青海文化产业发展的重要组成部分;回族文化与蒙古的草原民族文化旅游品牌影响力也十分突出。黄河文化旅游以宁夏、甘肃为代表,宁夏依托沿黄经济区"黄河金岸"的项目工程,建立黄河金岸文化旅游带与黄河文化展示线;甘肃兰州近些年成功举办了"黄河文化旅游节"等系列节庆活动,创

建百里黄河风情文化旅游精品线，打造"黄河之都"文化旅游品牌。西南地区拥有富集的民族文化资源，主要发展特色突出的民族文化旅游业。云南省在促进民族文化旅游发展方面做出了积极探索，云南少数民族众多，在此基础上出台了建设民族文化强省等一系列政策建议，有效引导了民族文化旅游业的发展，并通过旅游业的发展整合民族文化资源，带动传统产业与文化的融合升级；贵州、广西、重庆依托民族文化资源与红色文化资源，走民族村寨、红色旅游发展道路且体现出区域旅游业发展的差异性竞争优势。四川省在开发历史文化资源方面优势突出，熊猫文化、三国文化、巴蜀文明等文化品牌在国内外均有较大影响力。

第四节　旅行社产业新业态发展

进入21世纪，新技术革命由制造业领域全面向服务业转移。"互联网+"、大数据、云计算、VR（虚拟现实）、AR（增强现实）、AI（人工智能）、物联网等技术不仅能广泛应用到旅游业，还从根本上颠覆了旅游业的经营模式。

根据中国互联网络信息中心（CNNIC）发布的第43次《中国互联网络发展状况统计报告》，截至2018年12月，我国网民规模达8.29亿，普及率达59.6%；我国手机网民规模达8.17亿，网民通过手机接入互联网的比例高达98.6%。互联网覆盖范围进一步扩大，贫困地区网络基础设施"最后一公里"逐步打通，"数字鸿沟"加快弥合；移动流量资费大幅下降，信息交流效率得到提升。

随着智能手机的普及和移动网络环境的改善，手机网民数量不断增长，通过手机进行网络搜索、社交、互动和体验的行为已经成为主流趋势。

一、旅游产业数字化

旅游产业数字化表现为数字化迭代升级、数字化关联融合两大特征，它是一个动态过程。数字化迭代升级包含数字新技术迭代和数字创意迭代，而数字化关联融合包含数字旅游产业链延伸、数字文化旅游创意与传统实体产业融合。这两大特征同时也代表了旅游产业的发展趋势。

（一）数字化迭代升级

数字化迭代升级是旅游产业发展的一大趋势。伴随着数字化浪潮兴起，计算机、互联网、信息通信等数字技术不断向各个领域广泛渗透融合，数字技术不断迭代升级，为文化内容的创造、生产、集成、传播、消费全流程各个环节打开了新的想象空间，突破了时间和空间的限制。预计从2020年到2035年，是新一轮技术产业变革的孕育生发、集中迸发期。新技术的迭代催生文化旅游产业新场景、新力量和新机遇，打通了旅游产业供给侧和需求侧之间的耦合通道，提升高质量文化供给的前沿效率，培育形成旅游产业新增长极。

（二）数字化关联融合

数字化关联融合是旅游产业另一大发展趋势。文化旅游是一种相对抽象的精神感知,需要通过创新载体和媒介传播,实现形象化表达,这就需要旅游产业与更多领域实体产业的融合碰撞。比如,将文化创意和设计理念渗透到工艺品制作和个性化建筑中,都能让人在实物产品上感知到文化特质。旅游产业数字化本身就是数字信息产业与旅游产业融合的过程,数字旅游产业是创新融合发展 2.0 时代的产物。数字旅游产业是渗透性、关联性极强的产业,数字旅游产业链条的延伸、扩展和交织,不仅连接了前端的电视、电影、考古、印刷等装备制造业,以及后端电视机、计算机、VR 眼镜、AR 技术、手机等终端设备的生产制造,同时,数字文化内容的丰富和拓展还将改造提升建筑、装饰、酒店、交通等传统行业,提升品牌价值。新一代科技创意感十足的博物馆、主题酒店、文化公园、旅游演艺等方兴未艾,蓬勃发展。通过跨界关联融合,推进数字旅游产业与传统制造业、文化产业、金融业、广告业、商贸流通业等现代服务业融合发展,与实体经济的深度融合,有助于提高旅游附加值,引领高质量新动能新发展。

二、在线旅行社

网络技术实现了旅游产品通过网络媒介面向消费者的 B20 模式,大数据、智能化、物联网等技术使得这种模式更加便捷。以旅行社产品销售为例,产品供应者可以将其产品进行网上展示,消费者利用智能化便携设备(通常是智能手机)就可以与上述信息对接,通过大数据等处理,消费者还可以实现对同类产品的比较、对产品性征的了解,以便做出购买决定。在基于大数据系统的结算系统、智能结算支付系统的帮助下,消费者可以非常便利地进行支付、获取购买凭证等。

(一)概念

在线旅行社 OTA(Online Travel Agency)可以实现网上购买,而且可以在网上把旅行环节中顾客需要的单个产品进行罗列和销售,使得顾客可以便利地购买到旅游活动中各个环节的产品,如购买机票、酒店客房、订餐、门票等。OTA 机构推出攻略、游记等辅助性支持,使得人们可以突破团队游的束缚,更自由地开展旅游活动,进一步激发了人们个性化旅游的信心与兴趣,自助游、品质游大受青睐。

【案例11-4】

OTA 刚出现的时候,其业务并不是直接与传统的旅行社重叠,而是从其中的酒店订购环节入手,如携程网。当携程网于 1999 年创立的时候,全国已经出现了约 300 家旅游网站,但它们大多是经营旅游资讯,企图通过提供旅游资讯服务获得广告收入,而携程网则是利用创立者在旅行社、酒店工作的经验与广博的资源优势,直接为消费者提供酒店产品的网上订购。由于先发优势和创业团队较强的融资支持,携程网很快就发展成为 OTA 行业的龙头企业,迅速抢走了传统旅行社在酒店订制方面的巨大市场。

(资料来源:彭文静,新技术条件下旅行社行业新业态及创业路径研究)

在经历多年高速发展后，目前，网络消费市场逐步进入提质升级的发展阶段，供需两端"双升级"正成为行业增长新一轮驱动力。在供给侧，线上线下资源加速整合，社交电商、品质电商等新模式不断丰富消费场景，带动零售业转型升级；大数据、区块链等技术深入应用，有效提升了运营效率。在需求侧，消费升级趋势保持不变，消费分层特征日渐凸显，进一步推动市场多元化。这些都在一定程度上推动了在线旅行社的快速发展。

（二）发展趋势

从目前已有的新科技在旅行社业的应用与发展来看，呈现下列五个趋势：第一，便携化。旅行社产品的购置与服务最好能够通过便携的设备完成，目前最主要的便携智能设备就是智能手机了。产品提供者利用网络渠道，以网站、APP、微信公众号等形式为消费者提供选择产品的界面，用户可以通过智能终端选择购买、结算等。第二，智能化。无论是在产品的选购、结算方面，还是在其他科技产品的应用方面，都呈现简单化、便利、智能的特征，消费者无须过多地了解应用说明就可以便利地操作和实施。第三，体验化。利用高科技设备的支持，消费者可以更真实、刺激、便利地远程体验各种旅游服务。第四，个性化和自助化。新科技在旅游产品中的应用使得消费者按照个人的喜好旅游有了可能，并日益便利。第五，管家化。在个性化自助化旅行日益普及的情况下，旅行者对旅行指导的需要大大增强，通过微信、QQ 等平台，旅行达人（管家）可以远程为自助旅行者提供实时的顾问服务。显而易见，创业企业在掌握必要的科技支持的基础上以上述几个方面作为突破方向是更容易获得成功的。

【案例 11-5】

携程网是较早创业的 OTA 企业，其最早的突破口就在酒店的网上订购。2000 年，全国的旅行社基本没有涉足网上酒店的订购业务，因此此时是其极佳的发展机会。2001 年，携程的酒店订购业务居第一，并实现了盈利。此后，携程继续向机票等业务扩展，时至今天，其业务范围几乎涵盖了传统旅行社的各个环节。携程网的成功并不意味着其他的 OTA 企业没有了机会，由于我国旅游市场巨大，携程网不可能占据所有的市场空间。例如，美团网则以服务地方生活为出发点，通过地域性的团购产品而发展成长。其早期的领域是与旅游相关性较弱的商品团购，其后重点发展餐饮订购，当其规模及网点足够大的时候，也转而进军酒店客房等旅行社业的基本粮仓。马蜂窝旅游网则是从传统的旅行资讯出发，依托旅游社交和旅游大数据，吸引具有个性化、定制化旅游嗜好的潜在消费者，通过大数据的运用及个性化的服务，为消费者提供具有商业价值的信息、自由行的攻略及其所需产品，从而获得了较大的市场份额。

（资料来源：彭文静，新技术条件下旅行社行业新业态及创业路径研究）

一些大型 OTA 企业的逐渐成型并不意味着新科技对旅行社市场就产生了巨大的影响。即使是 OTA 已经发展了十几年的今天，旅行社对 OTA 的应用仍旧处于探索阶段，故而在市场新概念、新热门不断涌出的今天，旅行社只要把握好其中的契机，依旧可以获得巨大的商机和发展空间，而线上和线下销售的结合，对旅行社今后的发展会产生深远影响。

【扩展阅读】

广州亚洲乐园及景点博览会

在文化旅游进一步融合、粤港澳大湾区旅游业发展大好的背景下，广东作为文旅、乐园景点设备、设计、规划企业的重要聚集地，既拥有广泛的产品资源和深厚的客源基础，还将迎来许多重大发展机遇。而2019亚洲乐园及景点博览会作为开拓客源市场的商业交流合作平台，展会现场有众多新技术、新工艺、新产品参与展示，为新文旅时代注入新活力，并以丰富的、形式多样的休闲娱乐产品满足广大群众的文化精神需求。

亚洲乐园及景点博览会不仅是海内外展商展示企业形象、新技术、新工艺、新产品的优秀平台，更是客商进行商业沟通、资源合作、资讯互通的活力窗口。展会在汇聚一千多家知名文旅、乐园景点企业的基础上，打造数十场精彩、热闹非凡的同期活动。现场除隆重盛大的开幕式外，"2019亚洲乐园及景点发展论坛""第二届中国室内乐园运营大会""品牌乐园加盟及IP授权大会""企业新品发布会""海内外客商联谊晚宴"等一系列论坛轮番上演，为2019亚洲乐园及景点博览会再添亮点。研讨会议、企业赛事、设备体验等活动纷呈，企业、展品、活动相互辉映，多维度共同缔造出一场休闲娱乐文化产品、知识的盛典，呈现出新一年的行业发展新风向、走势，多层面满足不同参观群体的各类需求。

（资料来源：http：//m.sohu.com/a/420777621_99932979/）

复习思考题

1. 简述产业融合的概念及特点。
2. 简述我国旅游产业融合的特点。
3. 如何正确认识文化产业与旅游产业的产业融合。
4. 简述旅游产业数字化的类型。
5. 简述在线旅行社的发展对旅行社未来的影响。

课后实训题

以每组5~6人为单位进行分组练习，走访当地几家旅行社，了解其线上线下业务的内容、对旅行社的影响，以及各自所占的营销份额。以报告的形式总结现阶段旅行社经营模式，探讨线上业务的影响力。

参考文献

[1] 戴斌,杜江. 旅行社管理 [M]. 3版. 北京:高等教育出版社,2010.

[2] 纪俊超,尹敏,郑坚强. 旅行社经营管理 [M]. 广州:华南理工大学出版社,2004.

[3] 丁力. 旅行社经营管理 [M]. 北京:高等教育出版社,1998.

[4] 王健民. 旅行社产品理论与操作实务 [M]. 北京:中国旅游出版社,2004.

[5] 何忠诚. 旅行社经营管理 [M]. 广州:广东旅游出版社,2002.

[6] 蔡必昌. 旅行社管理实务操作手册 [M]. 广州:南方日报出版社,2004.

[7] 程遂营,刘荣. 旅行社经营管理 [M]. 郑州:郑州大学出版社,2002.

[8] 安德斯·古斯塔夫松,迈克尔·约翰逊. 服务竞争优势 [M]. 刘耀荣,译. 北京:中国劳动社会保障出版社,2004.

[9] 徐东文. 旅行社管理 [M]. 武汉:武汉大学出版社,2004.

[10] 杜江. 旅行社管理 [M]. 天津:南开大学出版社,2004.

[11] 戴克商,雷金溪. 质量管理理论与实务 [M]. 北京:清华大学出版社,北京交通大学出版社,2004.

[12] 顾平. 现代质量管理学 [M]. 北京:科学出版社,2004.

[13] 殷敏. 旅行社管理基础 [M]. 北京:旅游教育出版社,2000.

[14] 陈春梅,魏洁. 旅行社经营管理 [M]. 天津:天津大学出版社,2010.

[15] 刘涛,曾蓓. 旅行社经营管理 [M]. 北京:经济管理出版社,2011.

[16] 王丽萍. 旅游公共关系 [M]. 北京:北京理工大学出版社,2011.

[17] 任鸣. 旅行社经营管理 [M]. 北京:中国旅游出版社,2011.

[18] 卢志海,杜长淳. 旅行社经营管理 [M]. 北京:北京师范大学出版社,2011.

[19] 蔡海燕. 旅行社计调实务 [M]. 上海:复旦大学出版社,2011.

[20] 梁智. 旅行社经营管理 [M]. 北京:旅游教育出版社,2012.

[21] 魏小安,张树民. 中国旅游业新世纪发展大趋势 [M]. 广州:广东旅游出版社,1999.

[22] 周其楼. 旅行社电子商务发展模式研究 [D]. 南京:南京师范大学,2006.

[23] 李云霞,刘惠余. 现代旅行社管理与运作 [M]. 昆明:云南大学出版社,2007.

[24] 陈乾康,阚敏. 旅行社计调与外联实务 [M]. 北京:中国人民大学出版社,2006.

[25] 王扬. 旅行社经营管理实务 [M]. 北京:清华大学出版社,北京交通大学出版社,2009.

[26] 吴敏良,魏敏. 旅行社经营实务 [M]. 上海:上海交通大学出版社,2011.

[27] 陈启跃. 旅游线路设计 [M]. 上海:上海交通大学出版社,2011.

[28] 周艳春. 旅行社运行操作实务 [M]. 上海:上海交通大学出版社,2011.

[29] 云南省旅游局. 导游业务知识 [M]. 昆明:云南大学出版社,2010.

[30] 陈嘉隆,张凌云. 台湾地区旅行社的经营与管理 [M]. 北京:旅游教育出版社,2005.

[31] 陈贵民. 现代企业管理原理 [M]. 北京:中国审计出版社,1994.

[32] 陈永发. 旅行社经营管理 [M]. 北京:高等教育出版社,2003.

[33] 科特勒.营销管理(新千年版·第十版)[M].梅汝和,等译.北京:中国人民大学出版社,2001.

[34] 科特勒.旅游市场营销[M].谢彦君,译.北京:旅游教育出版社,2002.

[35] 刘德光.旅游市场营销学[M].北京:旅游教育出版社,2006.

[36] 林南枝.旅游市场学[M].2版.天津:南开大学出版社,2000.

[37] 张辉.旅游经济论[M].北京:旅游教育出版社,2002.

[38] 张俐俐.中外旅游业经营管理案例[M].2版.北京:旅游教育出版社,2002.

[39] 周春发.国内会展旅游研究进展[J].桂林旅游高等专科学校学报,2001(4).

[40] 王保伦.会展旅游发展模式之探讨[J].旅游学刊,2003(1).

[41] 应丽君.关于我国会展旅游的思考[J].旅游科学,2003(1).

[42] 吴明远,叶文,王凤兰.会展经济与会展旅游思考[J].昆明冶金高等专科学校学报,2003(3).

[43] 何建英.关于会展旅游行业协会工作的思考[J].桂林旅游高等专科学校学报,2004(1).

[44] 谷玉芬.试论政府在发展会展旅游中的定位[J].商业研究,2004(15).

[45] 蔡杰,赵毅.论会展旅游的营销策略[D].重庆:西南大学,2006.

[46] 陈才,谢春山,王燕.大连会展业发展趋势与对策分析[J].财经问题研究,2003(9).

[47] 陈恩.香港会展业发展的经验与启迪[J].亚太经济,2005(2).

[48] 陈新跃,杨德礼,伊娜.欧美酒店业现状及其对中国酒店业发展的启示[J].商业研究,2003(19).

[49] 旦蕊,李平生.中国入境商务旅游研究[D].北京:首都经济贸易大学,2004.

[50] 戴光全.经济驱动型城市的旅游发展模式研究[J].旅游学刊,2005(2).

[51] 郭淳凡.试析我国会展旅游行业管理模式的选择[J].江苏商论,2003(12).

[52] 何问陶,何亮.发挥协同效应发展广东会展业[J].国际经贸探索,2003(2).

[53] 胡斌,王春雷.上海会展业SWOT分析及其发展目标对策探讨[J].人文地理,2004(8).

[54] 林宇.CEPA框架下澳门会展业的发展现状及趋势思考[J].特区经济,2006(2).

[55] 刘晓辉.贵州旅游市场差异化营销分析[J].贵州民族研究,2003(2).

[56] 陆林,曾纪洁.井冈山旅游市场开发规划研究[J].安徽师范大学学报,1999(1).

[57] 徐玉萍.江西国内旅游市场细分策略[J].商场现代化,2007(4).

[58] 盛敏.营销组合模式的演变和发展[J].贵州财经学院学报,2005(2).

[59] Baud-Bovy. New concepts in planning for tourism and recreation [J]. Tourism Management, 1982.

[60] Philip Kotler, Gary Armstrong. Principles of Marketing [M]. 7th ed. New York: Prentice-Hall International Inc. 1996.

[61] 段九利.旅游企业财务管理[M].北京:中国旅游出版社.2016.

[62] 陈昊,潘德文.大数据背景下沈阳传统旅行社战略转型研究[J].辽宁经济,2017(12).

[63] 李蕾,周密.旅行社战略联盟发展现状及对策探析[J].黑龙江对外经贸,2011(6).

[64] 宋子千.旅行社经济分析[M].北京:中国旅游出版社,2008.

[65] 王德刚.旅游学概论[M].北京:清华大学出版社,2012.

[66] 王洪滨.旅游学概论[M].北京:中国旅游出版社,2004.

[67] 巫宁,杨路明.旅游电子商务[M].北京:旅游教育出版社,2004.

[68] 吴必虎,黄潇婷.旅游学概论[M].2版.北京:中国人民大学出版社,2013.

[69] 张凌云,黎巎,刘敏.智慧旅游的基本概念与理论体系[J].旅游学刊,2012(05).

[70] 朱蕴波.旅行社品牌管理研究[J].桂林旅游高等专科学校学报,2003(14).

[71] 卢玲.中国旅行社的创立与中国现代旅游业的兴起关系述略[J].桂林旅游高等专科学校学报,2007(18).

[72] 宋子千,宋志伟.关于旅行社面向商务旅游转型的思考[J].商业经济与管理,2008(05).

[73] BUTLER R W. The concept of a tourist area cycle of evolution: Implications for management of resources[J]. Canadian Geographer, 1980(01).

[74] SMITH S L. The tourism product. Annals of Tourism Research, 1994(03).

[75] QUAN S, WANG N. Towards a structural model of the tourist experience: An illustration from food experiences in tourism[J]. Tourism Management, 2004(25).